Un crime d'État

Du même auteur

Vous ne pouvez pas nous tuer, nous sommes déjà morts. L'Algérie embrasée (avec Shéhérazade Hadid), Éditions 1, 2002.

Bouteflika, l'histoire secrète, Éditions du Rocher, 2020. Prix Paul-Bouteiller de l'Académie des sciences d'outremer.

Idir, un Kabyle du monde, Éditions du Rocher, 2022.

Farid Alilat

Un crime d'État

Règlements de comptes
au cœur du pouvoir algérien

Préface de Kamel Daoud

PLON
www.plon.fr

92, avenue de France
75013 Paris
Tél. : 01 45 87 50 01
www.plon.fr
www.lisez.com

Mise en pages : Facompo
Dépôt légal : mars 2025
ISBN : 978-2-259-31998-0

Préface

par Kamel Daoud

En mars 2021, la banque d'Algérie émet un billet de banque de 2 000 dinars, la valeur la plus élevée pour la monnaie algérienne. Il représente six hommes debout pour une photo de groupe, avec en fond des montagnes (symbole de la résistance algérienne) et des couleurs violacées plutôt étonnantes. Il s'agit des six fondateurs du Front de libération nationale (FLN), l'architecte de la guerre de libération algérienne et le parti unique de son indépendance. En règle générale, et depuis 1962, les billets de banque ne mettent pas en avant les figures des héros de la « lutte », sauf celle de l'émir Abd el-Kader, mort depuis si longtemps qu'il ne suscite (presque) pas de contestations ou de rivalités mémorielles entre les vétérans de la guerre algérienne et son système bâti sur le récit mythique de la libération. En général, on y découvrait des représentations des figures emblématiques de l'idéologie dominante de l'époque, telles qu'un paysan souriant sous le régime socialiste, un tracteur, des mains brandissant des armes, des animaux symboliques ou encore des dates. En effet, l'histoire algérienne reste tumultueuse, tant envers la France qu'envers elle-même. Le récit national est encore teinté de zones d'ombre, de manipulations et de modifications liées aux fortunes diverses des différents protagonistes. Ceux qui prenaient le pouvoir, après des fratricides sanglants, effaçaient discrètement ceux qui furent leurs concurrents à un moment du temps des fondations. Il aura fallu attendre près de soixante ans pour qu'une photographie mythique devienne l'emblème d'un billet de banque.

Qui est représenté sur cette image ? Les « six », les enfants de la Toussaint, les pères fondateurs de la nation. On y voit quatre personnes debout (de gauche à droite : Rabah Bitat, Mostefa Ben Boulaïd, Didouche Mourad et Mohamed Boudiaf) et deux assises : Krim Belkacem et Larbi Ben M'hidi. Ce dernier est officiellement mort « suicidé », en réalité exécuté par le général Aussaresses, qui en avoua le crime en 2007 seulement. La France a reconnu cet assassinat le 1er novembre 2024. Cette figure emblématique laissa une autre photo en mode solitaire, celle d'un homme souriant, les mains menottées lors de son arrestation durant la fameuse bataille d'Alger. L'autre comparse assis en bas à gauche, c'est Krim Belkacem. L'homme est là, dos redressé, regard légèrement vague et décidé à la fois, comme lorsqu'on décortique un grand rêve de sa vie. Sur la liste, il est un peu l'aîné de la fratrie nationaliste. Son père était une figure importante en Kabylie, et lui-même a servi dans l'armée française. Il sera le premier à se soulever contre la colonisation, ce qu'il fera en 1947, soit sept ans plus tôt que la date de cette photo. Il fut un rebelle, un soldat, un ministre algérien de l'Intérieur, un ministre des Affaires étrangères, un vice-président du gouvernement provisoire algérien, un opposant, un héros, un personnage rusé, un manipulateur, un frondeur, mais surtout un signataire des accords d'Évian qui ont mis fin à la guerre en mars 1962. On l'a retrouvé mort dans la chambre 1414 d'un hôtel de Francfort le 18 octobre 1970, huit ans après l'indépendance algérienne. Étranglé par ses « frères d'armes » : des sbires des fameux « services » algériens.

La photo des « six » a été prise par un photographe dont on ignore l'identité sur l'avenue de la Marne, dans le quartier de Bab El Oued, à Alger. Ces « pères » venaient de tenir une réunion pour déclencher un conflit armé majeur et ont choisi, en violation de leur code du secret, de commémorer cet instant. Ils ne se reverront plus jamais dans les mêmes circonstances. Costumes usés, chaussettes tombantes pour l'un d'eux (Larbi Ben M'hidi), la photo deviendra iconique. Elle raconte le début de la guerre, mais pas sa fin tragique, pour chacun des « six » d'ailleurs. Quelques décennies plus tard, le 29 juin 1992, l'homme debout à droite sera tué d'une rafale dans le dos par l'un de ses gardes du corps. Le mort s'appelle Mohamed Boudiaf, le président algérien assassiné à Annaba au début de la guerre civile.

L'histoire « officielle » se termine ici. On ne dira presque jamais rien des années d'errance et de fuite après l'Indépendance, ni de la mort terrible de cet homme. Krim Belkacem, malgré lui, est devenu l'incarnation d'un rêve algérien différent, celui d'une politique pluraliste possible, d'un rejet des illusions du socialisme algérien spécifique, du refus du populisme arabo-islamique, de l'identité unique et du parti unique. Ce rêve a été effacé de la mémoire algérienne. Il n'y a pas de traces de cet événement meurtrier commis sur les pères fondateurs dans les manuels scolaires ni dans le récit officiel de l'histoire algérienne. Par un effet de biais cognitif que pratiquent toutes les histoires sacrées d'un pays ou d'une religion, les contradictions du récit collectif sont effacées, les courants concurrents et les disgraciés sont éliminés de l'image du groupe. Krim Belkacem en fit partie. Une singularité qui n'avait pas sa place. Sur les murs d'Alger, on a tagué un jour ce slogan qui exprime à la fois l'éloge de l'élan et la condamnation de la liberté : « Un seul héros, le peuple ».

Octobre 1970, on retrouve Krim Belkacem mort dans la chambre 1414 d'un hôtel de Francfort. Cette exécution constitue le dénouement tragique d'un long récit d'espionnage, de mercenaires, d'assassins, de services secrets, de manipulation et de tromperies. Pour ceux qui ont accaparé la propriété de l'Algérie après son indépendance, souvent officiers de second rang durant la guerre et de grands manœuvriers opportunistes, Krim Belkacem était un aîné encombrant, tant qu'il était vivant. Il avait pris les armes alors qu'eux-mêmes jouaient encore aux billes. Mort, il servira mieux le récit algérien unanimiste, et on le tuera. On l'a étranglé.

L'assassinat de Krim ne fait pas partie de l'histoire glorieuse. Il fut longtemps caché. Enfant, je me souviens de cette persistance dans ma mémoire, enseignée et soutenue, que les « six » pères de la nation avaient été tués par la France, « ennemie éternelle ». Aucun espace n'est réservé pour l'autre récit algérien, celui qui est caché et occulté : celui de la guerre civile de l'été 1962 qui a fait des milliers de morts entre « frères » en lice pour prendre Alger et le pouvoir après le départ de la France. Le récit silencieux des « services » algériens et de leurs tueurs, des rivalités à la naissance de la nation, des conflits, des tortures, des coups d'État et des arrestations. J'étais l'enfant d'une histoire polie, d'un instantané mythique de la photo des « six » et de son rêve d'une collégialité et d'une fraternité idéales.

L'histoire alternative au mythe algérien officiel subsistait comme un murmure secret, une « version » apocryphe. Avec l'âge, je pris conscience de son murmure, de sa persistance et des dissimulations de preuves que toute une nation pratiquait. D'ailleurs, la conscience politique d'un jeune Algérien se développe presque toujours à partir du moment où il découvre la falsification des chiffres, des dates, des noms et des circonstances entourant les décès.

En 1992, lorsque Boudiaf fut invité du Maroc où il s'était exilé pour reprendre les rênes d'un pays en proie à une guerre civile atroce entre les islamistes et l'armée, je fus presque stupéfait d'apprendre que cet homme était encore en vie ! Qu'il n'était pas mort dans le cercueil en verre de l'emblématique photo ni tué par la France ! Des décennies après l'Indépendance qui l'a exilé et effacé, l'éternelle guerre algérienne entre « frères » l'a rattrapé. Il le tua.

Quant à Krim Belkacem, j'ai plus tard découvert ses photos des accords d'Évian, son incroyable parcours d'audace et de refus de tout compromis, son surnom de « lion », sa gloire. Son assassinat par les « services » restait cependant non seulement un mystère, mais aussi une fausse énigme. On savait que le « régime » l'avait tué, mais sans aucune preuve publique, sans aucun récit précis, et sans qu'aucune enquête sérieuse n'ait été menée. L'histoire algérienne, c'est comme cette fameuse photo des « six » : on n'arrive jamais à s'émanciper du cadre, du mythe, du figement. En 1984, j'avais 14 ans quand Krim fut ramené en Algérie dans un cercueil. Ceux qui l'avaient assassiné organisèrent même la cérémonie funèbre officielle. Ceux qui l'avaient dépouillé de ses biens et qui habitaient sa maison volée à Alger se recueillaient, graves et menteurs, sur sa tombe.

Rien n'est enseigné sur l'histoire algérienne, qui est à la fois vivante et morte, complexe, disgracieuse, mais nécessaire. On préfère le mythe à l'exactitude, le mensonge ennobli à la vérité utile pour les générations futures. Le meurtre de Krim Belkacem est effacé de partout. Ses détails manquent, ses indices sont éparpillés, ses témoins se taisent ou bien ne sont pas interrogés. C'est ce qui s'est passé pendant des décennies. Jusqu'à ce que Farid Alilat, un journaliste algérien, mène une enquête riche de documents inédits sur le sujet. Voici offert aux lecteurs un long travail d'investigations, de consultations d'archives en

Europe et de recoupements de documents divers. Ce récit révèle non pas la vérité soufflée que l'on croyait déjà connaître, même de manière clandestine, mais la brutalité de ce destin, le récit d'une trahison totale.

L'enquête sur l'assassinat de Krim Belkacem, encore ouverte, remplit un « blanc » dans l'histoire algérienne, si riche en ratures et en caviardages. Elle apporte un éclairage, elle précise des détails, et elle suscitera l'indignation des prêtres de l'histoire officielle. On comprend qu'on ne peut pas dire que Krim est mort des mains de la France coloniale, car cette affirmation relève d'un raccourci irrationnel qui perdure dans l'univers de la propagande onirique. Il n'est pas décédé d'une mort naturelle ou dans l'isolement.

Pour saisir l'Algérie d'aujourd'hui, une enquête sur ce crime d'État est nécessaire. Une clef s'offre pour entrer dans ce pays mystérieux, dont les paradoxes sont légion, et dont la nation n'a jamais quitté la clandestinité ni la guerre, même imaginaire aujourd'hui, cette terre toujours volée aux siens. Le récit sur l'assassinat de Krim Belkacem jette une lumière sur le « caché » et le secret qui en Algérie font culture. On entend partout dans le monde que l'Algérie est un pays difficile à comprendre et on se pose les mêmes questions : comment une étendue de terre aussi vaste peut-elle se rétrécir pour tant de jeunes Algériens qui la quittent en tant que migrants clandestins, au péril de leur vie ? Comment un pays aussi prospère peut-il compter autant de personnes vivant dans la pauvreté ? Comment une nation qui a été fondée sur le désir de liberté est-elle devenue le goulag de la répression et de la haine de la liberté ? On peut compter mille raisons pour expliquer ces contradictions : les conflits armés, la domination coloniale, la brutalité ou les décisions économiques malheureuses.

L'assassinat de Krim Belkacem confirme une des théories récurrentes à propos de ce pays : il ne chérit pas assez ses enfants. Il tue, il expulse, il traque les gens qui défendent la liberté ou même la différence. Il élimine ses lendemains en sacrifice à son passé insurmontable. En revenant au détail sinistre, on apprend que Krim Belkacem a été trahi et étranglé deux fois. Le crime a été effacé et le cadavre a été insulté par la cérémonie de sa mise en terre à Alger. L'histoire de ce crime attend encore son récit. N'est-il pas vrai que, parfois, un seul crime peut résumer la culpabilité d'un peuple ainsi que son destin ? Qu'il suffit d'un seul assassiné pour réduire tous les rêves de justice parfois ? Dans la scène de la tragédie algérienne, celui qui a signé l'acte de naissance de l'Algérie en 1962 signait aussi le décret de sa mort sans le savoir, car ses « frères » veillaient, depuis Alger, à ce qu'il ne quitte pas le cadre de la photo des « six », ce cercueil de verre.

L'Algérie demeure un pays troublé. Elle ne connaîtra peut-être pas la paix tant que les morts n'auront pas été réconciliés avec la vérité. Pas seulement les morts de la guerre d'Indépendance, mais tous ceux qui ont péri sur cette terre : ceux qui venaient d'ailleurs, ceux qui y étaient nés, ceux qui en étaient tombés amoureux, ceux qui y avaient été arrachés ou exilés, ceux qui étaient Français d'Algérie ou Algériens de France, les voyageurs ou les amoureux transis qui y sont morts. L'un d'eux demeure Krim Belkacem : tant qu'on n'assume pas le crime, on ne pourra jamais assurer la justice ni réaliser des rêves de liberté véritable. Et l'Algérie restera à errer, les yeux crevés dans son propre labyrinthe, menant une histoire inexplicable pour les siens et pour les autres, meurtrie et splendide, belle et sans reflet dans le cœur des siens. Pour ceux qui souhaitent saisir la tragédie de ce pays majestueux, lisez ce livre comme on écoute la voix d'un homme qui, dans l'au-delà, attend justice.

En 2019, je rencontre l'immense photographe Raymond Depardon. De ce moment naîtra un livre, mais aussi une très longue conversation qui se poursuit encore à ce moment. C'est lui qui me raconta comment, en juin 1961, dans la villa d'Évian-les-Bains, là où logeait la délégation algérienne venue parapher les accords, il approcha un mythe vivant et il suspendit l'instant dans la fameuse photo de Krim Belkacem lisant un journal, le front dans sa main. « Il était seul, moi aussi. Je marchais dans la maison. Elle était calme, pas d'agitation – un jour férié ou un après-midi –, pas de rotation sur Évian. Je l'ai surpris, il ne m'a pas vu tout de suite, j'étais un peu dans son dos. J'ai glissé légèrement vers son profil à lui. Je crois que j'ai pris une photo seulement. Le sentiment dont je me souviens à ce moment-là ? Une grande solitude face aux notes qu'il avait devant lui. Une fraction de seconde. Un instant de vérité rare à cette époque où tout était propagande pour ne pas montrer de failles. »

Il ne reste plus que quelques années avant qu'on découvre la photo d'un corps étendu sur un lit dans la chambre 1414 d'un hôtel de Francfort. C'est le début de l'enquête.

Paris, janvier 2025

Prologue

Rabat, samedi 20 octobre 1984. Fathia Krim reçoit un étrange télégramme : « Prière de rentrer à Alger pour les obsèques officielles de votre mari au carré des Martyrs d'El Alia, en présence du président Chadli Bendjedid. » Les émotions, les idées se mêlent, se confondent et s'entrechoquent dans sa tête. Son corps est saisi de sidération, presque en lévitation. Voilà quatorze ans qu'elle attend la vérité sur l'assassinat Krim Belkacem, retrouvé mort le mardi 20 octobre 1970 dans une chambre de l'hôtel Intercontinental de Francfort, en Allemagne. Quatorze longues années que le pouvoir algérien a mis une chape de plomb sur ce crime d'État pour en couvrir circonstances, mobiles, assassins et commanditaires. Depuis ce funeste dimanche 18 octobre, sa quête s'est heurtée à une omerta organisée, à un mensonge assumé, à la conspiration du silence. Voilà qu'aujourd'hui, par un télégramme et un bref coup de fil, on lui demande de rentrer au pays pour assister aux obsèques de son mari dont la dépouille vient d'être rapatriée d'un cimetière de Francfort, où il était enterré.

Krim Belkacem, c'est un nom, un parcours, une légende, un monument, un pan de l'Histoire, une histoire, un martyr. Chef historique du FLN, vice-président du GPRA (Gouvernement provisoire de la République algérienne), ministre des Armées, des Affaires étrangères, de l'Intérieur, chef de la délégation algérienne qui a négocié l'autodétermination avec le général de Gaulle, il est l'homme qui a paraphé les accords d'Évian de mars 1962 mettant un terme à cent trente-deux ans de présence française en Algérie. Député de Tizi Ouzou, en Kabylie, après l'indépendance, il s'oppose au régime du président Ahmed Ben Bella puis de son successeur Houari Boumédiène. Forcé à l'exil, ses biens confisqués, traqué, condamné à mort en 1969, il est devenu un ennemi, un traître, un homme à abattre. La sentence de mort est ainsi exécutée ce dimanche 18 octobre 1970 dans la chambre 1414 de l'Intercontinental de Francfort. Depuis, donc, opère la conspiration du silence.

Arrivé au pouvoir en 1979 après la disparation de Boumédiène en décembre 1978, Chadli Bendjedid veut tourner cette sombre et sanglante page en procédant à la réhabilitation d'anciens combattants et militants du FLN qui ont été liquidés sous les deux précédents régimes. Cette réhabilitation passe par des hommages solennels et des funérailles nationales auxquelles sont conviés les familles et les proches. Fathia et ses enfants vont-ils enfin connaître la vérité ? Va-t-on leur expliquer pourquoi Krim a été tué, par qui, sur ordre de qui ? Comment elle et les enfants vont-ils retrouver Alger qu'ils ont précipitamment fui une nuit d'août 1967 pour un exil de dix-sept ans au Maroc ? Comment vont-ils rentrer en Algérie alors qu'ils ne possèdent même pas de passeports algériens ? Dépossédés de l'époux et du père, dépossédés aussi de leurs papiers d'identité.

Lundi 22 octobre 1984, Fathia et ses trois enfants, Karima, Kawther et Djamel-Eddine, débarquent de l'avion de Saudia Airlines pour fouler de nouveau le sol algérien. À l'aéroport, aucun officiel pour les accueillir. En revanche, il y a là les parents, les cousins, les cousines, les oncles et les tantes que la famille de Krim n'a plus revus depuis son départ précipité vers le Maroc en août 1967. Joie, tristesse, soulagement, appréhension, angoisse, tout se mélange dans les têtes. Transportée dans un bus un peu brinquebalant, la famille est dirigée vers l'hôtel Mazafran, sur le littoral ouest de la capitale. Un hôtel plutôt que leur villa d'El Biar. Cette villa que Krim et les siens habitaient depuis 1963 avant de la quitter cette nuit de fuite vers le Maroc est aujourd'hui indûment et illégalement occupée par le secrétaire général du FLN, Mohamed Chérif Messaadia. Il sera aux obsèques de Krim pour l'hommage national.

Cimetière des Martyrs d'El Alia, mercredi 24 octobre 1984. Ce jour-là, le soleil est généreux et la foule nombreuse pour un moment de recueillement et de reconnaissance. Dans la tribune officielle, tout ce que le pays compte de responsables, civils et militaires, notabilités, membres de la famille révolutionnaire. Au premier rang, le président Chadli, son Premier ministre, le secrétaire général du FLN, les hauts gradés de l'armée, les ministres. Il y a aussi Kasdi Merbah, ancien chef de la redoutable sécurité militaire, la police politique. Derrière eux se tiennent Fathia Krim, ses trois enfants et Ahmed Krim, le fils aîné issu d'une précédente union. Les cercueils arrivent un par un, transportés sur des chars d'apparat, accompagnés par la fanfare républicaine. Il y a là les cercueils des colonels Lamouri, Nouaoura, Aouachria, atrocement exécutés en mars 1959 pour complot contre le GPRA. Il y a celui du colonel Mohamed Chaabani, condamné en septembre 1964 pour rébellion et exécuté sur ordre du duo Ben Bella-Boumédiène. Il y a bien sûr celui de Krim Belkacem, porté par six militaires en uniforme, deux autres portent une gerbe de fleurs. Lorsque le cercueil de Krim est déposé par terre devant la brochette d'officiels, Kasdi Merbah se met au garde-à-vous et effectue le salut militaire. Dans la tribune officielle, Ahmed Krim se tourne vers sa sœur Karima et lui murmure à l'oreille en lui désignant Merbah : « Voici l'assassin de notre père. »

À peine la dépouille de Krim est-elle mise en terre que le président Chadli quitte les lieux. Voilà. Le chef historique du FLN est officiellement réhabilité et repose désormais au carré des Martyrs. Trois jours plus tard, sa famille retourne à son exil au Maroc. Et la vérité sur l'assassinat de Krim Belkacem, sur l'identité de ses tueurs, sur les commanditaires ? Son épouse et ses enfants repartent à Rabat comme ils sont venus à Alger : sans nouvelles, sans explications, sans confessions, sans excuses. La conspiration du silence. Presque cinquante-cinq ans après, le crime de la chambre 1414 reste un mystère, un tabou, un secret d'État qu'on ne veut pas divulguer, qu'on a peur de divulguer. La loi de l'omerta.

Le 1er novembre 2012, le président Abdelaziz Bouteflika, ministre des Affaires étrangères sous Boumédiène, organise une réception au Palais du Peuple pour commémorer l'insurrection de novembre 1954. Il y a parmi les invités Karima et Kawther, les filles de Krim Belkacem. Elles l'interpellent sur l'assassinat de leur père, veulent savoir s'il compte un jour révéler la vérité. Presque l'air agacé, Bouteflika répond : « Vous croyez que les Algériens sont prêts à supporter un tel séisme ? ! » Pour ne pas supporter le séisme, il faut étouffer la vérité un siècle encore.

Au cimetière d'El Alia, la tombe de Krim se trouve à quelques mètres de celles de trois autres dignitaires du régime. Il y a celle du président Houari Boumédiène, celle de Kasdi Merbah et enfin celle d'Ahmed Draïa, chef de la police nationale. L'un des trois est celui qui a ordonné son assassinat.

Prologue

Qui a donc tué Krim Belkacem ? Comment ? Pourquoi ? Et qui était le commanditaire ?

Voici racontée pour la première fois la vérité sur ce crime d'État.

1

Au maquis à 25 ans

Rien dans son histoire familiale ne prédestinait Krim Belkacem à devenir un rebelle, un repris de justice, un révolutionnaire, un ministre, une des figures majeures de la décolonisation française en Algérie, le martyr d'un crime d'État. Bien au contraire. Il aurait pu suivre la voie de son père et de celles de certains de ses proches. Comme eux, il aurait peut-être fait carrière en tant que sous-préfet ou même préfet dans cette Kabylie sous occupation française. Contrairement à la grande majorité des enfants de sa génération au douar Ath Yahia Moussa, Krim Belkacem, né le 15 décembre 1922, est issu d'une famille aisée du village Tizra-Aissa, dans la commune mixte de Draa El Mizan, région montagneuse au sud-ouest de Tizi Ouzou. Son père, Hocine, que les gens du village surnomment « Hamou », possède un café-épicerie, des champs d'oliviers et une huilerie. Commerçant prospère et caïd du douar, Hamou est apprécié aussi bien par la population locale que par le maire, le sous-préfet, les juges, les policiers, les gendarmes et les notaires, tout ce qui fait l'administration sous occupation française. L'aura du caïd Hocine Krim sera encore plus grande en devenant *hadj* après son retour de pèlerinage dans les Lieux saints. Dans cette Kabylie miséreuse de l'entre-deux-guerres, seuls les hommes aisés ou les plus dévots peuvent se permettre un périple en train et même à pied dans cette lointaine Arabie. En prenant sa retraite de caïd, El Hadj Hocine deviendra chef de Tajmaat, cette assemblée ancestrale de sages qui règle les litiges et conflits de son village. Commerces et prestige, El Hadj Hocine Krim est donc un homme sur lequel la France compte et un notable sur lequel ses concitoyens s'appuient pour qu'il les représente ou les défende devant l'administration coloniale. Dans la famille Krim, Hamou n'est pas le seul à être au service de la France. Cousin germain, Dahmoune Slimane est nommé caïd lorsque El Hadj Hocine se retire. Son travail de collaborateur plaît tellement aux autorités françaises qu'il sera élevé quelques années plus tard à un rang supérieur, agha de Draa El Mizan. Décidément, cette famille compte. El Hadj Hocine Krim destine-t-il son fils Belkacem à faire, comme lui, une belle carrière dans l'Administration ? Il souhaite qu'il réussisse d'abord ses études. Un homme sans instruction est condamné à trimer dans les champs d'oliviers, à garder les chèvres, à travailler comme métayer chez un colon, à s'user l'échine dans les usines de Paris ou de Villeurbanne ou à s'esquinter les poumons dans les mines du nord de la France. Le paternel ne veut pas de tout cela comme avenir pour son fils. À la fin des années 1920, Krim Belkacem est ainsi envoyé à Alger auprès de l'un de ses oncles pour y acquérir le savoir. Il fréquentera pendant six ans l'école Sarrouy, dans le quartier de la Casbah, qui deviendra tristement célèbre quelques années plus tard pour avoir été transformé en centre de torture. Élève brillant, il termine sa scolarité à Sarrouy avec un brevet d'études. De retour au village natal, le jeune Belkacem travaille aux côtés de son père avant d'être recruté comme secrétaire auxiliaire à la commune de Draa El Mizan. Une vie rangée dans l'Administration ? Trop peu pour ce jeune homme dont le caractère trempé et le tempérament fougueux commencent à être remarqués au-delà du cercle familial. Et puis vient la Seconde Guerre mondiale. À l'instar de dizaines de milliers de familles algériennes, celle de Krim va donner un des siens pour combattre sur les fronts de l'Afrique du Nord et de l'Europe. C'est ainsi que son frère aîné Mohamed rejoindra, comme des centaines de milliers de tirailleurs algériens, les champs de bataille en France et en Italie pour se battre contre les troupes allemandes. Il y reviendra avec des médailles, des blessures et des traumatismes. Parce que son aîné est déjà enrôlé, Belkacem ne sera pas envoyé comme chair à canon. En 1942, au cœur de cette guerre mondiale, il part faire ses Chantiers de la jeunesse française, une obligation d'un stage de six mois que le régime vichyste du maréchal Pétain a créé en juillet 1940. À Aïn Defla, très loin de ses montagnes de Kabylie, il y fait ses Chantiers avant de s'engager dans l'armée française en juillet 1943 en devançant l'appel au service militaire. Krim Belkacem est affecté à Laghouat, à 400 kilomètres au sud d'Alger. Pendant son service militaire, le soldat Belkacem exerce comme secrétaire. Sur des fichiers, il marque en rouge le nom des Européens, en bleu ceux des musulmans. Cet apartheid l'indigne, cette ségrégation le révolte. Il y a donc sous le même drapeau deux collèges, deux souches de citoyens. Les Français et les autres, les citoyens et les sous-citoyens, les hommes et les sous-hommes. Il raconte que cet épisode a servi de déclic pour se lancer dans le militantisme nationaliste. Pour le moment, celui-ci attendra quelques années. Le 4 octobre 1945, six mois après la fin de la guerre, Krim Belkacem est démobilisé de l'armée avec le grade de caporal-chef. Il rentre chez lui à Tizra-Aissa pour travailler auprès de son père commerçant. Le service militaire et cet apartheid dont il a été témoin le poussent à s'engager dans les rangs du PPA (Parti du peuple algérien), fondé en mars 1937 par Messali El Hadj afin de militer en faveur de l'émancipation du peuple algérien. Dans la région de Draa El Mizan, Krim Belkacem opère dans la clandestinité pour sensibiliser les habitants, particulièrement les jeunes, aux idées nationalistes de Messali El Hadj. Très vite, sa parole résonne, sa fougue séduit, son aura captive, sa verve impressionne. Un leader est né. Il n'a pas encore 24 ans qu'il a sous son contrôle des centaines de militants. Déjà son pistolet-mitrailleur Sten ne le quitte plus, toujours dissimulé sous une veste, un épais manteau ou le burnous blanc kabyle. Son baptême du feu intervient lors des élections législatives de novembre 1946. À Draa El Mizan, le caïd Dahmoune Slimane, le cousin germain qui prend la place de son père, incite la population locale à voter en faveur des candidats français bien sûr. Voter pour les candidats de la France ? Il n'en est pas question. Alors la population se rebelle contre ce caïd et clame qu'elle n'ira voter que si Krim Belkacem en donne l'ordre. Vexé par cette population qu'il jure vouloir transformer en moutons dociles pour suivre le chef du troupeau, notre caïd Dahmoune fait appel à la force publique pour mater cette jacquerie de va-nu-pieds, de loqueteux qui se piquent de défier l'ordre et l'autorité de la France et de ses serviteurs. Pour éviter un malheur, Krim donne son feu vert pour le vote dont, d'ailleurs, tout le monde sait qu'il est truqué. Le calme est revenu, le pire évité, les gens ont voté, mais Krim n'oubliera jamais ce caïd de cousin, son arrogance, son mépris, sa collaboration. Celui-ci ne perd rien pour attendre. Quelques jours après cet acte de défiance, des gendarmes débarquent au douar avec seize mandats d'arrêt contre des jeunes soupçonnés d'atteinte à l'ordre public, de désobéissance et de menace contre l'autorité de l'État. Quinze sont mis derrière les barreaux, Krim Belkacem échappe au coup de filet. Évidemment, l'incarcération de ces jeunes ne passe pas auprès de la population qui s'en va protester devant le siège de la sous-préfecture afin de réclamer leur libération. Krim est sur les lieux de la protestation, avec les siens. En chef qu'il est, il parle à ces hommes qui défient le sous-préfet, jure que personne ne cédera sur cette exigence, mais demande que la foule se disperse dans le calme en attendant que les autorités honorent leur engagement de libérer les prisonniers. Ce jour-là, préfet, sous-préfet, procureurs, policiers et gendarmes prennent conscience que ce jeune homme rondouillet, 1,70 mètre tout au plus, alors que ses 24 ans ne sont pas encore révolus, cet homme est une menace. On le laisserait faire qu'il deviendrait encore plus dangereux, avec ses idées nationalistes, ses critiques contre l'Administration, contre la ségrégation, sa propagande pour l'émancipation des Algériens. Il serait d'autant plus dangereux qu'il exerce déjà un réel ascendant sur cette population qui l'écoute, le respecte, lui obéit et le suit. Les révoltes ou les révolutions ne naissent-elles pas justement quand un peuple trouve un jeune chef pour le guider ? Ce jour de protestation devant cette sous-préfecture, ce jeune homme a prouvé sa vocation de leader. Les autorités sont maintenant averties. Elles décident de sévir.

Dimanche 23 mars 1947, un tournant a lieu dans la vie de Krim Belkacem. Ce jour-là, il reçoit une convocation de la justice pour atteinte à la souveraineté de l'État. Se plier à l'ordre de comparaître devant un magistrat français ? Il n'en est pas question, il n'en sera jamais question. Il n'a pas tué, n'a pas volé, n'a pas violé, n'a pas escroqué. Alors en prison pour avoir réclamé liberté et dignité ? Il a encore en tête ces fichiers qu'il marquait en rouge pour les Français et en bleu pour les autres. Encore en tête cet apartheid. Il n'ira pas chez le juge. Il décide de monter au maquis, d'entrer dans la clandestinité, d'être un hors-la-loi. En basculant dans la clandestinité, Krim sait qu'il ne lui reste que deux choix : croupir en prison, voire y être guillotiné, ou mourir les armes à la main. Alors, il va sillonner villages, montagnes, vaux, vallées et oueds de la Grande Kabylie pour recruter des militants, les former militairement et politiquement, les préparer à l'insurrection. Désigné chef du parti PPA-MTLD (Mouvement pour le triomphe des libertés démocratiques) dans la région de Tizi Ouzou, il monte une douzaine de cellules du parti dans ces montagnes. L'administration française met la pression sur son père et sur sa famille afin qu'elle raisonne ce rebelle, qu'il cesse sa défiance, qu'il se rende ou qu'elle le livre aux gendarmes afin qu'il réponde de ses actes. Mais son père ne peut rien contre ce fils désobéissant. Alors la famille Krim est ostracisée, mise à l'index, placée en quarantaine. Recherché, Krim Belkacem se cache dans les montagnes, ne revient que très rarement voir les siens, et bien sûr sa mère Halima s'inquiète pour lui. Ne supportant plus la vie clandestine de son fils, elle se laisse dépérir et finit par mourir de chagrin. Krim n'assistera pas à l'enterrement de sa mère. Il attendra plusieurs semaines avant de redescendre au village pour se recueillir sur sa tombe.

Son premier fait d'armes, Krim Belkacem le commet contre son cousin germain, le caïd Dahmoune Slimane, ce valet de la France que la population vomit, ce suppôt de la France qui vomit cette populace, ce serviteur zélé qui méprise ces gueux dont il dit qu'ils ne sont pas reconnaissants envers la mère patrie.

Jeudi 25 décembre 1947, jour de Noël. Krim Belkacem et sa milice tendent une embuscade au caïd Dahmoune et au garde champêtre qui l'accompagne, à quelques encablures de Draa El Mizan. Cela faisait longtemps que Krim s'était juré de liquider le caïd. Son heure a sonné. Par miracle, le caïd s'en sort indemne tandis que son compagnon succombe à ses blessures. Cette fois, Krim Belkacem est recherché pour meurtre. Il y a un avant et un après ce jour de Noël 1947. Désormais, les condamnations à mort, les avis de recherche et les mandats d'arrêt voleront en escadrilles. Recherché partout, il glisse entre les mains des services d'ordre. Ses hommes et ses montagnes de Kabylie le protègent contre policiers et gendarmes. Là-haut dans le ciel, sa mère veille sur lui de sa baraka. Et puis, il a son Sten dont il ne se sépare jamais. Il est inatteignable.

Si Krim Belkacem continue son action en Kabylie, il ne porte pas moins une attention particulière à ce qui se déroule ailleurs dans le pays. Ailleurs, notamment chez les dirigeants du MTLD de Messali El Hadj. Jusque-là peu favorable à des actions armées contre la France, le patriarche donne son onction pour la création d'une Organisation spéciale (OS). Objectif : former des groupes paramilitaires afin d'attaquer des intérêts français en Algérie. On ne songe pas encore à arracher l'indépendance par les armes, mais l'idée d'une insurrection armée fait son chemin dans les esprits. Notamment auprès des jeunes messalistes qui ont déjà combattu pour la France durant la Seconde Guerre mondiale. Un homme va être au cœur de la création de l'OS et marquera ses pairs par son engagement, son intelligence et son intransigeance : Mohamed Boudiaf. Natif de M'Sila, ce militant du MTLD fait son service militaire de 1943 à 1945 avant d'être démobilisé avec le grade de brigadier-chef. Expérience dans le maniement des armes, fougue, conviction, c'est un leader lui aussi. Autour de Boudiaf, il y a de jeunes loups qui veulent en découdre. Au sein de l'OS, on compte donc Ahmed Ben Bella, Mohamed Belouizdad (qui décédera en 1952 à Paris), Hocine Aït Ahmed, Mohamed Khider ou encore Larbi Ben M'hidi. Parmi eux, Ben Bella se détache du lot. Originaire de Maghnia, à la frontière algéro-marocaine, il s'est illustré par son courage sur les champs de bataille. Incorporé en 1940 dans l'armée française, il participe à la bataille de Marseille en abattant en juin 1940 un avion allemand. Cet acte de guerre lui vaudra la croix de guerre. Mobilisé de nouveau en 1942, il a aussi pris part à la fameuse bataille de Monte Cassino, en Italie, durant l'hiver 1944. Dans cet enfer de boue et de sang culminant à 516 mètres, son courage le poussera même à sauver la vie de son capitaine. Ce qui lui vaudra d'être décoré de la médaille militaire par le général de Gaulle en personne. Deux hauts gradés français loueront son courage et sa bravoure. De Ben Bella, le maréchal Juin dit qu'il possède de « brillants états de service ». Cet homme-là ira loin. Le premier coup d'éclat de l'OS est l'attaque spectaculaire menée en avril 1949 par Ben Bella, Khider et Aït Ahmed contre la poste centrale d'Oran. Le casse rapporte plus de 3 millions de francs de l'époque dont une partie servira à l'acquisition d'armes. L'enquête de la police et la traque lancée contre les auteurs vont aboutir au démantèlement de l'OS en mars 1950. Ben Bella est arrêté et condamné à sept ans de prison d'où il s'évadera deux ans plus tard pour aller s'installer au Caire, en Égypte. Ceux qui n'ont pas été arrêtés entrent dans la clandestinité ou se réfugient au Maroc, en France, en Tunisie ou en Égypte. En mettant en prison ou en poussant à la fuite les membres de l'OS, le gouverneur général en Algérie Roger Léonard pense en avoir terminé avec cette organisation et avec la menace d'une action armée de la part des Algériens. Las ! Lassés du culte de la personnalité autour de Messali El Hadj, placé en résidence surveillée en France à partir de 1952, désespérés par cette dictature que le vieux chef et ses lieutenants font régner au sein de son mouvement, ces jeunes loups de l'OS décident de franchir une nouvelle étape en mars 1954 en créant le CRUA (Comité révolutionnaire d'unité et d'action). Principal objectif ? Préparer la lutte armée.

C'est que la création de ce comité intervient dans un contexte international plutôt favorable aux indépendantistes algériens. Dans la Tunisie voisine, sous protectorat français depuis 1881, Habib Bourguiba et ses partisans mènent la lutte armée pour arracher l'indépendance qu'ils obtiendront en mars 1956. Au Maroc, également sous protectorat de la France depuis 1912, les nationalistes ont pris les armes pour le même objectif, qu'ils réaliseront en avril 1956. En Égypte, Gamal Abdel Nasser a mis fin au long règne du roi Farouk, devient l'homme fort du pays et se rêve leader du monde arabe. D'ailleurs, il assure aux dirigeants du CRUA qui se sont installés au Caire au début des années 1950, Hocine Aït Ahmed, Mohamed Khider et Ahmed Ben Bella, du soutien financier, militaire et politique de l'Égypte pour la cause algérienne. Le moment est donc venu de rompre avec le messalisme et de s'engager sur une autre voie. L'opportunité de passer à la lutte armée est d'autant plus grande que l'armée française va connaître en ce printemps 1954 une débâcle mémorable en Indochine. La chute de Dien Bien Phu en mai de cette année-là obligera le gouvernement de Pierre Mendes France à signer un cessez-le-feu avec le Vietnam après soixante-sept ans de colonisation française. Hasard de l'histoire, le dimanche 25 juillet 1954, cinq jours après la signature à Genève des accords mettant fin à la guerre d'Indochine, vingt-deux dirigeants de la future révolution algérienne se réunissent dans une villa sur les hauteurs d'Alger. Pour la première fois depuis le début de la colonisation française en 1830, vingt-deux jeunes originaires de différentes régions d'Algérie, arabophones et berbérophones, issus de milieux sociaux divers, bien instruits ou à peine scolarisés, décident du destin d'un pays de 10 millions d'habitants. Après une journée de discussions, ils optent à l'unanimité pour l'insurrection armée jusqu'à l'indépendance. Une collégiale composée de Mohamed Boudiaf, Mostefa Ben Boulaïd, Mourad Didouche, Larbi Ben M'hidi, Rabah Bitat et Krim Belkacem est désignée pour préparer ce soulèvement. Octobre 1954 sera décisif. Le 10, ils se retrouvent dans un appartement d'Alger pour mettre au point un plan d'action qui déterminera aussi bien leur avenir que celui de leurs concitoyens. Après d'âpres discussions, ils actent la dissolution du CRUA qui sera remplacé par un mouvement dont l'ambition est de fédérer toutes les forces et les sensibilités politiques. Krim Belkacem propose que celui-ci prenne le nom de Front de libération nationale (FLN). Mais ce front aura besoin d'une branche militaire. Elle prendra la dénomination d'Armée de libération nationale (ALN). Le territoire national est alors divisé en cinq zones à laquelle viendra s'ajouter quelques années plus tard une sixième. La zone des Aurès est confiée à Mostefa Ben Boulaïd, le Nord-Constantinois à Didouche Mourad, celle d'Alger revient à Rabah Bitat alors que l'Oranais est confié à Larbi Ben M'hidi. Enfin, la Kabylie revient logiquement à Krim Belkacem. Lui est monté au maquis depuis 1947 et dispose déjà de plus d'un millier d'hommes prêts au combat. Il reste alors aux six de décider quel jour débutera cette insurrection armée. Didouche Mourad propose une date symbolique qui peut et doit marquer les esprits : la nuit de la Toussaint du dimanche 31 au lundi 1er novembre. Non seulement la vigilance se relâche cette nuit-là et le jour d'après, mais l'onde de choc et de stupeur des attaques en cette journée des morts sera encore plus puissante. Le 10 octobre, la préparation de l'insurrection entre dans son avant-dernière phase. Samedi 23 octobre 1954, Krim, Bitat, Ben Boulaïd, Didouche, Ben M'hidi et Boudiaf se retrouvent dans un appartement à Raïs Hamidou (ancien Pointe-Pescade). Le contenu de ce manifeste du FLN pour le peuple algérien, rédigé par Boudiaf et Didouche, est approuvé. Krim Belkacem confiera à l'un de ses adjoints, Ali Zamoum, la tâche de taper le document sur une machine à écrire avant qu'il ne soit tiré à des milliers d'exemplaires au village d'Ighil Imoula, en Kabylie, à l'aide d'une vieille ronéo. Une fois, la date du 1er novembre est définitivement adoptée, les six hommes mettent au point les plans d'attaque dans les zones qu'ils dirigent et se répètent les dernières consignes. Le conclave terminé, ils quittent Pointe-Pescade à pied pour déambuler dans les rues de Bab El Oued. Rabah Bitat suggère de prendre une dernière photo ensemble chez un photographe de la rue de Marne. Alors que la consigne était de ne jamais se prendre en photo par des photographes ambulants, de peur que ceux-ci ne soient tentés de mettre leurs clichés entre les mains des policiers ou des agents de la DST (Direction de la surveillance du territoire), ce jour-là les six acceptent de se faire tirer le portrait. Tous portent des costumes avec cravate, sauf Ben M'hidi dont la chemise est légèrement ouverte. En quittant la boutique de ce photographe, ils ignorent qu'ils vont passer à la postérité, tout comme ce cliché en noir et blanc dont on ne connaîtra jamais l'auteur. On les appellera « les fils de la Toussaint ». Dans quelques heures, ils vont déclencher une longue guerre qui va durer sept ans et sept mois.

La nuit de la Toussaint du dimanche 31 octobre au lundi 1er novembre 1954 a été aussi sanglante que sidérante. Fermes de colons, postes de gendarmerie et de police, voies ferrées, centrales électriques, casernes militaires, poteaux électriques, les attaques et les actes de sabotage perpétrés cette première nuit de l'insurrection dans les cinq régions contrôlées par les nouveaux hommes du FLN ont fait dix morts dont quatre militaires, un policier, un caïd et quatre civils. Parmi ces dix victimes, une frappera les esprits en Algérie et en métropole. Celle du jeune instituteur Guy Monnerot. Originaires de Limoges, Monnerot et son épouse Jeanine sont arrivés de France pour s'installer dans les Aurès comme instituteurs. Profitant de ce long week-end de la Toussaint, les Monnerot se rendent à Arris à bord d'un car pour y célébrer la fête des Morts en compagnie d'un directeur d'école installé lui aussi dans cette bourgade qui culmine à 1 100 mètres d'altitude. Le matin du lundi 1er novembre, le jeune couple tombe dans une embuscade dressée par les hommes de Ben Boulaïd. Guy Monnerot est mortellement blessé, son épouse grièvement. La mort de Monnerot provoque une vive émotion chez les Français d'Algérie ainsi qu'en métropole. Devant la gravité des événements, le ministre de l'Intérieur François Mitterrand est dépêché en Algérie. Sur place, il affirme l'engagement de l'État à frapper fort cette rébellion tout en engageant de profondes réformes sociales, politiques et économiques pour répondre aux attentes des populations algériennes. De nouveaux renforts de l'armée sont envoyés en Algérie pour faire face à cette insurrection qui prendra de l'ampleur au fil des mois. En avril 1955, six mois après la « Toussaint rouge », l'Assemblée française établit l'État d'urgence en Algérie pour une période de six mois. En août, la guerre bascule dans une dimension dramatique avec la grande offensive de l'ALN dans le Constantinois qui s'est soldée par le massacre de 170 Européens et 10 000 musulmans. Ces massacres créent désormais un fleuve de sang entre Algériens et Français et provoquent un engagement encore plus soutenu de l'armée sur le théâtre des opérations. En mars 1956, le gouvernement de Guy Mollet vote les pouvoirs spéciaux au moment même où le Maroc et la Tunisie accèdent à leur indépendance. Plus de 300 000 hommes sont envoyés combattre en Algérie. On n'ose pas encore parler de guerre. Cette année 1956, trois événements pèseront sur le déroulé de cette insurrection, sur son issue et sur l'avenir de plusieurs générations d'Algériens et de Français. Le 26 juin, après des années de recherches et d'explorations, le pétrole jaillit à Hassi Messaoud, dans le Sahara. La découverte du pétrole et du gaz dans ces immensités désertiques, qui représente près de quatre fois la superficie de la France, aura un impact économique, financier, politique et militaire sur la suite de cette guerre. L'autre événement majeur est la tenue, du 13 au 20 août, du premier congrès des dirigeants du FLN dans la vallée de la Soummam, en Kabylie. Plusieurs décisions émergeront de ce conclave décisif. Le territoire national est divisé en six wilayas qui auront chacune un état-major militaire sous l'autorité d'un colonel. Krim Belkacem dirigera bien sûr la wilaya 3 qui comprend la Kabylie. Ce congrès de la Soummam débouche sur la création du CNRA (Conseil national de la Révolution algérienne) qui fait office de conseil suprême de ce mouvement insurrectionnel. Outre le CNRA est créé le CCE (Comité de coordination et d'exécution) qui fonctionne comme un organe de décision où siègent Krim Belkacem, Larbi Ben M'hidi, Abane Ramdane, Benyoucef Benkhedda et Saad Dahlab. En instaurant la primauté du politique sur le militaire, le congrès de la Soummam donne ainsi à cette révolution sa doctrine et son organisation. Tenu dans le plus grand secret malgré une très forte présence de l'armée française en Kabylie, ce congrès confirme les statures de chefs de Krim Belkacem et Larbi Ben M'hidi autant qu'il permet l'émergence de Abane Ramdane. Militant du PPA-MTLD, cet intellectuel qui maîtrise aussi bien le français que l'anglais est considéré comme un des architectes de cette révolution. Lui et Ben M'hidi connaîtront des destins tragiques dans les mois qui suivront ce congrès. Des destins moins tragiques mais tout aussi exceptionnels attendent cinq dirigeants de la révolution en ce mois d'octobre 1956. Le lundi 22 octobre, l'avion affrété par le roi Mohamed V pour le transport, du Maroc vers la Tunisie, de cinq dirigeants du FLN, Ahmed Ben Bella, Mohamed Khider, Hocine Aït Ahmed, Mohamed Boudiaf et Mostefa Lacheraf, est détourné par l'armée française vers Alger. Depuis des mois, les services français cherchent à décapiter la direction de ce mouvement dans l'espoir de mettre fin, sinon d'affaiblir, cette rébellion. Cette fois-ci, les autorités françaises entendent la réduire au silence. Transférés en France, les cinq seront détenus à la prison de la Santé.

Au même moment, il est décidé de porter la guerre au cœur d'Alger.

2

Alger, sa bataille

Peu de temps après le congrès de la Soummam, Krim Belkacem revient dans cet Alger où il a vécu une partie de sa jeunesse quand son père l'a envoyé y faire ses études à l'école Sarrouy. Qu'il semble lointain, ce samedi 23 octobre 1954 quand lui et ses cinq futurs compagnons d'armes ont pris la pose dans la boutique d'un photographe de Bab El Oued ! Deux après ans, voilà Krim de retour à Alger, où le FLN décide de porter la guerre. La vraie, la dure, l'impitoyable. Celle des bombes, des attentats, des liquidations physiques, des plastiquages, la guerre qui frappe les esprits, terrorise les populations européennes et les pieds-noirs, pétrifie colonels et généraux de l'armée française. Jusque-là, l'insurrection armée a été circonscrite dans les villages, les campagnes, les maquis, ou encore dans quelques grandes villes d'Algérie. Là, la guerre sera portée au cœur de la capitale, sous les fenêtres des bureaux du ministre résident en Algérie, Robert Lacoste. La guerre à 1 000 kilomètres de Paris. Et celle-ci doit être aussi une guerre médiatique, de celle que journaux, radios et télés d'Alger, de France et du reste du monde vont relayer, amplifier, pour faire de la cause algérienne une affaire internationale.

Alors Ben M'hidi, Abane et Didouche préconisent de placer des bombes dans les lieux publics, dans les stades, dans les bars, dans les cafétérias, pour provoquer le plus de dégâts possible, le plus d'impacts possible, le plus de retentissement possible. L'argument de Abane pour cette sanglante guérilla urbaine ? L'armée française avec ses 400 000 hommes rase les villages, bombarde les maquis avec du napalm, crée des zones interdites et des camps de regroupement. Il serait temps que le FLN mène lui aussi la sale guerre dans les beaux quartiers d'Alger, de préférence ceux que fréquente la jeunesse européenne. De cette guérilla des bombes et de cette terreur qui frappe sans distinction Krim Belkacem ne veut pas. Mais il finira par se ranger à l'avis des autres.

Le premier de cette série d'attaques à la bombe intervient le dimanche 30 septembre 1956, veille de la rentrée scolaire. En cette fin d'après-midi ensoleillée, deux bombes explosent au Milk Bar, un glacier très fréquenté de la rue d'Isly. À quelques centaines de mètres de là, autre bombe éclate à la Cafeteria sise sur la rue Michelet, en face de la faculté d'Alger. Trois jeunes femmes décèdent et douze victimes subiront des amputations. Un troisième engin qui devait être placé dans le hall de l'immeuble Mauretania n'explose pas. La bataille d'Alger commence ce dimanche-là avec le fracas des bombes, le hululement des ambulances, l'effroi des morts. Il faut trouver les auteurs, identifier les chefs et les débusquer. Pour échapper à la traque des policiers et des agents de la DST, Abane, Ben M'hidi, Benkhedda et Krim louent des appartements avec des prête-noms, changent souvent de planque et de cache, restent rarement dans un même endroit plus d'un ou deux jours. La méfiance et la vigilance sont d'autant plus vitales qu'ils doivent se réunir régulièrement pour prendre des décisions en vertu du principe sacré de la collégialité.

Dans la plus grande clandestinité, parfois déguisé et grimé en femme avec un voile blanc, muni de papiers d'identité d'un commerçant italien du nom de Pierre Albertini, jamais séparé de son arme, Krim Belkacem va de cachette en planque. C'est dans une villa du Frais Vallon, un coteau dominant Alger, qu'il va faire cet automne 1956 une rencontre qui bouleversera sa vie. Celle de Guemmar Mahjouba, dite Fathia ou Fatema. Âgée de 25 ans, issue d'une famille aussi cultivée qu'aisée, Fathia a été élevée par sa grand-mère et son oncle Amar Nekrouf dans cette villa de style mauresque et avec un bain maure. Diplômée d'enseignement technique, Fathia enseigne le stylisme et l'art du costume dans une école d'Alger. Coquette, cheveux châtains bouclés, grands yeux clairs couleur noisette, nez fin, on la surnomme « Viviane Romance », du nom de cette actrice française qui a connu ses heures de gloire dans les années 1930. Douce mais d'un tempérament bien trempé, elle s'est également engagée dans la cause nationale. C'est au fil des réunions clandestines des dirigeants du FLN dans cette villa appartenant à l'un des oncles maternels de Fathia que Krim remarque la présence de cette jeune femme. Ils se plaisent et décident de s'unir d'autant plus vite que Krim est libre de tout engagement. Il s'est séparé de cette femme qu'il a épousée au début des années 1940 et qui lui a donné un garçon, Ahmed, et une fille, Hadjila. L'union entre Krim Belkacem et Guemmar Fathia est célébrée selon le rite musulman dans une villa d'Alger en présence de plusieurs cadres du FLN dont Abane Ramdane et Benyoucef Benkhedda. Dans cet Alger de la fin de l'année 1956 où le quotidien est rythmé par les bombes, les attentats, les assassinats, il y a peu de place pour une vie de couple. Il y en aura de moins en moins au fur et à mesure que l'étau se resserrera autour des dirigeants du FLN.

C'est peu dire que le vendredi 28 décembre constitue l'un des tournants majeurs de cette bataille d'Alger. Ce jour-là, à 9 h 45, Amédée Froger, 74 ans, descendant d'une famille de colons installée en Algérie depuis quatre générations, maire de Boufarik, président des maires d'Algérie, ancien député de l'Assemblée algérienne, une des grandes notabilités de l'Algérie française, est abattu d'une balle dans le cœur, rue Michelet, en plein Alger. Pour le FLN, la mort de ce mandarin de la communauté européenne devrait avoir un impact retentissant au-delà des frontières. Cela n'a pas raté. Les obsèques d'Amédée Froger, célébrées le lendemain aux cris de « L'Algérie française ! » et « Lacoste au poteau ! », donnent lieu à des scènes de violence qui durent jusque tard dans la nuit. Des fidèles de Froger font dans la vendetta. Ratonnades contre les musulmans, boutiques et échoppes saccagées, voitures renversées, ouvriers molestés, passants lynchés. On tue à l'aveuglette. À minuit, on compte six morts dans la communauté musulmane. Alger devient une poudrière. Désormais, un fleuve de sang sépare Algériens et Européens, partisans de l'indépendance de l'Algérie et fidèles de l'Algérie française. En liquidant Amédée Froger, le FLN fait d'Alger un brasier.

Dans ce climat de violence, de bombes et de terreur, le président du Conseil Guy Mollet confie les pouvoirs de police à l'armée. C'est ainsi que, le 7 janvier 1957, 8 000 hommes de la 10e division parachutiste du général Massu arrivent à Alger. Ils reviennent d'Égypte où ils ont été envoyés en novembre 1955 pour tenter d'empêcher la nationalisation du canal de Suez par Nasser. La mission de Massu : pourchasser les poseurs de bombes, arrêter ou éliminer les cinq chefs du FLN, écraser la rébellion, rétablir l'ordre à Alger. Par tous les moyens, y compris la torture. La torture, le général Massu ne nourrit aucun d'état d'âme à en autoriser l'usage, même à l'échelle industrielle. Et pour accomplir la sale besogne, ce général bougon ne dispose pas que de ses redoutables paras. Il a entre ses mains la police judiciaire, la DST, le SDECE (service du contre-espionnage), les renseignements généraux, les gendarmes, les unités territoriales. Un total de 10 000 hommes. Et sous ses ordres, il dispose de quatre colonels dont son chef d'état-major, Yves Godard. À celui-ci, Massu dit ce jour même où Robert Lacoste lui confie cette tâche de pacifier Alger : « Nous allons avoir un tas d'emmerdements. » Ce 7 janvier 1957, Massu écrira dans son agenda : « Sainte Mélanie [la sainte fêtée ce jour-là], priez pour le nouveau commandant militaire du département d'Alger ! » La bataille d'Alger peut commencer.

La Casbah, avec ses quelque 70 000 habitants, est quadrillée nuit et jour, fermée avec des barbelés. Fouilles, surveillance, fichages, arrestations, descentes musclées dans les maisons et dans les dédales de la vieille citadelle, exécutions extrajudiciaires, internements de dizaines de milliers de personnes dans des camps, disparitions, et bien sûr torture massive, les hommes de Massu et du colonel Bigeard exercent une pression terrible sur les chefs du FLN. Traqués, ils doivent ainsi sans cesse se cacher de peur de se faire trahir par un informateur ou de se faire arrêter par un policier, un para ou un agent de la DST. Krim est constamment sur ses gardes. Quand il n'est pas caché dans la villa d'Évelyne Lavalette, une Française qui s'est engagée pour la cause algérienne et dont le domicile sert de refuge à d'autres dirigeants du FLN, Krim se planque dans la villa de son beau-père sise au Climat de France ou encore dans une autre villa du quartier Frais Vallon qui surplombe Alger, là où il avait fait la connaissance de son épouse. Lorsque la pression est moins forte, il retrouve celle-ci dans un appartement sis boulevard Camille-Saint-Saëns (aujourd'hui Mohamed-V) qui monte du tunnel des Facultés vers le quartier du Télemly. Krim et Fathia ont établi un code secret pour éviter de mauvaises surprises. Un linge de couleur rouge au balcon de l'appartement : il y a danger dans le quartier. Un linge blanc sur le balcon : il est sécurisé. Même les enfants prêtent leur concours à la protection de Krim. Chafika, 12 ans, sœur cadette de Fathia, joue le rôle d'éclaireuse ou de messagère. Avec sa frimousse blonde, ses cheveux bouclés, ses yeux d'un bleu turquoise, la gamine passe pour une Européenne au-dessus de tout soupçon. Chafika a aussi pour mission de surveiller la présence des bérets rouges ou des bérets verts dans le quartier pour assurer les allées et venues de Krim. Habillée en robe ou d'un joli manteau, elle a été plus d'une fois chargée de lui faire parvenir des messages dissimulés à l'intérieur de sa poupée aux boucles blondes, comme elle. Elle convoyait au nez et à la barbe des policiers et des paras des messages de la plus haute importance qui, s'ils avaient été interceptés, auraient pu les conduire vers l'une des caches du chef du FLN. Parfois, la vie de Krim Belkacem tenait donc dans une poupée blonde.

En dépit de sa méfiance instinctive, malgré toutes les précautions et les mesures de prudence, il manque de se faire arrêter à deux reprises. Un jour qu'il reprenait des forces dans la villa mauresque du Frais Vallon, deux camions militaires de passage s'y arrêtent après avoir été intrigués par la présence de deux garçons qui revenaient d'une partie de chasse aux étourneaux avec une carabine à plomb. L'alerte est aussitôt donnée et la villa et le jardin n'ont pas tardé à être investis par des militaires. Krim se saisit alors de quelques papiers ultrasecrets qu'il fourre dans sa bouche et se met au lit sous une grosse couverture pour simuler une forte grippe, ses mains agrippées à sa fameuse mitraillette allemande. C'est sa belle-mère qui accueille les militaires avec aplomb, engage la conversation et explique dans un français parfait que cet homme alité et grippé n'est autre que son vieux mari. Intimidés par cette femme distinguée et éplorée par le sort de son époux, les militaires quittent les lieux en s'excusant des désagréments causés. Si l'un d'eux avait eu la présence d'esprit de soulever la couverture ou de toucher le front de ce prétendu malade, c'en aurait été fini de Krim Belkacem. La baraka le sauvera encore d'une arrestation certaine alors qu'il se trouve dans l'appartement du boulevard Camille-Saint-Saëns. En cette période des étrennes de fin d'année, de jeunes militaires se présentent devant la porte d'entrée et sonnent. Krim sursaute et se saisit aussitôt de son arme. Cette fois-ci, il se croit débusqué. Avec sang-froid, sa belle-sœur Baya entrouvre la porte en gardant la chaîne de sécurité. « C'est pour les étrennes, dit un des militaires. Achetez-nous un calendrier. » Baya referme la porte en leur demandant de patienter. Ne surtout pas éveiller les soupçons. Après concertation avec Krim, elle revient avec de l'argent pour payer un calendrier. Et regarder avec soulagement ces militaires disparaître dans l'escalier. Là encore, il s'en est fallu de peu.

La réponse du FLN aux pouvoirs spéciaux confiés à l'armée ? Une grève générale anticoloniale de huit jours qui paralysera Alger et le reste des villes du pays. Elle débutera le lundi 28 janvier, le jour même où le bureau de l'Assemblée de l'ONU inscrit la question algérienne à l'ordre du jour de sa onzième session. La riposte de Massu sera brutale. Le premier jour de cette grève, ses paras ordonnent aux commerçants d'Alger d'ouvrir leur boutique. Tout est plié en une journée, la grève est un fiasco. Et plus l'armée resserre son étau autour d'Alger, de la Casbah en particulier, plus les déplacements de Krim deviennent des casse-tête au quotidien. Sous l'effet de la gégène, du chiffon ou du viol, les suppliciés parlent, livrent des indices, donnent des cachettes, lâchent des noms. Le danger est encore grand que la police enquête avec toutes les agences immobilières de location pour tenter de trouver les adresses de ces planques. Un renseignement anodin peut se révéler précieux et mener vers une tanière. Le vendredi 22 février, les cinq membres du CCE se retrouvent pour un dernier conclave dans une maison de Télemly pour faire le point sur cette bataille d'Alger et sur l'avenir de cette insurrection. Faut-il rester ici et continuer la lutte ou partir à l'étranger et éviter ainsi de se faire arrêter ? Le maillage d'Alger, les arrestations massives et le démantèlement progressif des cellules du FLN rendent leur sécurité quasiment impossible à assurer. Si les paras de Massu venaient à les arrêter ou les éliminer, ce serait fini de cette rébellion. Avec Ben Bella, Aït Ahmed, Khider et Boudiaf en prison, il ne resterait alors aucun chef d'envergure. Ce serait la mort de l'insurrection armée. Il faut donc quitter Alger le plus tôt possible.

Samedi 23 février 1957. Dans un appartement du quartier de Champ-de-Manœuvre, non loin de l'hôpital Mustapha-Pacha, Krim vient de passer sa dernière nuit à Alger. Aujourd'hui, il doit impérativement rejoindre une cache située à Télemly, y récupérer des documents et prendre la route vers Blida. En fin de matinée, des éléments de la 10e DP du colonel Bigeard sont déjà présents dans plusieurs quartiers de la capitale, notamment au boulevard Camille-Saint-Saëns, là où Krim retrouve parfois son épouse, ou encore dans le quartier Debussy, là où Larbi Ben M'hidi se planque sous un faux nom. Krim a un mauvais pressentiment. La présence des militaires dans ces beaux quartiers européens n'augure rien de bon. Il faut se hâter de récupérer ces précieux documents avant qu'un malheur n'arrive. Au moment même où il quitte cette villa de Télemly en traversant le boulevard Camille-Saint-Saëns, Krim ignore que le lieutenant Jacques Allaire et deux de ses hommes du 3e RPC (régiment de chasseurs parachutistes) sont dans le hall de l'immeuble de la rue Debussy pour interroger la concierge. Quelques jours plus tôt, un prisonnier avait donné au lieutenant Allaire des adresses de studios et d'appartements qu'il avait fait louer aux cinq membres du CCE dont Ben M'hidi. Et Ben M'hidi, la concierge de la rue Debussy le reconnaît sur l'une des photos que lui montre Allaire. Mais cet homme sur ce cliché s'appelle Dupont et travaille à la mairie, explique-t-elle aux paras. Lorsque le lieutenant Allaire et ses deux hommes sonnent à la porte de M. Dupont, celui-ci n'oppose aucune résistance. « Je suis Larbi Ben M'hidi », reconnaît-il. Un des historiques du FLN, l'un des principaux dirigeants de la révolution, vient d'être arrêté dans cet après-midi du samedi 23 février 1957, au moment même où Krim Belkacem se faufile dans les rues d'Alger. S'il ignore encore que le sort de Ben M'hidi est scellé, il sait qu'il n'y a plus une minute à perdre dans cet Alger qui ressemble à une vaste souricière. Pour s'en sortir, il peut compter sur le soutien indéfectible du couple Pierre et Claudine Chaulet, ce médecin et son épouse sociologue qui avaient rejoint les rangs de la révolution en 1955. Depuis, ils sont devenus amis avec certains dirigeants comme Abane et Krim qu'ils ont souvent hébergés dans leur appartement. Alors que Ben M'hidi est déjà aux arrêts, Claudine Chaulet dépose son bébé Luc sur la banquette arrière de sa 2CV Citroën, récupère Krim et Abane et ils prennent la route vers Blida où ils doivent rejoindre Benyoucef Benkhedda et Saad Dahlab. Ces quatre rescapés du CCE se scindent alors en deux groupes. Abane et Dahlab prennent la route vers le Maroc d'où ils doivent rallier ensuite la Tunisie *via* l'Europe. Krim et

Benkhedda empruntent le chemin inverse pour gagner la même destination. Le périple à pied de Krim avec sa garde rapprochée vers Tunis en passant par ces maquis de Kabylie sera long, sinueux, éprouvant. Une traversée pendant laquelle il a manqué de peu de se faire arrêter ou tuer. C'est dans la nuit du dimanche 3 au lundi 4 mars, alors que Krim et sa garde prétorienne poursuivent leur périple vers la Tunisie, que Larbi Ben M'hidi est remis par le lieutenant Allaire au commandant Paul Aussaresses. Ce dernier vient le chercher sur ordre du général Massu qui tenait lui-même ses instructions du garde des Sceaux François Mitterrand. Avant de remettre son illustre prisonnier entre les mains de ce commandant dont la sinistre réputation de sicaire est connue des paras de la 10e DP, Allaire fait présenter les honneurs à Ben M'hidi par les paras du 3e RPC. Conduit la nuit même dans une ferme de la Mitidja, il sera pendu. Ses bourreaux s'y prennent à deux reprises car la première corde se casse. Ben M'hidi ne sera pas le premier chef du FLN à se faire tuer par strangulation. Deux autres subiront le même sort.

Après plus de deux mois de marche, Krim Belkacem arrive à Tunis en juin en compagnie de Benyoucef Benkhedda. Ils seront bientôt rejoints par Abane Ramdane et Saad Dahlab. Il reste à Krim à exfiltrer son épouse restée en Algérie. C'est ainsi que, à l'automne 1957, Fathia s'envole avec son frère à Paris où elle peut compter sur le concours de l'ambassadeur de Tunisie en France pour lui établir un passeport tunisien au nom de Zakia Ben Ali. De Paris, elle rejoint enfin Krim après plusieurs mois de séparation. Le couple s'installe dans une petite villa à Carthage mise à leur disposition par les autorités tunisiennes. L'épicentre de la révolution étant maintenant installé entre Tunis et Le Caire, le CCE s'étoffe avec de nouveaux membres. Aux quatre rescapés de la bataille d'Algérie s'ajoutent maintenant Ferhat Abbas, Mohamed Lamine Debaghine, Mahmoud Chérif, Abdelhamid Mehri, Amar Ouamrane, Lakhdar Bentobbal et Abdelhafid Boussouf. C'est justement entre Tunis et Le Caire que va se jouer un drame entre Abane et un trio de colonels surnommé les « 3B ».

Une tragédie shakespearienne.

3

Abane Ramdane, premier crime d'État

Alger, automne 1956. Abane Ramdane sort de la poche de sa veste une photo du colonel Abdelhafid Boussouf, chef de la wilaya 4 de l'Oranie et membre du CRUA pour la montrer à son épouse Izza Bouzekri, dite Saliha, enceinte de leur premier enfant. « Regarde cet homme, comme il est vaillant », dit-il à cette femme qui partage également son engagement pour la révolution. C'est d'ailleurs Izza qui a dactylographié les textes du congrès de la Soummam qui s'est tenu en Kabylie en août 1956. Ce congrès de la Soummam, Abane n'en est pas peu fier, pour en avoir été le principal artisan. En remettant dans sa poche ce cliché du colonel Boussouf en treillis et en position de combat, Abane Ramdane ne peut pas se douter qu'il tient à cet instant-là entre ses mains la photo de l'homme qui va un an plus tard ordonner, coordonner et superviser son assassinat. En exhibant cette photo à sa jeune épouse, Abane est à mille lieues de penser que cet homme pour lequel il nourrit déférence et admiration sera son assassin. Le compte à rebours d'un drame shakespearien qui se déroulera entre Le Caire, Tunis, Rome, Madrid et Tétouan, au Maroc, peut commencer.

Depuis son arrivée à Tunis en juin 1957 après avoir effectué un long périple *via* le Maroc et l'Europe, Abane Ramdane ne se plaît guère dans cette ville où les principaux dirigeants du FLN se sont installés. À Tunis, il découvre l'autre facette de cette guerre dont il ne soupçonnait pas l'existence. Celle de ces dirigeants qui vivent dans le luxe tandis que les combattants dans les maquis d'Algérie côtoient misère et mort. Les premiers vivent dans des villas, mangent dans de beaux restaurants, roulent carrosse, scolarisent leurs enfants dans des établissements de prestige, possèdent chauffeurs et domestiques. Les seconds se terrent dans les montagnes, affrontent l'ennemi au quotidien, voient familles et enfants tous les six mois et se sustentent d'un morceau de galette quand ils ne mangent pas parfois des herbes comme des animaux. Ce spectacle révolte et indigne Abane Ramdane. Cette vie de palace à Tunis n'est pas faite pour lui. Lui, l'homme de terrain, lui, le concepteur de la guerre à outrance, lui encore, le grand partisan de cette bataille d'Alger au cours de laquelle Larbi Ben M'hidi a trouvé la mort, lui, donc, veut repartir en Algérie pour y reprendre le combat. Dans l'esprit de Abane, la primauté de l'intérieur sur l'extérieur a été actée lors de ce congrès de la Soummam tout comme la prééminence du politique sur le militaire. Cette primauté sacralise les maquisards par rapport à ces dirigeants installés à l'étranger. Pour lui, il est donc impératif de revenir aux fondamentaux de cette lutte armée. « J'y retournerai pour mener la bataille au milieu des *djounoud* (combattants) et des militants », prévient-il les membres du CCE au cours d'un conclave qui se tient en juillet 1957 à Guenzet, près de la capitale tunisienne. Au cours de ce même conclave, Abane se fait un premier ennemi : Abdelhafid Boussouf, celui-là même dont il a montré la photo à son épouse en le qualifiant d'homme vaillant. Ce jour-là, devant ses pairs du CCE, dont notamment Krim Belkacem et Lakhdar Bentobbal, Abane traite, les yeux, dans les yeux Boussouf de dictateur, de féodal. Il a confié presque le même sentiment quelques jours plus tôt au même Bentobbal au cours d'un tête-à-tête. « Boussouf est en train de mettre en place un système qui va menacer nos libertés et nous opprimer dans l'Algérie future. » Bien sûr, Bentobbal s'est empressé de rapporter ces propos au principal intéressé.

Comment diable Boussouf est-il passé de personnage vaillant à despote ? C'est que, en fuyant Alger en mars 1957 et en passant plus de deux mois à travers les maquis de la wilaya 5 que dirigeait Boussouf et par le Maroc où celui-ci avait installé des bases de l'ALN, Abane a vu de très près le système Boussouf. D'abord, il a observé que, dans le fief de celui-ci, il y avait peu de combats, peu d'accrochages, peu d'engagements avec les troupes de l'armée française. Les combattants des autres wilayas étaient en guerre, ceux de l'Oranie étaient en villégiature. Au Maroc, Abane a constaté que Boussouf avait mis en place une organisation de surveillance, d'espionnage, de contrôle, de fichage et de flicage qui touchait non seulement l'ennemi français, mais aussi les Algériens de toutes catégories. Les hommes qui travaillaient au service de Boussouf lui devaient une telle obéissance, un tel dévouement qu'ils étaient prêts à accomplir même les sales besognes, prêts à mourir pour lui. Obsédé par l'espionnage, il exerçait une telle terreur sur sa zone et même au Maroc qu'il n'hésitait pas à utiliser des méthodes barbares pour éliminer ses adversaires. D'ailleurs, ce Beria en puissance possède comme livre de chevet *Le Viol des foules par la propagande*, du Russe Tchakhotine, un traité de psychologie sociale publié en 1939, censuré dans la France républicaine et détruit dans l'Allemagne nazie. Abane a en définitive constaté que Boussouf avait installé dans son fief un État policier, même fasciste. Qui plus est, il dispose pour sa seule wilaya de plus d'un milliard de francs alors que les wilayas 3 et 4 tirent le diable par la queue. On est donc loin de l'homme vaillant, mais proche de l'ambitieux, du despote, du seigneur. De caractère, Abane n'est pas un pleutre, pas le genre taciturne, effacé. Il est direct, impétueux, franc, cassant. Quand il parle, il ne prend pas de gants. Au cours de son séjour au Maroc, il interpelle donc Boussouf devant ses propres subordonnés pour faire un réquisitoire cinglant sur toutes ces pratiques et ces dérives qu'il a eu à constater pendant son séjour. Il lui reproche même la promotion d'un jeune officier, un certain Houari Boumédiène, que Boussouf a élevé au grade de commandant après en avoir fait son adjoint et qui connaîtra dans les prochaines années une ascension fulgurante. Ce procès de Abane contre le système féodal de Boussouf est sans appel. Évidemment, le colonel maître espion le vit très mal. Il le supporte d'autant plus mal qu'il lui a été fait en présence de ses adjoints. Lui le chef incontesté et incontestable, lui que ses hommes craignent et même admirent est maintenant humilié publiquement par ce Kabyle venu lui faire la leçon chez lui. On voudrait humilier, rabaisser, provoquer Boussouf qu'on ne s'y prendrait pas autrement. Boussouf est blessé dans son amour-propre, atteint au plus profond de lui-même.

Et voilà que ce Abane refait la même chose à Tunis en le traitant de dictateur et de féodal devant les autres membres du CCE. De quoi alimenter haine et rancœur entre les deux hommes. Celles-ci vont se cristalliser davantage lors de la réunion que le CNRA, ce parlement de la révolution, tient du 27 au 28 août au Garden City, quartier huppé du Caire. Abane Ramdane y présente son rapport. Et refait les procès des dirigeants de l'extérieur en se gardant de nommer quiconque. Franc et direct, il évoque les millions gaspillés et dilapidés, la vie de palace des cadors de la révolution, les voyages onéreux et inutiles, le faste dans lequel vivent ces hommes tandis que le peuple mange de l'herbe. Abane invite chacun de ses pairs à effectuer un examen de conscience. Mais la roue a déjà tourné pour lui. Depuis des semaines, Boussouf, Krim et Bentobbal multiplient les conciliabules pour évoquer le cas Abane, manigancer pour l'isoler avant de lui régler son sort. Abane pensait asseoir son leadership à l'occasion de cette réunion du CNRA au Caire, comme ce fut le cas au congrès de la Soummam, il déchante vite en observant que les rapports de force vont changer au profit du trio Krim Belkacem, Abdelhafid Boussouf et Lakhdar Bentobbal, que l'on désigne désormais comme les « 3B ».

À l'issue de cette réunion du CNRA du Caire, le CCE passe de cinq à neuf membres, dont cinq colonels. À ces neuf s'ajoutent cinq autres admis à titre honorifique. Il s'agit des cinq historiques détenus en France depuis l'arraisonnement de leur avion en octobre 1956 : Hocine Aït Ahmed, Mohamed Boudiaf, Ahmed Ben Bella, Rabah Bitat et Mohamed Khider. Dans sa résolution finale, le CNRA tranche une question qui jusque-là divisait les dirigeants de cette insurrection : désormais, tous les combattants avec ou sans uniforme sont égaux. Il n'y a pas de primauté du politique sur le militaire ni de différence entre l'intérieur et l'extérieur. Adieu, donc, la doctrine de la primauté du politique sur le militaire que Abane Ramdane avait instaurée lors du Congrès de la Soummam. Il n'y a pas que cela comme revers et défaite pour lui. Abane avait tout fait pour écarter ces cinq historiques depuis une année, les voilà de retour. Certes, à titre honorifique, certes encore, ils sont emprisonnés en France. Mais ils reviennent dans le jeu politique. À commencer par Ahmed Ben Bella qui s'oppose frontalement au congrès de la Soummam. Et ce Ben Bella, Abane ne le calcule pas. Le portrait qu'il dresse de lui à Ferhat Abbas en ce mois d'août 1957 est sans nuances, même prémonitoire : « C'est un ambitieux, sans courage. Pour parvenir à ses fins, il passera sur le corps de tous ses amis. Il est sans scrupule. »

Mais il y a encore pire comme résolutions et comme décisions pour Abane à l'issue de cette réunion du Caire. C'est que le CNRA passe de trente-quatre à cinquante-quatre membres. Dans cette instance tout comme au sein du CCE, les colonels sont en force. Abane le politique qui tient les militaires en suspicion, lui qui est parvenu il y a tout juste une année à faire accepter par ses compagnons d'armes que les galonnés ne doivent pas avoir le dessus sur les politiques, le voilà qui regarde ces colonels prendre le pouvoir.

Dorénavant, la révolution se réorganise autour de trois hommes. Krim Belkacem prend le département des forces armées, Boussouf s'occupe du renseignement et des liaisons, et Bentobbal dirige le département de l'Intérieur et des liaisons avec la France. À eux seuls, ces trois hommes concentrent l'essentiel des pouvoirs au sein du conseil de la révolution. *Quid* de Abane Ramdane ? Il s'occupera de l'organisation du parti FLN et de la rédaction du journal *El Moudjahid*, le porte-voix de l'Algérie. Il ne digère pas sa marginalisation. Déjà de tempérament volcanique, Abane Ramdane devient encore plus irritable avec ce méchant goitre et cet ulcère qui lui pourrissent la vie. Alors, il ne ménage pas ces galonnés à qui il reproche de mener une vie de palace, de profiter des villas de Tunis et du Caire, d'être des chefs au-dessus de toute critique, indéboulonnables, au-dessus de tout contrôle. « Les colonels sont de foutus potentats orientaux, fulmine-t-il un jour devant Ferhat Abbas. Ils constituent un danger pour l'avenir de l'Algérie. » Il redit sa menace de rentrer en Algérie et de les dénoncer auprès des combattants de l'intérieur. Il est même prêt à les abattre avec sa mitraillette. Envers Krim, il a parfois des propos peu amènes en le qualifiant en kabyle d'*aghyoul* (âne bâté). Pour un montagnard qui a pris le maquis en 1947, se faire traiter de bourrique constitue un affront et une insulte difficiles à pardonner.

Le trio Krim, Boussouf et Bentobbal est de plus en plus irrité par cet homme qui devient gênant, méprisant, incontrôlable. Tant qu'il est ici à Tunis ou au Caire, son cas est plus ou moins gérable, même s'il devient menaçant au fil des semaines. Mais que deviendrait Abane Ramdane, rentré d'Algérie ? Son autorité, son aura, son influence, son charisme sur les maquisards de l'intérieur causeraient des dégâts terribles s'il venait à jouer sa légitimité contre celle des « 3B » et de ce CCE dont un bon paquet de membres se trouvent à l'étranger. Avec les soutiens des chefs et des combattants des wilayas 1 et 6, Abane serait un redoutable adversaire pour tous ces dirigeants qui se sont installés à l'étranger.

Le fossé entre lui et les autres membres du CCE se creuse encore à l'issue du conclave à Tunis début novembre. Il y a là Abane, Krim, Bentobbal et Mahmoud Chérif. L'air est vicié dans la salle, l'ambiance à couper au couteau. Le cénacle évoque de possibles négociations avec la France alors que le Maroc et la Tunisie ont déjà négocié leur indépendance. Abane est opposé aux négociations sans le préalable de l'indépendance. Il enrage contre ses pairs même si Krim ne se prononce pas sur ces pourparlers. Il accuse de nouveau les colonels d'être des révolutionnaires de salon, de comploter pour le pouvoir. Il menace de retourner au maquis et de les dénoncer auprès des combattants de l'intérieur. Et surtout, il menace de tout déballer.

Trop, c'est trop. Pour Krim, Abane fait du séparatisme, joue les maquisards de l'intérieur contre les « salonards » de Tunis et du Caire, fait un travail de division. Lors d'une réunion à Tunis du 17 au 20 décembre, Krim dit devant Bentobbal et Mahmoud Chérif, ex-commandant de la wilaya 1 et chargé des finances au CCE : « Abane est devenu dangereux pour tous. » Voilà. La messe est dite. Que faire de cet homme ? On lui propose d'aller se reposer en Suisse, de se faire soigner, de se mettre au vert pour un moment. Bref, on cherche à le neutraliser momentanément avant de décider de la suite. Le volcanique Abane balaie du revers de la main ces recommandations. Se planquer en Suisse ? Ils ont le toupet de lui proposer exactement ce qu'il n'a de cesse de dénoncer concernant ces maquisards salonards. Sûr de lui, se croyant plus rusé, plus intelligent que tous ces colonels, Abane ne se doute de rien. À Tunis, il fait l'objet d'une surveillance constante par les espions de Boussouf. Le moindre de ses mouvements est noté sur une fiche qui remonte au chef. Même ses conversations font l'objet d'écoutes et d'enregistrements.

Si Boussouf, Krim, Bentobbal et Chérif s'accordent sur la nécessité de réduire Abane au silence, ils divergent quant à la manière de traiter son cas. Instruire son dossier et lui permettre de se défendre lors d'un procès impartial ? Ce serait lui offrir une tribune politique pour qu'il fasse lui-même le procès des colonels. L'exécuter sommairement sans possibilité de se défendre ? Certes des officiers ont déjà été liquidés de cette façon sans que cela fasse du bruit. Mais Abane Ramdane n'est pas un simple maquisard. Le liquider à la stalinienne serait considéré comme un scandale par les autres membres du CCE. Sa mort ne passerait pas inaperçue. Le mettre en résidence surveillée dans une villa à Tunis ? Difficile de mettre en cage un lion comme Abane sans qu'il alerte par ses hurlements le voisinage et même les autorités locales. Et puis mettre Abane dans une prison en Tunisie provoquerait une grave crise avec le président Bourguiba qui apprécie Abane et ne tarit pas d'éloges sur lui.

Krim Belkacem suggère alors que Abane soit incarcéré au Maroc où sa détention pourrait être discrète. Abane prisonnier au Maroc, dans le fief de Boussouf ? Ce dernier ne va pas s'embarrasser de toutes ces chicaneries. Pas d'états d'âme pour Boussouf. Il ferait occire sans ciller ce prétentieux qui le qualifie de despote, de féodal, et qui l'a humilité devant ses propres hommes. Après des jours de palabres, les quatre comparses arrêtent le stratagème. Pour attirer Abane au Maroc, il faut lui inventer une mission de la plus haute importance auprès du souverain alaouite. Un guet-apens. C'est ainsi que, le 21 décembre, Abane est informé qu'il doit se rendre au Maroc pour y régler des affaires importantes.

De quelles affaires urgentes s'agit-il ? On prétend que le FLN traverse une situation grave au royaume chérifien nécessitant sa présence pour trouver une solution avec le roi Mohamed V. Tout cela est vague et vaseux. Abane veut plus de précisions. Krim exhibe un premier télégramme envoyé par Boussouf du Maroc. Il indique que des militants du FLN sont enlevés par la police marocaine et que les autorités marocaines refusent que des armes destinées à l'ALN transitent par leur pays. De sérieux problèmes qui requièrent la présence d'une délégation du CCE. Abane se montre méfiant. Il n'aime pas trop cette idée de dépêcher des émissaires au Maroc alors que l'affaire peut être traitée sur place par Boussouf. Le lendemain, 22 décembre, Krim revient à la charge et sort un deuxième télégramme envoyé par Boussouf. La situation s'aggrave. Il faut impérativement se rendre au Maroc. Krim et Mahmoud Chérif se proposent d'y aller. Bentobbal convainc Abane de se joindre à la délégation. Au nom de la patrie, de la révolution. Abane accepte, mais il nourrit toujours de sérieux doutes quant à tout ce qu'on lui raconte. Il connaît trop les méthodes staliniennes de

Boussouf pour ne pas se méfier. Il n'oublie pas que cet homme a comme livre de chevet *Le Viol des foules par la propagande politique.*

Pour en avoir le cœur net, il charge son adjoint Ahmed Boumendjel de consulter l'ambassadeur du Maroc à Tunis, Mohammed Benlarbi al-Alami pour plus de précisions. « Je n'ai pas connaissance de ces faits », répond le diplomate à Boumendjel. L'ambassadeur s'en remet à ses supérieurs à Rabat pour tenter d'éclaircir la situation. La réponse est sans ambages : rien n'est vrai dans tout ce que disent ces rapports, pas plus qu'il n'existe de militants algériens arrêtés par la police marocaine ou de blocages sur le transit d'armes et de munitions. Abane sait maintenant que ces télégrammes sont des faux fabriqués par les services spéciaux de Boussouf. Il sait qu'on veut l'attirer dans une souricière au Maroc, mais il accepte de partir malgré ses craintes et ses appréhensions. Mardi 24 décembre 1957 : Krim Belkacem et Mahmoud Chérif arrivent à l'aéroport de Tunis-Carthage pour prendre un vol vers Rome. Ils attendent Abane. Et s'il décidait de ne pas venir ? Ce bourru est un obstiné qui n'en fait qu'à sa tête. Il renoncerait à voyager que tout le plan préparé pendant des semaines tomberait à l'eau. Abane se rend à l'aéroport à bord de la voiture de son ami syndicaliste Mouloud Gaïd. Assailli par les doutes, il décide de rebrousser chemin pour revenir vers Tunis. Il sent qu'un traquenard se prépare contre lui. Deux heures plus tard, il change d'avis et retourne à l'aéroport pour prendre le vol à destination de Rome avec Krim et Chérif. Après une nuit sur place, les trois hommes s'envolent pour Madrid d'où ils doivent rallier Tétouan, au Maroc. Madrid, 27 décembre. Là encore, Abane se doute de quelque chose, il a peur, il est tourmenté. Entre les trois hommes, l'ambiance est mortifère. Pourquoi

Tétouan, plutôt que Casablanca ou Rabat, où Abane est censé rencontrer le roi Mohamed V ? Avant cette audience avec le souverain marocain, les trois hommes devront se concerter avec Boussouf pour un briefing complet sur ce dossier. Et Boussouf se trouve justement à Tétouan où l'ALN possède un service d'écoute et de transmission, une fabrique d'armes et une ferme qui sert de prison interne. Pour avoir séjourné au Maroc et vu de près l'organisation que Boussouf y a mise en place, Abane ne lui fait pas confiance. Dans l'avion qui vole vers le Maroc, Abane cogite. Il se tourne vers Krim et lui glisse : « Je sens un sale coup qui vient, mais tu le regretteras... »

L'appareil transportant les trois hommes atterrit sur le tarmac de l'aéroport de Tétouan. Il reste moins d'une heure à vivre à Abane. Sur place, Boussouf est accompagné de Abdelkader Maachou, responsable du Maroc oriental, ainsi que de deux malabars. Tandis que les trois passagers attendent leurs bagages, Boussouf entraîne Krim par le bras pour lui annoncer d'un ton ferme : « Il n'y a pas de prison assez sûre pour garder Abane. J'ai décidé sa liquidation. » Alors que les bagages ne sont pas encore livrés, Abane ne remarque pas le manège autour de lui. Krim, Chérif et Boussouf échangent des propos *mezza voce*. Boussouf fait mine de les fouiller pour confisquer leurs armes. Abane n'en porte pas. Boussouf est agité, surexcité. Il sait qu'il reste moins d'une heure pour exécuter Abane Ramdane. Il a déjà désigné les tueurs, des hommes à lui qu'il a choisis dans le camp de Khémisset, dans la région de Rabat.

À l'extérieur de l'aéroport, deux Simca Versailles bleues attendent. Abane monte dans la première voiture, encadré par les deux malabars de Boussouf, tandis que Mahmoud Chérif monte à l'avant. Dans le second véhicule prennent place Krim, Boussouf et Maachou. Le convoi prend la route en direction de la ferme de Tétouan. Après avoir roulé longuement, les deux véhicules pénètrent dans cette ferme isolée et s'arrêtent devant une bâtisse avec un étage. Toujours encadré de ses gardiens, Abane est dirigé vers l'intérieur de la bâtisse où se trouvent déjà quatre hommes armés. À peine est-il arrivé devant eux que les quatre hommes lui sautent dessus, le ceinturent avant de le conduire dans une pièce. Krim et Mahmoud Chérif regardent sans broncher Abane disparaître dans cette chambre. À l'intérieur, Abane a les mains attachées derrière le dos avec une grosse ceinture. On tente de lui mettre un bâillon dans la bouche. Boussouf le prend par la gorge et l'injurie. Abane s'agite, mais n'y peut rien devant la force de ces hommes. Boussouf ordonne à ses sicaires d'entraîner Abane dans une autre pièce et de l'attacher à une chaise tandis que lui monte au premier étage pour rejoindre Krim et Mahmoud Chérif. S'ensuit une discussion entre les trois hommes. Le conciliabule dure quelques minutes. « Abane y passera et bien d'autres y passeront », avertit Boussouf. Son sort est définitivement scellé. Ils redescendent au rez-de-chaussée. Dans l'autre pièce, Abane Ramdane est sur une chaise. Deux hommes se saisissent d'une ceinture et l'étranglent, chacun tirant d'un côté. Boussouf se joint à eux pour participer à la mise à mort du supplicié. Abane émet des râles, gesticule des pieds, les yeux exorbités, le visage tournant au bleu. Et puis son corps lâche prise. Il est mort. Les yeux injectés de sang, le souffle rauque, la tête d'un monstre, Boussouf sort de la pièce pour rejoindre Krim et Mahmoud Chérif avant de les inviter à aller constater la mort de Abane Ramdane qui gît sur un lit. La ceinture autour du cou. Qui sont les deux hommes qui ont accompli la sale besogne en compagnie de leur chef ? Le premier s'appelle Mohammed Abdelli, dit Hamid, déserteur de l'armée française qui a été récupéré par Boussouf pour en faire un de ses hommes de main. À l'indépendance de l'Algérie, Abdelli sera élevé au grade de colonel et dirigera l'aviation militaire. Le second étrangleur est Mohamed Rouaï, *alias* Toufik, dit Hadj Barigou, bras droit de Boussouf au Maroc et plus tard un des maillons forts du MALG (ministère de l'Armement et des Liaisons générales).

Alors que la dépouille de Abane est ensevelie dans un coin de la cour de cette ferme, Krim Belkacem, Mahmoud Chérif et Boussouf déjeunent ensemble avant de prendre la route vers Tanger pour y passer la nuit. Le lundi 30 décembre, Krim et Mahmoud Chérif arrivent à Tunis où les attendent les colonels Lakhdar Bentobbal et Amar Ouamrane. « Abane est mort », leur annonce Krim. Une conspiration du silence, un deal de l'omerta, un pacte de dissimulation va unir tous ces hommes. Il faut gagner du temps avant d'annoncer la mort de Abane Ramdane. Le temps de trouver les explications et les justifications de son assassinat.

Juste avant de s'envoler vers Rome, puis Madrid et Tétouan où il a rendu son dernier souffle, Abane avait écrit à sa femme Izza qui attendait son retour : « Rejoins-moi... » Début janvier 1958, Izza arrive donc à Tunis avec son bébé. Elle cherche son mari, on lui dit qu'il est en voyage au Maroc. Elle l'attend, ne se doute de rien. On lui fait comprendre qu'il est de son intérêt de retourner en Algérie. Des menaces à peine voilées. Elle va le chercher pendant quelques jours à Tunis avant de retourner à Alger sans la moindre nouvelle, sans la moindre explication sur cette longue disparition. Elle attendra encore quatre mois avant de connaître la funeste vérité.

Pendant que la veuve est rongée par l'absence du défunt, Krim, Boussouf, Bentobbal et Chérif multiplient les esquives, les mensonges. Quand leurs pairs du CCE les interrogent sur l'absence de Abane, ils débitent balivernes sur calembredaines. Il est en mission au Maroc. Il est en mission dans les zones de combats en Algérie. Il se repose quelque part en Europe. Il sera bientôt de retour à Tunis. Il faut à tout prix éviter que la vérité n'éclate. Et, à défaut de vérité, c'est un mensonge d'État qui sera livré en guise d'explication pour ce crime d'État. C'est ainsi que, le 29 mai 1958, cinq mois après l'horrible crime de Tétouan, *El Moudjahid*, organe officiel du FLN, titre en une et avec une grande photo : « Abane Ramdane est mort au champ d'honneur. » Le journal annonce qu'il est décédé sur le sol national des suites de graves blessures reçues au cours d'un accrochage entre la compagnie de l'ALN chargée de sa protection et un groupe motorisé de l'armée. Abane, ajoute *El Moudjahid*, était chargé en décembre 1957 d'une mission de contrôle à l'intérieur du pays. Grièvement blessé, Abane a été pris en charge par des médecins de l'ALN. Il a succombé à une hémorragie fatale. Cette version totalement imaginée et imaginaire de l'assassinat de Abane Ramdane, c'est Boussouf qui en a l'idée en envoyant son adjoint Houari Boumédiène à Tunis pour la suggérer à Krim Belkacem. L'assassinat de Abane Ramdane acte la prise de pouvoir sur la révolution du trio Krim Belkacem, Abdelhafid Boussouf et de Lakhdar Bentobbal. La prise de pouvoir est d'autant plus évidente que les trois colonels concentrent entre leurs mains l'essentiel des responsabilités au sein du CCE : celui de la guerre pour Krim, les liaisons et les communications (services secrets) pour Boussouf, et enfin les affaires intérieures et l'administration générale pour Bentobbal. Après Larbi Ben M'hidi mort étranglé dans la nuit du 3 au 4 mars 1957 par des paras du commandant Aussaresses, Abane est le deuxième dirigeant de la révolution à mourir par strangulation. Dans l'avion qui le ramenait de Madrid à Tétouan vers son lieu de supplice, Abane avertissait Krim : « Tu le regretteras… »

Ces mots de Abane avant sa mort seront prémonitoires pour Krim.

4

Quatre colonels exécutés avec un fil de fer

Le complot contre le Gouvernement provisoire de la République algérienne (GPRA), fomenté avec le concours du président égyptien Nasser, aurait sans doute changé le cours de cette guerre s'il avait été mené jusqu'au bout. Aurait-il réussi que ce GPRA aurait été décapité et que Krim Belkacem aurait été jugé, condamné et passé par les armes. Il aurait réussi que le nouveau GPRA, issu de ce putsch, serait passé sous la coupe de Nasser et de ses services secrets. Sauf que les choses ne se sont pas passées comme l'avaient envisagé conspirateurs et complices. Pour comprendre cette tentative de sédition qui aura un impact sur la suite de cette guerre, il faut revenir quelques mois en arrière. Lorsque l'insurrection entre, cet automne 1958, dans sa cinquième année, bien des événements sont venus changer le cours de l'histoire aussi bien en France qu'en Algérie, en Tunisie et en Égypte.

Mai 1958. Retiré de la vie politique depuis douze ans, le général de Gaulle sort de sa retraite à Colombey-les-Deux-Églises pour revenir aux affaires à la faveur de la révolte des militaires à Alger qui réclament un pouvoir fort et un soutien sans équivoque dans cette guerre qu'ils mènent contre le FLN et l'ALN. Aussitôt son gouvernement investi, de Gaulle se rend en juin à Alger où il prononce un discours historique depuis le balcon du gouvernement général, au cœur de cette ville où il a vécu à la tête de la France libre, entre 1943 et 1944. Devant une immense foule composée de pieds-noirs partisans de l'Algérie française et de musulmans favorables à l'autonomie, de Gaulle prononce, ce 4 juin 1958, son fameux « Je vous ai compris » que chaque partie s'efforce d'interpréter à sa manière. Le Général a un plan : écraser cette rébellion armée tout en proposant « la paix des braves », une issue politique négociée qui sera vite repoussée. Si le pouvoir a changé de tête en France, il en est de même au sein du FLN. Vendredi 19 septembre 1958, les dirigeants de la révolution annoncent la formation du Gouvernement provisoire de la République algérienne dont la présidence est confiée à l'ancien pharmacien originaire de Sétif Ferhat Abbas. Trois colonels se partagent les postes les plus stratégiques dans ce nouvel exécutif. Krim Belkacem hérite du ministère de Forces armées et de la vice-présidence du GPRA, Abdelhafid Boussouf dirige le ministère de l'Armement et des Liaisons générales, redoutable service de renseignements, tandis que Lakhdar Bentobbal est nommé ministre de l'Intérieur. Ces trois-là, on les désignera sous le vocable des « 3B ». À peine investi comme commandant en chef des armées, Krim doit gérer une grave crise dont les origines remontent à la décision prise quelques mois plus tôt de créer le Commandement militaire opérationnel (COM) au niveau des frontières de l'est et celles de l'ouest. Objectif : organiser les forces armées de l'ALN stationnées aux deux frontières et coordonner les opérations militaires. Depuis la mise en place de la ligne Morice qui court sur 450 kilomètres de frontières entre l'Algérie et la Tunisie et la ligne Challe qui couvre les frontières avec le Maroc, l'insurrection armée est asphyxiée. Pour diriger le COM ouest, Krim désigne un jeune officier du nom de Houari Boumédiène que Boussouf a propulsé en septembre 1957 commandant de la wilaya 5

(Oranie). Pour le COM est, Krim désigne Saïd Mohammedi, un ancien Waffen-SS qui a pris le relais du commandement de la wilaya 3 (Kabylie) quand Krim s'est installé à Tunis. Tout comme Boumédiène à l'ouest, Saïd Mohammedi compte sous sa tutelle trois adjoints que sont les colonels Mohamed Lamouri, Amar Bouglez et Ahmed Nouaoura. Originaire de Kabylie, bâti comme un bûcheron, bourru, bigot, Mohammedi peine à se faire obéir par ses trois adjoints qui goûtent très peu l'intrusion de ce fanatique dans leurs fiefs du Constantinois et des Aurès. Sous sa direction, le COM de l'est devient ainsi un nid de serpents qui se livrent à des guerres de leadership, des conflits d'ego, des querelles entre Kabyles et Arabes. Une vraie pétaudière. Devant l'anarchie qui y règne, Krim décide de dissoudre le COM en septembre 1958 pour défaillances de ses membres, incompétences et incapacités à appliquer les décisions du ministère de la Défense qu'il dirige désormais. Dans la foulée de cette dissolution, il prend des mesures disciplinaires. Les colonels du COM de l'est sont dégradés et expédiés à l'étranger. Mohamed Lamouri est envoyé en résidence surveillée en Arabie saoudite, Amar Bouglez est affecté en Irak, et le colonel Amar Benaouda est prié d'aller se reposer au Liban. Évidemment, tous, Lamouri en particulier, acceptent très mal cet éloignement qu'ils vivent comme une disgrâce, un déshonneur, une humiliation. Ces bannissements sont d'autant plus mal vécus que Saïd Mohammedi est épargné par les sanctions. À l'incompréhension et le ressentiment s'ajoute maintenant un sentiment d'injustice. Il n'est pas sanctionné parce qu'il est le chouchou de Krim. Il n'a pas été banni parce qu'il est kabyle, comme Krim. Il n'a pas été dégradé parce que ces deux Kabyles se sentent solidaires contre les Chawis (Berbères de l'Est) et les Arabes. La colère gronde, la dissidence commence à poindre, la rébellion s'enkyste.

Sur leur chemin vers le Liban, l'Arabie saoudite et l'Irak, les colonels bannis s'arrêtent au Caire pour rendre visite à Ferhat Abbas, président du GPRA. Face à ce notable apprécié pour sa pondération et sa modération, le colonel Lamouri est amer, dépité, vindicatif. Il récuse la sanction que Krim lui a infligée, ne comprend pas pourquoi celui-ci n'a pas sanctionné Saïd Mohammedi et l'accuse de népotisme, de favoritisme, de clanisme. « Il l'a épargné parce qu'il est kabyle comme lui », dit-il à Ferhat Abbas. Comme un poison, le virus du régionalisme et l'esprit de revanche se distillent dans l'esprit de Lamouri. Il est arrivé au Caire avec l'état d'esprit d'un colonel en colère, il y reste avec celui d'un factieux. De fait, il refuse de rejoindre son affectation à Djeddah. Le deuxième acte de la sédition est en cours. Ferhat Abbas tente de le raisonner. Son éloignement est momentané. Une affaire de quelques mois avant que les choses ne reviennent à la normale. L'Arabie saoudite ? Ce fils de paysan des montagnes des Aurès qui a appris le Coran dès son jeune âge pourrait y faire son pèlerinage et méditer sur sa disgrâce qui ne sera que passagère. Abbas lui promet d'intercéder en sa faveur auprès de Krim. Sornettes, conclut Lamouri. À Djeddah, il n'ira pas. Il campe au Caire pour plaider sa cause auprès du président Nasser qui se pique d'être le leader de la nation arabe depuis la crise du canal de Suez de 1956. Le raïs égyptien nourrit de grandes ambitions autant qu'il a quelques comptes à régler. Tant que les dirigeants du FLN étaient installés au Caire aux frais de l'Égypte, Nasser pouvait les surveiller, les cajoler, les contrôler et exercer ainsi son ascendant sur la révolution algérienne. Dès lors que le GPRA a élu domicile à Tunis, sous la protection de Habib Bourguiba, Nasser perd de son influence auprès des Algériens. La présence de Lamouri au Caire est une aubaine. S'il réussissait à parrainer ce dissident qui entre maintenant en guerre contre le GPRA, Nasser se débarrasserait des « 3B » (Belkacem, Boussouf et Bentobbal) et mettrait en place des hommes à sa solde, à sa botte, qui lui seraient éternellement redevables. Comme ce vindicatif colonel Lamouri. C'est donc Fethi El Dib, chef des services secrets égyptiens, le Savonarole de Nasser, l'homme des missions délicates et des coups tordus, qui est chargé de traiter avec Lamouri et le colonel Ahmed Nouaoura. El Dib leur promet argent, armes, munitions pour mener leur rébellion contre le GPRA. Le complot se met en place.

Pour rallier des partisans, Lamouri contacte Amar Bouglez ainsi que plusieurs officiers de la wilaya. Il faut en finir avec ce GPRA, arrêter ses principaux chefs dont Krim Belkacem, les juger et les fusiller. Et mettre en place une nouvelle autorité. Le coup a toutes les chances de réussir dès lors que les services égyptiens ont décidé de le soutenir. Lamouri et ses compagnons se donnent rendez-vous dans la ville du Kef, à 175 kilomètres au sud-ouest de Tunis, pour mettre au point le plan anti-GPRA. Mercredi 12 novembre 1958. Lamouri, Aouachria, Amar Bouglez et d'autres officiers se retrouvent dans une maison quelque part au Kef pour un avant-dernier conclave avant de monter à Tunis. Au moment même où ils se concertent, ils sont loin de se douter que le GPRA dispose d'une taupe dans l'entourage même de Lamouri. Informé de la teneur du complot en cours, Krim prend la mesure de sa gravité. Vieux briscard de la guerre malgré son âge, connaissant parfaitement la psychologie de ces hommes de terrain, il prend au sérieux cette conjuration, ses menaces sur le GPRA, sur sa tête et sur le cours de cette guerre. Si Lamouri et ses compagnons venaient à réussir leur coup, Krim se retrouverait la corde au cou ou devant un peloton d'exécution, le GPRA décapité, remanié, livré à Nasser. Et c'en serait fini de l'insurrection armée et du rêve d'indépendance. Il faut frapper avant d'être attaqué. C'est ainsi que Krim Belkacem informe le ministre de l'Intérieur tunisien de la présence des comploteurs dans une villa au Kef et de leur objectif. Jeudi 13 novembre, la police tunisienne encercle les lieux et procède à l'arrestation de Mohamed Lamouri, Ahmed Nouaoura, Amar Bouglez, Mohammed Aouachria, Abdellah Belhouchet, Mohamed Chérif Messaadia ainsi que plusieurs officiers. Livrés au GPRA, ils sont détenus dans une prison de Denden, dans la banlieue ouest de Tunis, sous la surveillance de Abdelmadjid Alahoum, un capitaine de l'armée française qui a rejoint l'ALN en 1956. Étonnant destin de cet officier qui gardera ces prisonniers. Dix ans plus tard, il deviendra directeur de protocole à la présidence de la République. Nous y reviendrons plus tard.

L'instruction, qui durera plus de trois mois, est confiée à Lakhdar Bentobbal qui interrogera lui-même les trois colonels ainsi que le reste des prisonniers. Il n'est pas le seul à les soumettre à de longs interrogatoires, ponctués de violences physiques, verbales et psychologiques. Aux côtés de Bentobbal, il y a un certain Ahmed Bencherif, qui se montrera particulièrement violent, brutal, cruel. Sous-lieutenant de l'armée française, Bencherif déserte en 1957 pour rejoindre l'ALN comme officier instructeur. Il montera en grade pour devenir colonel et accessoirement tortionnaire et bourreau. Pour tenter de sauver la vie des officiers factieux, une délégation de combattants de la zone est, dont un certain Chadli Bendjedid, se rend à Tunis pour une mission de bons offices auprès des responsables du GPRA. Devant Krim et Bentobbal, la délégation demande que les factieux soient maintenus en prison et qu'ils ne soient surtout pas exécutés. Krim et Bentobbal acquiescent mais posent une condition : que le capitaine Ahmed Draïa, qui avait réussi à échapper au coup de filet opéré dans la villa du Kef par la gendarmerie tunisienne, leur soit livré pour qu'il soit jugé. Que pèse le sort de ce jeune capitaine devant celui des trois colonels ? Ahmed Draïa est livré et rejoint les autres prisonniers. Pour autant, Krim Belkacem et Lakhdar Bentobbal demeurent inflexibles. Les factieux préparaient un coup d'État contre le GPRA pour le compte d'intérêts étrangers. « Les preuves et les documents existent », tranchent-ils. Leur sort est scellé. L'instruction terminée, Krim Belkacem installe une cour martiale dont il confiera la présidence au colonel Houari Boumédiène.

Mardi 20 janvier 1959, la cour siège. Les preuves sont faites, les documents le prouvent, les témoignages le corroborent, le procès sera expéditif. Les colonels Mohamed Lamouri, Ahmed Nouaoura et Mohammed Aouachria sont condamnés à mort. Boumédiène se montrera plus clément à l'égard de Ahmed Draïa, Mohamed Chérif Messaadia et Abdellah Belhouchet qui écopent d'une peine de deux ans de prison. Ils seront libérés avant ce délai. Les trois assumeront de hautes fonctions auprès de Boumédiène après l'indépendance. Ces quatre-là croiseront plus tard la route de Krim Belkacem.

Après la condamnation, la mise à mort. Elle sera barbare. Alors que les instructions de Krim Belkacem et de Abdelhafid Boussouf étaient claires et sans ambages : les prisonniers devaient être exécutés à l'aide d'une arme silencieuse, le bourreau en a décidé autrement. Dans la nuit du 15 au 16 mars 1959, dans une caserne près de Tunis, les trois condamnés sont présentés devant Ahmed Bencherif, celui-là même qui a supervisé les séances au cours desquelles ces condamnés ont été torturés. Bencherif s'approche du colonel Lamouri et l'étrangle à l'aide d'un fil de fer. Lui tient un bout et Abdelmadjid Alahoum, le gardien qui était chargé de leur surveillance, en tient un autre. Lamouri meurt après d'atroces souffrances. Vient ensuite le tour du colonel Mohammed Aouachria. Étranglé lui aussi avec un fil de fer par le même Bencherif. Arrive le tour du colonel Ahmed Nouaoura. Alors qu'on le conduit sur le lieu de sa mise à mort, celui-ci réussit à échapper à ses geôliers avant d'être rattrapé par Bencherif près du mur de la caserne. Il lui fera subir le même sort que les deux suppliciés. Il l'étrangle avec le même fil de fer. Lui tirant d'un côté, Alahoum de l'autre. On creuse sommairement une fosse sur les lieux mêmes de leur exécution. Avant de jeter les dépouilles dans le trou, Bencherif leur urine dessus. « Les chiens s'en chargeront », lâche-t-il. Souillés après avoir été atrocement suppliciés, ils ne reposeront pas encore en paix car, la nuit même, des chiens errants tentent de déterrer les cadavres. Il aura fallu l'intervention d'un vigile pour éloigner la meute. Le lendemain, on ordonne à des militaires de creuser des sépultures décentes pour les enterrer dignement. Ainsi s'achève ce complot des colonels qui aurait pu être fatal pour le GPRA et pour Krim Belkacem s'il avait été mené jusqu'au bout. Ce complot avorté qui s'achève dans une orgie de violence aura des retombées insoupçonnables. D'abord, il acte l'ascension du colonel Houari Boumédiène qui bientôt fera montre d'une ambition démesurée pour le pouvoir. Avec ce procès expéditif, il inaugure, à l'initiative du GPRA bien sûr, une série de procès politico-militaires qui mèneront à la prison ou devant un peloton d'exécution bon nombre de dirigeants de cette révolution. Quant à Ahmed Draïa, qui en a pris pour deux ans avant d'être libéré par Boumédiène, il n'oubliera jamais que c'est Krim Belkacem qui a exigé qu'il soit ramené à Tunis afin qu'il soit jugé.

Draïa aura une rancune tenace envers Krim.

5

De Boukharouba à Boumédiène

Le samedi 6 février 1960, le colonel Houari Boumédiène monte une nouvelle marche dans son irrésistible quête du pouvoir quand le GPRA le nomme chef de l'état-major général de l'ALN. Ministre des Forces armées depuis septembre 1958, Krim Belkacem lui cède donc son fauteuil et hérite du poste de ministre des Affaires étrangères tout en gardant ses fonctions de vice-président du GPRA. Arrivé du Caire à 24 ans, colonel à 25, patron des armées à 32, Boumédiène ne ressemble à nul autre de ses pairs au sein du commandement de l'armée. Ce jeune homme, qui ira loin, vient d'abord de très loin.

Il vient du douar Beni Addi, un patelin miséreux niché au-dessus des montagnes pelées de Djebel Debbagh, à Guelma, où il voit le jour le 23 août 1932. À l'époque, Houari Boumédiène s'appelait Mohamed Ben Brahim Boukharouba. Mère berbérophone au foyer, père arabophone cultivateur de céréales, famille ni pauvre ni aisée, il est d'une fratrie de sept garçons et filles. École publique française à l'âge de 6 ans, école coranique à 10 ans, l'élève Boukharouba est studieux, brillant, mais timide et silencieux. Ses camarades de classe remarquent à peine sa présence. De sa maîtrise de la langue française à l'école publique, on dit qu'il sait réciter par cœur « La mort du loup » d'Alfred de Vigny ou « L'expiation de Russie » de

Victor Hugo. Il est bon en français, excellent dans la récitation du Coran, dont il a appris une bonne dizaine de versets. Lorsque les événements du 8 mai 1945 éclatent à Guelma, Sétif et Kherrata, débouchant sur le massacre de dizaines de milliers de personnes, Mohamed Boukharouba n'a que 13 ans. Ces tueries de masse l'ont-elles marqué à vie et ont-elles forgé son militantisme comme bon nombre de dirigeants du mouvement nationaliste algérien ? « Ce jour-là, j'ai vieilli prématurément, confiera-t-il plus tard. L'adolescent que j'étais est devenu un homme. » On ne dira jamais assez combien ces massacres de mai 1945 auront été le creuset de l'insurrection de 1954. On ne dira jamais assez non plus combien était visionnaire le général Duval, qui fut chargé de réprimer ce soulèvement du 8 mai au prix d'un effroyable bilan : « Je vous ai donné la paix pour dix ans, à vous de vous en servir pour réconcilier les deux communautés », écrit-il à Yves Chataigneau, gouverneur général d'Algérie.

Grâce à son oncle commerçant, le père Boukharouba envoie son fils parfaire ses études à la medersa El Kettania de Constantine, une école de grande réputation fondée au XVIIIe siècle par Salah Bey, qui régna sur cette ville de 1771 à 1792, à l'époque de la régence ottomane d'Alger. Il est encore étudiant à Constantine en 1951 lorsqu'il est appelé sous les drapeaux pour accomplir son service militaire. Son père ayant échoué à plaider sa cause afin qu'il poursuive ses études plutôt que d'accomplir son devoir militaire, le jeune homme fait l'insoumis. Recherché par la police, il quitte clandestinement l'Algérie pour la Tunisie voisine. Il s'inscrit à l'université Al Zitouna de Tunis, mais ne compte pas y faire de vieux os. Il veut aller loin. Loin, c'est Le Caire, La Mecque du nationalisme arabe, qu'il rejoindra à pied en 1953, quelques mois avant le début de l'insurrection de 1954. En Égypte, Boukharouba fréquente une autre université de prestige, Al Azhar, construite en 969 sous la dynastie des Fatimides, se frotte aux nationalistes arabes et prend part, entre novembre 1954 et février 1955, à des entraînements militaires dispensés par des instructeurs égyptiens. Sa spécialité ? « Minage et sabotage ». Déjà brillant dans ses études, il apprend vite l'art de la guerre. Toujours au Caire, il fait des rencontres déterminantes qui marqueront sa carrière : celles de Aït Ahmed, Khider et surtout Ben Bella. Boukharouba veut rejoindre les maquis en Algérie, Ben Bella lui en donnera l'occasion en 1955. Il est venu d'Alger à pied. Il va y retourner en bateau. Grâce à sa relation étroite avec le président Nasser et avec Fethi El Dib, chef des services secrets égyptiens, Ben Bella obtient une aide pour convoyer des armes au Maroc pour le compte des combattants marocains et algériens. L'arsenal sera acheminé à bord du yacht *Dina*, propriété de la princesse Dina Ben Abdelhamid, première épouse du roi Hussein de Jordanie.

Parmi les passagers qui embarquent sur le *Dina* au port d'Alexandrie le 28 février 1955 avec une importante cargaison d'armes et de munitions, il y a donc Mohamed Boukharouba. Dans sa poche, une lettre de recommandation de Ben Bella. Ce voyage sur le *Dina*, c'est son baptême du feu. C'est aussi son premier et seul fait d'armes car Boukharouba n'a jamais pris part à un combat avec l'armée française, jamais été pris dans une embuscade, jamais participé à un accrochage, jamais tiré un seul coup de feu. Le *Dina* fera partie de sa légende de révolutionnaire. Après de multiples péripéties dues à des conditions métrologiques exécrables, le *Dina* accoste sur les plages de Melilla en mars 1955. C'est la première fois que Mohamed Boukharouba met les pieds au Maroc, ce pays voisin qui marquera la suite de sa carrière. Il rejoint Oujda, PC de la wilaya 5, que dirige Larbi Ben M'hidi avant qu'il ne gagne Alger où il sera arrêté et étranglé en mars 1957.

Boukharouba se déleste de ses nom et prénom et devient Houari Boumédiène, du nom de Sidi Boumédiène, saint patron de Tlemcen, qui a vécu au XIIe siècle. Sous la férule de Ben M'hidi, Boumédiène devient contrôleur de la wilaya 5, une sorte de commissaire politique, et effectue des missions d'inspection en Oranie. Sa carrière marque un tournant lorsque Ben M'hidi quitte la wilaya 5 en cédant sa place à Abdelhafid Boussouf. Ce père fondateur des services secrets algériens prend alors sous son aile Houari Boumédiène pour en faire son adjoint, qu'il élève au grade de commandant. Ce jeune homme qui lui ressemble à tant d'égards impressionne Boussouf : froid, calculateur, intelligent, taciturne, fier, autoritaire, austère. Son physique complète ses traits de personnalité : longiligne comme un roseau, sec comme une branche d'olivier décharné, mèches rebelles, fine moustache, visage émacié, dents pourries par trop de tabac. Le tout sanglé dans un treillis flottant ou dans une bure brune. Boumédiène est un loup solitaire. Un moine-soldat qui va s'entourer d'une garde prétorienne qui lui sera obéissante et dévouée. Au PC d'Oujda, il fait montre d'un remarquable sens de l'organisation, d'un esprit de synthèse, d'autorité. Observateur averti, il note tout, sait sonder les hommes, scanner leurs points forts, détecter leurs faiblesses. Ascétique, il travaille beaucoup, dort peu, c'est un grand fumeur qui affectionne les longues veillées à disserter avec proches et collaborateurs. Il fait des unités combattantes de sa wilaya une armée bien équipée, disciplinée et organisée. Comme si le parcours de Boumédiène était tracé par le départ de ses chefs pour d'autres fonctions supérieures, le voilà propulsé en septembre 1957 commandant de la wilaya 5 à la faveur du départ de Boussouf en Tunisie où il intègre le CCE aux côtés de Krim Belkacem et Lakhdar Bentobbal. *De facto*, il est promu colonel sur proposition de Krim avec six autres colonels qui dirigent les cinq autres wilayas. Moins de deux ans après avoir débarqué du *Dina* au Maroc, le voilà donc colonel. Vraiment, il sort du lot, ce jeune homme. Il va encore plus loin en avril 1958 lorsqu'il est désigné membre du COM et en mars 1959 quand Krim le désigne à la tête de la cour martiale pour juger les colonels qui complotaient contre le GPRA. Maintenant qu'il est désigné chef d'état-major général de l'armée, Boumédiène a les coudées franches pour préparer son Algérie de l'après-indépendance.

Il la prépare d'autant mieux que Nasser lui a confié que de Gaulle imposera tôt ou tard la paix.

6

De Gaulle à Évian

Quel tournant historique que ce mercredi 16 septembre 1959 pour cette guerre qui dure depuis cinq ans ! Ce mercredi-là, le général de Gaulle prononce le mot que les Algériens attendent, celui que les partisans de l'Algérie française ne veulent pas entendre : autodétermination. « [Je] considère comme nécessaire que ce recours à l'autodétermination soit, dès aujourd'hui, proclamé », déclare-t-il dans son allocution radio-télévisée. Arrivé au pouvoir en mai 1958 après une grave crise politique, le héros de la France libre veut maintenant imposer la paix en Algérie. Pour tout dire, il veut se débarrasser de cette colonie pour se consacrer entièrement au redressement de la France. Cette autodétermination a fini par s'imposer parce qu'il avait échoué à imposer une autre solution. Un an plus tôt, en octobre 1958, la paix des braves qu'il avait proposée a aussitôt été refusée par le FLN qui l'avait assimilée à une reddition pure et simple. Cette fois-ci, il ira plus loin en proposant aux Algériens de négocier pour déterminer leur avenir : la francisation complète, l'association avec la France ou la sécession. On ne parle pas encore d'« indépendance », ce mot est tabou. Le GPRA accepte l'offre et désigne ses négociateurs : Aït Ahmed, Boudiaf, Ben Bella, Khider et Lacheraf, les cinq prisonniers de l'île d'Aix. De Gaulle connaît bien Ben Bella depuis le temps où celui-ci était sous les drapeaux français. Il l'a décoré en personne de la médaille militaire en avril 1944 lorsque le tirailleur Ben Bella s'est héroïquement illustré au cours de la fameuse bataille de Monte Cassino, en Italie. Il connaît moins les autres, ne fait pas confiance à ces cinq dignitaires, même s'ils ont la légitimité pour représenter leur pays. Il veut des combattants, des hommes de terrain, pas des prisonniers politiques. À son tour, il rejette les noms cochés par le GPRA. La paix s'éloigne, mais les portes du dialogue ne se referment pas. Moins de neuf mois plus tard, le Général fera une nouvelle offre, le 14 juin 1960, pour trouver « une issue honorable aux combats ». Les Algériens acceptent. Oubliés, les prisonniers d'Aix, le GPRA désigne Ahmed Boumendjel et Mohamed Seddik Benyahia. Kabyle d'origine, Boumendjel, « Boum », pour les intimes, est avocat et conseiller politique au ministère de l'Information. Originaire de Jijel, Benyahia, lui aussi avocat et brillant diplomate, est secrétaire général auprès du Ferhat Abbas. Du 25 juin au 29 juin, les deux délégués algériens retrouvent à la préfecture de Melun les émissaires du général de Gaulle, notamment Roger Moris, secrétaire général des affaires algériennes, pour les premiers pourparlers directs. Dialoguer, oui, mais pas au vu et au su de tout le monde. De Gaulle trace des lignes rouges : les discussions doivent être secrètes. Pas de rencontres avec les journalistes, pas de conférence de presse, les prisonniers d'Aix, notamment Ben Bella, ne participeront pas aux discussions, aucun ministre du gouvernement ne siégera dans la délégation française, et Ferhat Abbas, président du GPRA, ne sera pas invité à Paris. Ce n'est plus une discussion, mais un ordre de soumission. Tensions, chicaneries, incompréhensions, dialogues de sourds, les pourparlers tournent au fiasco. De Gaulle décide de mettre un terme aux entretiens préliminaires. La délégation algérienne repart à Tunis.

Clap de fin ? Melun, en ce mois de juin 1960, n'est qu'un préliminaire, un tour de chauffe.

Entre-temps, la cause algérienne a progressé à l'internationale, portée depuis janvier 1960 par Krim Belkacem, le ministre des Affaires étrangères. Être chef de la diplomatie, ce montagnard n'en voulait pas lorsque ses pairs du GPRA lui ont proposé ce portefeuille régalien. « C'est comme si vous preniez un coiffeur alors que vous avez besoin d'un dentiste », rétorquait-il ce jour-là. Lui qui a crapahuté dans les maquis de Kabylie n'a jamais été préparé à cette fonction si particulière qu'est la diplomatie. Il a d'abord refusé, accepté ensuite sur insistance de ses compagnons. C'est qu'en devenant ministre des Affaires étrangères, il se séparait à regret du ministère de la Défense nationale, qu'il trustait depuis janvier 1958, au profit du jeune Boumédiène. Et ce colonel aux dents jaunies, qui ne sourit que rarement, qui tisse sa toile au sein de l'ALN, Krim ne le supporte pas. Il se méfie de ses silences, de son influence, de l'ascendant qu'il a pris dans les structures de l'état-major général et de son entente avec son mentor Boussouf. Krim sait combien Boumédiène est ambitieux, combien il voit loin, comment il prépare l'avenir pour son propre compte en s'appuyant notamment sur cet état-major de l'armée qu'il dirige depuis mars 1960. L'heure de la confrontation entre l'état-major général de Boumédiène et le GPRA de Krim Belkacem et Ferhat Abbas viendra. En attendant, de Gaulle prend une nouvelle initiative. La paix par l'urne. Un référendum est prévu le 8 janvier 1961. Ce vote qu'il propose aux Français, le Général y met tout son poids, son aura, son prestige pour qu'il aboutisse comme il le souhaite. Encore la veille du vote, il presse ses compatriotes pour un oui franc et massif afin de régler une fois pour toutes ce conflit « absurde et périmé ». Les mots qu'il y met sont forts. Cette guerre a un « caractère passionnel », elle exerce une

« emprise politique, militaire, financière » « sur la vie nationale » et elle a une « résonance » à « l'étranger ». Il faut que cette guerre cesse. Non avec les armes, mais avec la seule solution qui convienne aux deux parties : la négociation. C'est ainsi que, ce 8 janvier, les Français disent oui à de Gaulle avec presque 75 % des suffrages et lui offrent ainsi un blanc-seing afin de terminer cette guerre qui entre dans sa sixième année. Algérie bientôt algérienne ? Pieds-noirs, radicaux, ultras de l'Algérie française, jusqu'au-boutistes, extrémistes, aucun n'en veut, aucun n'en voudra jamais. Cette rébellion contre de Gaulle qui brade l'Algérie française, c'est un félon de l'armée qui en sera la tête pensante et agissante : le général Raoul Salan, « le Mandarin », comme on le surnomme. Nommé commandant interarmées en Algérie en 1956, il soutient le retour de De Gaulle au pouvoir. Désigné délégué général du gouvernement en Algérie en juin 1958, il se retourne contre le Général et récuse de toutes ses forces cette idée de donner l'indépendance aux Algériens. Donner l'Algérie aux Algériens ? Plutôt mourir, ou encore plus vrai, plutôt tuer. Réfugié à Madrid après avoir été écarté par de Gaulle, il crée en février 1961 l'OAS (Organisation armée secrète) avec le lieutenant Pierre Lagaillarde et Jean-Jacques Susini, deux autres exaltés de cette Algérie qu'ils veulent à jamais française. Le programme de l'OAS tient en quelques mots : tuer, massacrer, incendier, plastiquer, terroriser. Français et Algériens sans distinction. L'OAS frappera où elle veut, quand elle veut, qui elle veut. La politique de la terreur va commencer dès février 1961, au moment même où les émissaires du président de Gaulle, Georges Pompidou et Bruno de Leusse, et ceux du GPRA, Ahmed Boumendjel et Taïeb Boulahrouf, se rencontrent secrètement en Suisse sous les auspices de diplomates suisses. Ces tractations durent jusqu'à début mars avant que les deux parties ne décident de se mettre de nouveau autour de la table des négociations. Les pourparlers de Melun de juin 1960 ont échoué, ceux de ce mois de février 1961 vont s'ouvrir. La paix est encore loin, mais il n'y plus aucune issue à la guerre. Mais qui sera cet Algérien qui mènera les négociations avec les émissaires du général de Gaulle ? Rapidement, un nom s'impose : Krim Belkacem, vice-président du GPRA, ministre des Affaires étrangères et un des membres historiques du FLN, un des hommes du 1er novembre 1954, le plus ancien des maquisards. Six ans après le début de l'insurrection, il est le dernier rescapé de ces neuf « fils de la Toussaint ». Tous sont morts ou en prison. Pourquoi lui ? Ministre des Affaires étrangères, il a parcouru le monde, rencontré présidents, rois, princes et autres monarques, tissé un incroyable réseau de connaissances et s'est lié d'amitié avec une pléthore de dirigeants maghrébins, européens, asiatiques, sud-américains et a porté la voix de l'Algérie jusqu'aux arcanes de l'ONU. Outre tout l'entregent qui s'est construit avec ces voyages, ces audiences et ces rencontres, ce poste lui a permis d'acquérir une expérience enrichissante à l'international, une aura, de la crédibilité et du prestige. Il n'est plus ce combattant sanglé dans sa gabardine avec sa mitraillette Sten, mais le diplomate qui parle avec Khrouchtchev, Tito, Mao, Nehru, Mohamed V. C'est donc lui et nul autre qui mènera ces négociations qui vont s'ouvrir à Évian le 20 mai 1961. Et pourtant, un imprévu a failli tout remettre en cause. Pire, il a failli faire passer Krim de vie à trépas.

En mars 1961, il est dans sa résidence à Tunis lorsqu'il est pris de violentes douleurs au ventre. Les premiers rapports des médecins se perdent en pronostics. Hépatite, colique néphrétique, pancréas touché, vésicule biliaire, ils ont du mal à poser le bon diagnostic. Au fil des heures, les douleurs deviennent si intenses que Krim croit son heure arrivée. Il envoie alors un télégramme en urgence à son épouse, Fathia, restée au Caire avec leur fille Karima, afin qu'elles le rejoignent à son chevet. Dans ces moments où son destin peut se jouer sur un lit d'hôpital, il veut que sa femme et sa fille âgée de quelques mois soient à ses côtés. Certes son pronostic vital n'est pas engagé, mais on craint le pire pour celui qui doit mener les négociations au nom du GPRA. Dans les milieux diplomatiques arabes à Tunis, certains qualifient même de « catastrophe » la possible indisponibilité de Krim pour la reprise de ces pourparlers. On fait alors appel à Frantz Fanon, psychiatre, médecin chef à l'hôpital psychiatrique de Blida-Joinville, en Algérie, fervent soutien de la cause algérienne et ami de dirigeants du FLN. Lui saura peut-être le guérir, le soulager ou poser le bon diagnostic. Fanon se présente au chevet de Krim, lui administre des tranquillisants pour calmer sa douleur. On pense que Krim angoisse trop, somatise trop, cogite trop à l'approche des discussions d'Évian. Mais les calmants de Fanon n'ont aucun effet, tant et si bien qu'il appelle son ami Michel Martini. Ce qu'il lui dira au bout du fil n'est pas rassurant : l'état du patient s'est aggravé. Michel Martini est une vieille connaissance des Algériens. Fils d'un banquier parisien, il a pris fait et cause pour cette révolution, a soigné des blessés de l'ALN, s'est fait condamner par la justice française pour cet engagement avant de fuir en Tunisie où il exerce dans le service de chirurgie de l'hôpital Charles-Nicolle de Tunis. Martini connaît presque tous les dirigeants du GPRA. Dont Krim, bien sûr. On envisage de l'opérer mais on hésite, on tergiverse, on consulte.

C'est ainsi que, le 24 mars, les médecins au chevet de Krim font appel à Cataldo Cassano, professeur de clinique en médecine générale et de méthodologie clinique à l'université La Sapienza de Rome. Il l'ausculte dans l'après-midi même et confirme la nature hépatovésiculaire des troubles qui affectent le vice-président du GPRA. Plus question de tergiverser : il faut qu'il passe sur le billard. Krim Belkacem est opéré avec succès de la vésicule à Tunis des mains de Michel Martini. Le patient, son épouse, ses proches et les dirigeants du GPRA sont soulagés. Évidemment, l'état de santé du dirigeant du FLN fait l'objet d'une attention particulière des limiers du SDECE, le contre-espionnage français, qui le suivent heure par heure. Mais il n'y a pas que l'espionnage français qui s'intéresse de près aux soucis de santé du dirigeant algérien. Le dirigeant soviétique Nikita Khrouchtchev l'invite à effectuer sa convalescence à Moscou où il pourrait le recevoir au Kremlin. Refus poli de l'intéressé. Le jeune roi Hassan II ainsi que le président Tito le prient de venir se reposer au Maroc ou en Yougoslavie. Là encore, refus courtois de Krim qui préfère rester à Tunis. Après une période de convalescence, il pourra enfin se rendre à Évian. Sur son ventre rondouillet, une cicatrice longue de presque 20 centimètres. Krim a frôlé la mort, ce mois de mars, il va maintenant affronter une des périodes les plus intenses de sa jeune carrière. Mais avant que les négociateurs français et algériens ne se retrouvent autour d'une table, deux épisodes tragiques vont alimenter la chronique de cette guerre. Dans la nuit du 30 au 31 mars 1961, Camille Blanc, maire d'Évian, est victime d'un attentat de l'OAS qui lui reproche d'avoir accepté que sa ville abrite les négociations, préludes à l'indépendance de l'Algérie. L'assassinat de cet édile socialiste et grand résistant inaugure une série d'attaques sanglantes de l'OAS en France comme en Algérie. Comme un écho à cet attentat contre Camille Blanc, des bruits de bottes se font entendre à des milliers de kilomètres de l'autre côté de la Méditerranée. Dans la nuit du 21 au 22 avril, les généraux Maurice Challe, Edmond Jouhaud et André Zeller, rejoints plus tard par Raoul Salan, s'emparent d'Alger avec le concours de paras et de légionnaires pour s'opposer au processus d'autodétermination engagé par de Gaulle. Des généraux séditieux face à un président élu, du jamais vu ! Si la tentative de putsch réussit dans l'Algérois, les généraux qui dirigent les régions d'Oran et de Constantine refusent de suivre cette rébellion. L'état d'urgence est décrété et la réaction de De Gaulle va surprendre les putschistes, puis les contraindre à la fuite. Sanglé dans son uniforme militaire, martial, il intervient à la télé et à la radio pour traiter les séditieux de « quarteron de généraux en retraite », d'« ambitieux et fanatiques », s'oppose de toutes ses forces à ce pronunciamiento et demande aux Français de l'aider à y mettre un terme. Trois jours après cette tentative, la mutinerie des généraux est écrasée. Donné fini le samedi, le général de Gaulle triomphe de ses adversaires au soir du dimanche et affirme davantage son pouvoir et son autorité. Mardi 25 avril, le jour même où le putsch est presque terminé, la France fait exploser sa quatrième bombe atomique dans le désert de Reggane. Ce programme nucléaire français sera au cœur des prochaines négociations.

Justement, de ces négociations, l'état-major général de Boumédiène ne veut pas. Plus d'un an après sa nomination à ce poste, il est devenu encore plus puissant, contrôle l'armée, les services d'écoutes et de renseignements, compte des alliés au sein du GPRA dont le non moins puissant Boussouf. Et surtout, Boumédiène est ambitieux, entrevoit le pouvoir une fois l'indépendance acquise. Le clash avec le GPRA s'installe quand Boumédiène refuse de s'associer à ces négociations prévues le 20 mai à Évian. Il ne « veut pas se mouiller pour conserver le droit de nous juger », estime Ferhat Abbas, président du GPRA. Les constats du Boumédiène tiennent en ceci : lui et son état-major général ont la haute main sur l'armée et sur le front intérieur. Les cadors du GPRA, eux, se pavanent dans les salons de Tunis et du Caire. Lui est acquis aux idées socialistes et veut une Algérie socialo-communiste et panarabiste. Les apparatchiks du GPRA, comme ce Krim Belkacem, sont farouchement anticommunistes, veulent une économie libérale et un régime démocratique. Lui ne veut pas d'une future coopération avec la France, pas de la présence des pieds-noirs et de la communauté européenne dans cette future Algérie. Les autres y sont franchement favorables. Si Boumédiène caresse l'idée de s'emparer demain du pouvoir, il doit démolir le GPRA, à tout le moins l'affaiblir. Les prémices d'une guerre apparaissent et prennent racine ici. Après d'âpres discussions, Boumédiène se résout à ces négociations à Évian, mais obtient une petite victoire. Deux de ses adjoints à l'état-major général, les commandants Ali Mendjeli et Slimane, Kaïd Ahmed de son vrai nom, feront partie de la délégation présidée par Krim Belkacem.

Boumédiène aura deux yeux de Moscou à Évian.

7

Évian devient Fort Knox

Samedi 20 mai 1961, Évian a des allures de Fort Knox. Policiers, gendarmes, militaires, hommes-grenouilles, hélicoptères en survol, batteries antiaériennes, rien n'a été négligé pour assurer la sécurité autour de cette ville qui accueille les négociations entre la délégation algérienne conduite par Krim Belkacem et française menée par Louis Joxe, ministre d'État chargé des Affaires algériennes. Les traumas de la mort du maire, Camille Blanc, assassiné dans la nuit du 30 au 31 mars dans un attentat perpétré par l'OAS, sont encore vifs. À quelques encablures de là, au Bois d'Alvault, près du village de Valavran, à 10 kilomètres de Genève, les autorités suisses déploient elles aussi un grand dispositif autour d'une villa de luxe appartenant à l'émir du Qatar Ahmed Ben Ali Al Thani. Haute clôture, pelouse assez grande pour l'atterrissage et l'envol d'hélicoptères, de l'espace pour accueillir les onze membres de la représentation algérienne ainsi que le personnel auxiliaire, la résidence est un cocon. Tout autour, des militaires suisses veillent jour et nuit sur la sécurité des lieux et de leurs illustres hôtes. Gare aux curieux et surtout aux photoreporters qui se hasardent un peu trop près de cette clôture. Un photographe américain s'est fait molester par trois militaires alors que le reporter français Raymond Depardon est mis en joue par un soldat à peine plus âgé que lui. L'atmosphère est électrique.

À Évian, précisément à l'Hôtel du Parc, le climat n'est pas moins chargé d'électricité et de fébrilité. Comme le maire assassiné, Robert Floret, le propriétaire de l'établissement, a reçu des menaces de mort. Lui et sa famille font donc l'objet d'une attention et d'une protection particulières. L'Hôtel du Parc n'est pas un établissement de prestige, mais il avait auparavant abrité dans ses murs un pan de l'histoire de la Première Guerre mondiale. Alors que la France était sous occupation française, ce complexe thermal a été converti en hôpital géré par la Croix-Rouge américaine pour accueillir et soigner des enfants rapatriés des départements du nord et de l'est de la métropole. Aujourd'hui, il accueille entre ses murs Algériens et Français qui se retrouvent à négocier les termes de la fin d'une autre guerre. Pendant vingt-cinq jours, du 20 mai au 13 juin 1961, les délégués débattent, argumentent et négocient de pied ferme toutes ces petites et grandes questions liées à l'avenir de l'Algérie et aux intérêts de la France en Algérie. Les discussions achoppent sur trois grands dossiers sur lesquels de Gaulle n'entend pas faire de concessions. Le sort des pieds-noirs et des Européens après l'indépendance, le maintien des bases militaires françaises, notamment la base navale de Mers El Kébir, à Oran, et surtout, la sauvegarde du Sahara qui renferme de gigantesques réserves de pétrole et de gaz ainsi que les bases qui servent aux essais nucléaires. Les pourparlers butent sur les requêtes des uns et les intransigeances des autres. De Gaulle constate les blocages et décide de mettre un terme aux pourparlers. Ferme, mais pas intransigeant, Krim ne ferme pas la porte du dialogue. Pas d'accord d'association avant l'accession à l'indépendance, confie-t-il aux journalistes en précisant qu'il ne dira rien d'inconvenant qui puisse hypothéquer ces pourparlers. « Il ne faut pas insulter l'avenir », observe-t-il comme un vieux sage kabyle.

Certes ces négociations ont échoué, mais de grands pas ont été accomplis. Si à l'Hôtel du Parc l'ambiance est tendue, crispée et parfois houleuse, il n'en est pas de même à la villa de l'émir qatari où le photographe Depardon a carte blanche pour déambuler et prendre des photos des négociateurs algériens. Sur la terrasse de la propriété, entre ombre et soleil, Depardon se pose devant Krim Belkacem, assis à une table, lisant un document. La main sur le front, le chef des négociateurs est à la peine, fatigué. Krim a tenu secrète cette opération de la vésicule qu'il a subie à Tunis. Seul un cercle très restreint de ses collègues est au courant. Mais les délégués français n'en ignorent rien. Les notes que le SDECE a compilées à Tunis, à Genève et partout ailleurs sur l'état de santé de Krim Belkacem leur ont été transmises. Le 13 juin, la délégation algérienne quitte Genève. Après une pause de quelques semaines, ils se retrouvent de nouveau à partir du 20 juillet au château d'Allaman, dans la commune de Lugrin. Là encore, les discussions achoppent sur les mêmes dossiers, particulièrement celui du Sahara. Mais au moment où Français et Algériens reprennent le dialogue, un homme va venir empoisonner davantage les relations entre le GPRA et l'état-major général.

L'homme est français, il est pilote et bientôt prisonnier de Boumédiène.

8

Boumédiène défie Krim et Bourguiba

C'est un fait de guerre presque ordinaire qui a failli signer la fin de carrière de Houari Boumédiène. Un fait de guerre qui préfigure des luttes que se livreront les dirigeants pour la conquête du pouvoir avant et après l'indépendance. Mercredi 21 juin 1961, une semaine après la suspension des discussions à Évian, un avion de l'armée française est abattu par la DCA de l'ALN alors qu'il ouvrait le feu sur le camp de Mellègue, sur le territoire tunisien, qui sert de base d'entraînement et d'instruction aux combattants et aux officiers de l'état-major général. Le pilote qui s'est fait éjecter de son appareil, le lieutenant Gaillard, un blondinet de fragile constitution, est fait prisonnier par les hommes de Boumédiène dont le QG se trouve à une quarantaine de kilomètres, à Ghardimaou. Dès la nouvelle de la capture de cet élève officier connue, le gouvernement français fait pression sur le président Bourguiba afin d'intercéder auprès des Algériens en vue de sa libération. Paris entretient de bonnes relations avec Bourguiba et celui-ci a de l'influence auprès des dirigeants du GPRA, sa remise en liberté ne devrait pas constituer un problème majeur. Mais rien ne passera comme prévu. Dès que le GPRA demande au colonel Boumédiène de faire libérer le pilote et d'accéder ainsi à la sollicitation du président tunisien, ce dernier se rebiffe. Le premier à intervenir dans cette affaire est Ferhat Abbas. Il appelle Boumédiène dans son PC à Ghardimaou pour exiger que le pilote soit aussitôt relâché. Au bout du fil, le colonel fait la sourde oreille. Avec des mots durs, parfois grossiers, il explique à Abbas qu'il n'est pas question de leur remettre le lieutenant Gaillard. De toutes les façons, ajoute-t-il, il est mort et son corps a été brûlé. La première tentative d'approche se solde donc par un refus net du patron de l'état-major général dont les relations avec le GPRA, et avec Krim Belkacem en particulier, sont de plus en plus tendues. Ce n'est pas encore un acte de défiance du colonel, mais ça y ressemble. Paris accentue la pression sur Bourguiba, celui-ci fait de même auprès de ses amis algériens. Le pilote Gaillard doit rentrer chez lui, il y va de l'intérêt de tout le monde, argue le raïs tunisien. Les pressions de plus en plus insistantes de Bourguiba d'un côté, les demandes pressantes du GPRA de l'autre, tout cela déplaît fortement à Boumédiène. Lui qui est d'ordinaire imperturbable fulmine. Comment ces salonards de Tunis, ces apparatchiks en costume-cravate, ces révolutionnaires de parade osent-ils l'humilier, lui le patron de l'armée ? Comment se permettent-ils d'obéir aux exigences du raïs tunisien ? Comment osent-ils prendre fait et cause pour Bourguiba alors qu'ils devraient plutôt se montrer solidaires avec lui ? Enfin, pour qui se prend Habib Bourguiba pour faire sa loi auprès du GPRA et de l'état-major général ? Face au refus obstiné du colonel qui ne souhaite céder en rien sur son autorité, Krim Belkacem tient conseil avec ses pairs du gouvernement provisoire. Pour lui, le cas de ce pilote français revêt plusieurs enjeux. Le GPRA a donné sa parole à Bourguiba pour lui livrer le prisonnier. Ne pas l'honorer serait un manquement grave à la crédibilité des dirigeants algériens. Ne pas la tenir serait un coup de poignard dans le dos de Bourguiba. Que n'a-t-il pas fait pour aider et soutenir la cause algérienne ? Il a donné refuge aux historiques du FLN, mis à la disposition des ministres du GPRA appartements et villas, assuré leur protection et celles de leurs familles, accepté que la base de l'état-major général que dirige Boumédiène soit installé sur le territoire tunisien. Ne pas libérer le prisonnier français, le laisser croupir dans les geôles, voire le faire passer par les armes, tout cela est de nature à faire capoter ces négociations dans l'espoir d'aboutir à l'autodétermination. Enfin, Krim voit dans ce refus de Boumédiène un acte de défiance à son autorité de ministre de l'Intérieur, à celle du GPRA et au prestige de celui-ci. Et on ne défie pas le GRPA impunément. Pour avoir défié et contesté l'autorité du CCE (Comité de coordination et d'exécution), pour avoir étrillé certains de ses membres, pour avoir menacé Krim, Boussouf et Bentobbal, Abane Ramdane a fini par être assassiné au Maroc en décembre 1957. Devant cet acte d'insoumission, il ne reste que deux options pour régler cette affaire. Deux, pas trois. Que Boumédiène accepte de libérer le pilote afin qu'il soit remis aux autorités tunisiennes comme Krim s'y est déjà engagé auprès de Bourguiba. Dans le cas contraire, il serait procédé à son arrestation pour insubordination, à son jugement par une cour martiale et à son exécution conformément aux règles militaires en vigueur. Comme ce fut le cas avec les colonels Lamouri, Nouaoura et Aouachria qui s'étaient rebellés contre le GPRA en novembre 1958 avant d'être exécutés en mars 1959 après un procès expéditif présidé par le même Boumédiène. Oui, donc, on ne défie pas impunément le GPRA. On ne sape pas son autorité sans devoir rendre des comptes.

C'est encore Ferhat Abbas qui est chargé de transmettre ce message. Cette fois, de vive voix. Pas au téléphone. Un délai de douze heures lui est accordé pour tenter de ramener Boumédiène à la raison, au risque pour le frondeur de s'exposer à de graves sanctions. Sans grande conviction, Abbas arrive à Ghardimaou de nuit. Cela tombe bien. L'ascétique colonel est un noctambule : il travaille la nuit et dort le jour. Pour tenir durant ces longues nuits, il fume quatre paquets de cigarettes et boit des litres de café noir. Dans son bureau aux meubles spartiates, face à Abbas, Boumédiène parle pendant des heures. Cette fois-ci, le ton est moins agressif, moins belliqueux, mais ferme. La demande de Bourguiba pour se faire remettre le pilote français ? Une volonté de la part du président tunisien d'humilier l'état-major général et de plaire ainsi au gouvernement de De Gaulle. En agissant de la sorte, Bourguiba veut dicter sa loi aux Algériens, leur montrer qu'il est maître chez lui. En un mot comme en mille, Boumédiène n'entend pas remettre en liberté son prisonnier. Vieux routier de la politique, connaisseur de subtilités, des alliances et des rapports de force au sein du GPRA, et encore plus soucieux de préserver les relations avec Tunis, Abbas s'emploie pendant toute la nuit à démonter les arguments de son interlocuteur. La médiation de Bourguiba entre le GPRA et le gouvernement français pour faire libérer le pilote Gaillard ? Parfaitement légitime du point de vue du droit international dès lors que l'avion français a été abattu sur le territoire tunisien. Quand bien même le pilote est-il détenu dans une base de l'ALN, celle-ci ne se trouve pas moins sur le territoire tunisien. Cette base ainsi que le QG de l'état-major à Ghardimaou ne sont pas des enclaves extraterritoriales ou des enclaves de droit algérien, mais des concessions accordées par la Tunisie pour les Algériens. Depuis le début de l'insurrection de 1954, ajoute Abbas, et particulièrement après la bataille d'Alger de 1957, la Tunisie est devenue une terre d'asile pour les dirigeants et les combattants algériens. Non seulement Bourguiba les protège, mais il soutient moralement, politiquement, diplomatiquement et financièrement cette révolution. S'opposer aujourd'hui à Bourguiba, c'est ne pas avoir la reconnaissance du ventre, c'est faire preuve d'un manque d'humilité. Et que pèse donc le sort d'un lieutenant français devant l'hospitalité et le soutien des Tunisiens ? Les arguments de Abbas parviennent à ébranler l'entêtement de Boumédiène. Il est déstabilisé, mais il ne change pas d'avis. À quoi bon s'entêter à vouloir récupérer ce prisonnier quand les adjoints du colonel, le commandant Azzedine et le colonel Ali Mendjeli, répètent qu'il est mort, que son corps a été brûlé et que ses cendres ont été dispersées par les vents du sud tunisien ? Vraiment mort et brûlé, le lieutenant Gaillard ? C'est que, pendant que l'entourage de Boumédiène raconte des bobards, le prisonnier est sous bonne garde dans une cellule du camp de Mellègue. La mission de Ferhat Abbas se solde par un échec et la situation se corse entre l'état-major général et le GPRA. Face au *statu quo*, Bourguiba est mis sous tension par Paris qui n'écarte pas l'option de représailles contre la Tunisie. Le sort du pilote devient une affaire d'État. Il faut donc la désamorcer au plus vite avant qu'elle ne provoque des dégâts insoupçonnables. C'est d'autant plus grave que Bourguiba n'exclut pas l'option militaire pour régler ce problème.

Le GPRA décide de dépêcher Lakhdar Bentobbal et Abdelhafid Boussouf au QG de l'état-major général. Boussouf ne connaît que trop bien Boumédiène. C'est son élève, son disciple, son chef. C'est Boussouf qui a fait Boumédiène. Informé de la venue des deux émissaires, ce dernier se fait porter pâle. Il n'a pas assez de cran pour tenir tête à son mentor. Boussouf et Bentobbal sont donc reçus par le commandant Azzedine, un des adjoints du colonel. Leur exigence est claire : que le prisonnier leur soit remis sain et sauf. Azzedine explique une fois de plus que le pilote est mort, que sa dépouille a été brûlée et que ses cendres ont été dispersées. On ne la fait pas à

Boussouf, chef des services de renseignements. Il sait tout, possède des fiches sur tout le monde, écoute et surveille tout le monde, compte des espions et des informateurs partout. « Arrête ton char », dit-il au commandant Azzedine. Boussouf agite dans ses mains un trousseau de clés qu'il finit par jeter aux pieds de Azzedine. Ce trousseau qu'il manie avant de le lancer aux pieds de son interlocuteur, c'est une manie, un code, chez Boussouf, une façon propre à lui d'intimider et de menacer. Quand ce trousseau tombe, c'est comme tombe un couperet sur le cou d'un condamné. Azzedine comprend la menace et s'en va vite informer son chef. Boussouf sait, il ne plaisante pas, il ne cédera pas, lui explique-t-il. Boumédiène sent que le bras de fer n'est pas en sa faveur. Il accepte de relâcher son otage. Boussouf et Bentobbal se rendent alors à Mellègue pour récupérer le prisonnier français qui sera ensuite remis à Bourguiba.

Fin de la crise ? Début d'un autre conflit, plutôt. Avec ses adjoints, les commandants Ali Mendjeli, Azzedine et Slimane, il fourbit ses armes et prépare sa riposte. Celle-ci prendra la forme d'une lettre-réquisitoire d'une rare violence qu'il adressera le 15 juillet au GPRA. Dans la foulée de ce mémoire-brûlot, les quatre membres de l'état-major général offrent leur démission. Avant de s'envoler sous un prête-nom en Allemagne pour se mettre au vert quelques jours auprès du chef de la fédération du FLN, Boumédiène place ses hommes au sein de l'état-major et s'assure que tous lui demeurent fidèles et loyaux. Parmi ces officiers fidèles de Boumédiène, il y a Abderrahmane Bensalem, Chadli Bendjedid, Saïd Abid, Abdelkader Chabou, Mohamed Abdelghani, Salah Soufi ou encore Slimane Hoffman. Tous vont jouer un rôle crucial dans l'ascension du jeune Boumédiène au sommet du pouvoir. C'est dire combien cet homme-là voit loin.

Si sa démission est un coup de bluff, cette lettre qu'il signe avec ses trois adjoints est une série d'actes d'accusation qui ciblent Krim Belkacem en particulier sans que son nom soit cité une seule fois. Les mots de Boumédiène sont des balles. Certains dirigeants de la révolution qui se planquent à Tunis sont des ronds-de-cuir, dit-il, des bourgeois qui vivent dans des villas avec voitures et chauffeurs, des corrompus, des charlatans, des vénaux, des mandarins qui cultivent des ambitions personnelles au détriment du peuple et de cette révolution. « Nous avons une fois pour toutes compris pourquoi les responsables qui, aujourd'hui, braquent toutes leurs batteries sur un état-major qui n'a commis que le crime de redresser une situation sortie de l'abîme, n'ont laissé derrière eux que conflits, règlements de comptes, dilapidation de deniers de la révolution, en un mot, l'anarchie la plus scandaleuse [...]. » Les reproches et les griefs de Boumédiène et de ses trois commandants ne s'arrêtent pas à ces propos violents. Ils accusent, toujours sans le nommer, Krim Belkacem de comploter avec Bourguiba pour évincer les hommes de l'état-major général et prendre le contrôle de la révolution. L'objectif des signataires de cette lettre au vitriol est donc d'isoler Krim du reste du GPRA, de le fragiliser, d'amoindrir son influence et sa puissance. *In fine*, il s'agit de positionner Boumédiène, avec sa puissante armée des frontières, comme un acteur majeur et incontournable dans la perspective de l'indépendance. Maintenant que les négociations sont entamées avec le général de Gaulle, chaque partie avance ses pions, compte amis et ennemis, adversaires et alliés. Habile tacticien, fin manouvrier, à la tête d'une armée constituée de près de 20 000 combattants bien entraînés, bien équipés et bien organisés, Boumédiène prépare l'avenir d'autant plus qu'il dispose à l'état-major général de 5 milliards de francs pour financer sa conquête. Avoir une armée pour régenter demain, c'est indispensable. Disposer de fonds conséquents pour assouvir cette ambition, c'est vital. Mais qu'est-ce que la quête du pouvoir sans de solides alliances, sans des sponsors politiques, sans des alliés d'envergure et de poids ? C'est que, dans ce mémoire qu'il adresse au GPRA ce 15 juillet, Boumédiène n'oublie pas de s'en remettre au bon jugement et au bon arbitrage de Ben Bella, Aït Ahmed, Mohamed Khider et Mohamed Boudiaf, ces historiques détenus en France. Il sait que rien ne se décidera sans leur avis, sans leur consentement, sans leur caution. Du moins pour certains d'entre eux. Boumédiène le comprend d'autant mieux qu'il leur enverra quelques mois plus tard, en décembre 1961, un émissaire pour les sonder sur la manière de prendre le pouvoir avant et après l'indépendance. Cet émissaire est un certain Abdelaziz Bouteflika, un jeune capitaine qui connaîtra un destin exceptionnel et dont la carrière sera intimement liée à celle de Boumédiène.

Ce conflit entre le GPRA et l'état-major général de Boumédiène se révèle encore plus tranchant lorsque le CNRA, le Conseil national de la Révolution algérienne, se réunit à Tripoli entre le 9 et le 27 août. Certes l'affaire du pilote est close, mais elle laisse des traces dans les esprits et chacun a compris jusqu'où l'austère colonel peut aller dans son bras de fer. Les termes de la démission collective du 15 juillet en sont la preuve. À Tripoli, donc, Krim doit affronter l'hostilité et la défiance des hommes de Boumédiène qui s'opposent encore aux négociations avec de Gaulle. Ces pourparlers à Évian et à Lugrin dirigés par Krim ? Du bradage de la souveraineté du pays, du Sahara et de son pétrole, arguent Boumédiène et ses hommes. Krim a beau expliquer les positions qu'il a âprement défendues avec l'assentiment de tous les membres de la délégation, les commandants Ali Mendjeli et Kaïd Ahmed, dit Slimane, qui en faisaient pourtant partie comme représentants de l'état-major général, décident de jeter l'éponge. Ils se retirent de la délégation avec l'assentiment bien sûr de leur chef, Boumédiène. Au bout d'interminables jours de palabres, de débats et d'ergotages, le CNRA vote la reprise des négociations. Sans les voix du quatuor de l'état-major, Boumédiène, Mendjeli, Slimane et Azzedine. Et puis, à Tripoli, il n'est pas uniquement question des pourparlers avec la France. Il faut aussi renouveler la composante du GPRA, surtout sa présidence. Et Krim ne cache pas ses ambitions d'en prendre la tête. Et le confie même à Ferhat Abbas. « J'aurais plus de poids aux prochaines négociations », argue-t-il. Krim président du GPRA ? Un danger pour Boumédiène. Jamais ce colonel n'acceptera qu'il dirige ce gouvernement provisoire. Chef historique, vice-président du GPRA, ministre des Armées, chef de la diplomatie, chef des négociateurs, il ne lui manquerait que la présidence pour parfaire sa stature et prétendre au pouvoir demain. Kabyle, anticommuniste, progressiste, libéral, francisant, Krim présente toutes les tares et tous les inconvénients aux yeux de Boumédiène. Et, dans ses manœuvres pour disqualifier Krim, le colonel peut compter sur l'appui de son mentor Boussouf. Lui non plus ne souhaite pas de voir le chef des négociateurs remplacer Ferhat Abbas. *Exit*, Krim, ça sera Benyoucef Benkhedda, ancien pharmacien issu du MTLD, personnage falot, personnalité effacée. Krim garde la vice-présidence du GPRA et hérite du portefeuille de l'Intérieur.

Tripoli se termine par une paix d'apparat. En coulisses, les couteaux s'aiguisent.

9

Évian, la fin de la guerre

Quand il voyage en Suisse, Krim Belkacem est hébergé par son ami Bernard Golay et son épouse Martine. Chef d'une entreprise spécialisée en horlogerie, soutien de la cause algérienne, sinophile et amoureux de l'Extrême-Orient, Golay a mis à sa disposition son appartement de Lausanne. Ici, Krim se sent à l'aise, en confiance, protégé par ce couple qui lui sera dans une loyauté indéfectible. C'est là qu'en janvier 1962 Krim vient se réfugier pendant une quinzaine de jours pour préparer le prochain round de négociations qui aura lieu en mars avec les émissaires du général de Gaulle. Reclus dans ce modeste pied-à-terre d'où il ne sort jamais, Krim reçoit discrètement des délégués du GPRA pour peaufiner les documents indispensables à ces pourparlers. C'est surtout ici qu'il a reçu en décembre 1961 des représentants du FLN de France, du Maroc et de la Tunisie venus le voir afin d'adresser un avertissement au GPRA. La mise en garde ? Reprendre les discussions avec le gouvernement français qui avaient été suspendues en juillet 1961 et surtout écarter le colonel Houari Boumédiène et ses adjoints de l'état-major général qui travaillent à saboter ces tractations avec la France du général de Gaulle. Krim étant opposé à Boumédiène et à ses hommes, convaincu que la négociation est la seule issue à cette guerre, cette mise en garde n'est pas tombée dans l'oreille d'un sourd.

Justement, en ce mois de janvier 1962, le GPRA se réunit dans un luxueux hôtel à Mohammédia, au Maroc, mis à disposition par le souverain chérifien, pour délibérer à propos de ces pourparlers avec le gouvernement français. Dans cet hôtel niché au cœur d'une palmeraie qui fait face à la mer, la tension est à son comble, l'atmosphère chargée d'électricité. Dans la houle des débats, Krim demande que Boumédiène, qui est revenu sur sa démission du 15 juillet, soit cette fois-ci relevé de ses fonctions. Son opposition sournoise au GPRA, son hostilité aux négociations, son travail de sape, ses attaques contre certains membres du gouvernement provisoire, tout cela relève plus que de l'indiscipline. De la trahison, même. Saïd Mohammedi, l'ombrageux ministre d'État du GPRA, préconise que Boumédiène soit fusillé. Là encore, c'est Boussouf qui vole au secours de son protégé en mettant en garde ses pairs : « Si vous cédez aux demandes de Krim, il prendra le pouvoir », menace-t-il. Boussouf ne nourrit aucune ambition, contrairement à Boumédiène. Mais la perspective de voir Krim Belkacem jouer un rôle clé dans l'Algérie de demain ne l'enchante guère.

Alors, devant les atermoiements des uns, les combines des autres, les louvoiements de certains, Krim menace de claquer la porte. Bluffe-t-il ? On n'est jamais trop prudent, jamais trop sûr, avec cet homme-là. Sous ses airs rondouillets de notable corse avec son œil brillant et ses mains potelées, Krim peut être impulsif, fougueux, parfois explosif. Il sait tenir tête à une assemblée de vieux briscards du GPRA sans ciller, sans trembler. Il lui arrive aussi d'être menaçant et de se montrer impitoyable quand il faut éliminer traîtres, écarter adversaires, ventiler opposants. « Je te briserai », avertissait-il un jour Mahmoud Chérif, ministre de l'Armement et de l'Approvisionnement entre 1958 et

1960, qui osa le menacer du doigt. Bluffe-t-il vraiment quand il menace de rendre son tablier de ministre du GPRA et de négociateur en chef ? La perspective de le voir prendre ses cliques et ses claques, ce mois de janvier 1962, après avoir conduit les négociations à Évian et à Lugrin, est perçue comme une catastrophe, un cataclysme dont le GPRA aurait du mal à se relever. Comment revenir à la table des négociations affaiblis, divisés, minés par les luttes intestines ? Quel poids aurait ce gouvernement provisoire face aux représentants du général de Gaulle sans la présence de Krim ? Pour déminer la situation, on propose de consulter les cinq prisonniers détenus depuis décembre 1961 au château d'Aulnoy, en Seine-et-Marne. Après tout, ils sont aussi membres du GPRA et rien ne peut se faire sans leur caution, leur onction.

C'est ainsi que Krim se rend, sous une fausse identité mais avec l'assentiment des autorités françaises, à Aulnoy, pour rencontrer ces cinq détenus. Dans ce château du XVIIIe siècle avec son parc à l'anglaise et ses murs en pierre taillée, le négociateur en chef découvre l'existence de deux clans. Le premier est formé de Boudiaf et Aït Ahmed. Ces deux-là ne font pas confiance à Boumédiène et redoutent les prémices d'un régime militaro-socialiste que le colonel ambitionne d'instaurer une fois l'indépendance acquise. Le second est composé de Ben Bella, Khider et Rabah Bitat. Ces trois-là pensent que l'Algérie se fera avec cette armée que dirige Boumédiène, qu'elle sera socialiste et même marxiste et panarabiste. Entre ces deux clans, l'air est parfois irrespirable, la confiance inexistante, la méfiance permanente. Krim n'est pas dupe quant aux ambitions du trio. Il n'ignore pas non plus que les cinq avaient reçu secrètement au mois de décembre 1961 la visite de Bouteflika que Boumédiène avait envoyé pour leur demander de jouer les arbitres dans ce conflit qui l'oppose au GPRA. Il sait que Boudiaf et Aït Ahmed ont rabroué le *missi dominici* de Boumédiène. Il sait en revanche que ce dernier a réussi à nouer une alliance avec Ben Bella pour se partager le pouvoir après l'indépendance. Il sait aussi que Boumédiène et Ben Bella se sont parlé au téléphone peu après cette visite de Bouteflika pour sceller leur nouvelle alliance. À Aulnoy, donc, Krim n'est pas venu pour négocier une alliance avec un clan ou pactiser avec un autre. Il est là pour obtenir l'accord des cinq pour la poursuite des négociations. Qu'il préside de nouveau la délégation algérienne au mois de mars relève du bon sens. Qui mieux que lui pour conclure enfin ces pourparlers ? Le conflit avec l'ambitieux Boumédiène ? On le réglera une fois la paix signée.

Justement, le temps est venu de la négocier une bonne fois pour toutes. Après mai et juin 1961, Français et Algériens se donnent rendez-vous en mars 1962 à Évian, toujours à l'Hôtel du Parc qui avait abrité les premiers rounds des pourparlers. D'un côté comme de l'autre, on confie la mission aux mêmes hommes qui avaient déblayé le terrain un an plus tôt. Krim Belkacem côté algérien, Pierre Joxe côté français. Mais avant de se retrouver à Évian, il faudra déminer le terrain de ces obstacles qui paraissent parfois insurmontables, régler ces désaccords qui menacent de tout faire capoter. Cette opération de déminage se déroulera dans le plus grand secret du 10 au 19 février aux Rousses, au chalet « Le Yéti », à deux pas de la frontière avec cette Suisse qui joue de nouveau les bons offices. Une semaine d'intenses échanges dans ce chalet à l'abri des oreilles des journalistes aboutissent à un premier accord : la double nationalité pour une période de trois ans en faveur des Européens d'Algérie, le Sahara devient territoire algérien, les bases militaires de Reggane, In Ekker et Colomb-Béchar seront louées par un bail de cinq ans et de quinze ans pour la base navale Mers El Kébir, et enfin la représentation acquise pour des

Européens au sein des assemblées algériennes. Ce protocole conclu aux Rousses, il reste à la délégation du GPRA de le faire valider par le CNRA, le Conseil national de la Révolution algérienne, l'instance suprême qui se réunit à Tripoli du 22 au 27 février. Sans l'aval du CNRA, il n'y aura point d'accords de paix. À Tripoli, les débats sont vifs, les affrontements houleux, les échanges frisent la foire d'empoigne. C'est ici que se joue le sort de ces négociations, ici que se décide le destin de l'Algérie et de la France en Algérie. Pendant cinq jours, les membres de cet auguste conseil délibèrent sur les points discutés aux Rousses avant de passer au vote. Les résolutions négociées sont adoptées à l'unanimité sans trois voix : celles de Boumédiène et de ses deux adjoints. Le premier refuse d'entériner les documents présentés par Krim et n'accepte pas davantage de désigner un représentant de l'état-major général à l'ultime étape des négociations qui auront lieu à Évian. Cette paix qui se dessine se fera sans l'armée des frontières de Boumédiène. La rupture entre lui et le GPRA est consommée. Boumédiène avait déjà scellé en décembre 1961 une alliance avec Ben Bella ; il est donc logique que la conquête du pouvoir passe par une rupture avec le GPRA et ces négociateurs qu'il accuse de vouloir brader l'Algérie. Pendant qu'Algériens et Français négocient le sort de la colonie, l'OAS tue, plastique et terrorise qui elle veut, où elle veut, quand elle veut. Il faut à tout prix empêcher cette paix que le général de Gaulle est pressé de conclure. Chaque jour qui rapproche de cette fin inéluctable apporte son lot de malheurs et de morts. Mercredi 7 février, le domicile d'André Malraux, ministre de la Culture et fidèle parmi les fidèles de De Gaulle, à Boulogne-Billancourt, est visé par un attentat de l'OAS. Malraux en réchappe par miracle, pas la petite Delphine Renard, 4 ans et demi, qui en sort défigurée. La photo de son visage ensanglanté qui crève les manchettes des journaux renvoie le visage hideux de l'OAS. Jeudi 8 février, une manifestation se déroule à Paris pour dénoncer les crimes de l'OAS et pour la paix en Algérie. La police du préfet Maurice Papon, qui sera plus tard condamné pour crimes contre l'humanité pour avoir fait déporter des juifs dans le camp d'extermination d'Auschwitz, charge les manifestants à la station de métro Charonne. Bilan : neuf morts et des centaines de blessés. Mercredi 28 février, deux voitures explosent dans le quartier musulman d'Oran, faisant une boucherie : soixante-dix-huit victimes. La litanie des attaques, des attentats et des morts est aussi glaçante qu'interminable. À défaut de garder l'Algérie française, l'OAS la brûle dans un ultime espoir que de Gaulle fasse volte-face avant Évian. Faire plier le Général pour qu'il mette un genou à terre et cède au chantage des assassins armés et téléguidés par Raoul Salan et Jean-Pierre Susini ? C'est mal connaître de Gaulle. Alors, il dit à ses émissaires : « Finissons-en ! »

Évian, mercredi 7 mars 1962. Il est 11 heures quand les deux délégations se retrouvent à l'Hôtel du Parc pour sceller le destin de l'Algérie sous occupation française depuis 1830. Statut des Européens en Algérie, départ de l'armée française, avenir des bases militaires, souveraineté sur le vaste Sahara et ses gisements pétroliers, aide financière, technique et culturelle pour la future Algérie… Les négociateurs discutent et palabrent chaque jour jusque tard dans la nuit pour lever les équivoques, préciser demandes et exigences, aplanir les divergences. Certes, tout avait été presque finalisé dans ce chalet de montagne aux Rousses, mais ça coince encore des deux côtés. Samedi 17 mars, nouveau round. Jusque tard le soir, les délégués discutent, négocient, pèsent et soupèsent chaque phrase, chaque mot, chaque virgule, pour mettre les dernières retouches à ce document de quatre-vingt-treize pages. Exténués mais plutôt satisfaits de l'avancement des pourparlers, les membres de la délégation algérienne regagnent ce samedi-là l'Hôtel des Horizons Bleus, posé au sommet d'une colline – le lieudit Signal de Bougy –, sur la rive suisse du Léman. Pour Krim Belkacem, ce long samedi n'est pas encore terminé. À 1 heure du matin, il écrit à son ami suisse Bernard Golay pour le remercier de son accueil et de son soutien. Krim est d'une humeur optimiste. « Le travail avance, nous ne sommes pas loin de la fin, écrit-il. Une fin positive. » Et quel travail ! Et dans quelle ambiance ! Depuis l'ouverture des pourparlers le mercredi 7 mars, les tensions étaient extrêmes, les nerfs à fleur de peau, les débats interminables. Robert Buron, ministre des Travaux publics, des Transports et du Tourisme et un des principaux négociateurs français, décrira le climat de ces ultimes jours de tractations à Évian comme « désagréable, desséché, morose ». En terminant peu après 1 heure du matin de rédiger cette lettre à son ami suisse, Krim Belkacem ne sait pas encore que cette fin dont il parle est proche. Si proche, une question d'heures. Dimanche 18 mars. La tempête qui s'abat sur le lac Léman et fait gicler l'eau par rafales se calme. Devant l'Hôtel du Parc, journalistes et photographes font le pied de grue comme c'est le cas depuis le début de ces pourparlers. La délégation algérienne arrive, à son habitude, par hélicoptère avant de s'engouffrer dans le hall de l'hôtel. Les Français débarquent en voiture. Sourires, crépitements de flashs, pas de déclarations. Tout le monde est tendu, chacun pressent que quelque chose d'extraordinaire va se jouer entre les murs de cet établissement. Encore un tour de table avant de conclure. On lit phrase par phrase les quatre-vingt-treize pages du document. Tout est bon, il faut sceller l'accord maintenant. Il est 17 h 30 quand Français et Algériens se présentent devant la grande table de la salle de conférences pour le moment tant attendu : la signature. Côté français, il y a Louis Joxe,

Jean de Broglie, et Robert Buron. Côté algérien, seul Krim Belkacem s'avance pour le paraphe. Chacun appose sa signature à ce fameux document de quatre-vingt-treize pages qui met fin à cent trente-deux ans de colonisation française en Algérie. C'est alors, seulement alors, que Français et Algériens se serrent la main pour la première fois après douze jours de discussions. Le soir même, le général de Gaulle annonce la conclusion d'un accord de paix pour que les populations algériennes disposent de leur destin. Mais cette paix voulue, attendue, négociée n'est pas du même goût pour tout le monde. Visionnaire, Robert Buron prédira dans ses carnets politiques la grande terreur qui suivra la proclamation du cessez-le-feu : « Les jours qui viennent vont être des jours de folie et de sang… »

Si les opérations militaires prennent fin dès le lundi 19 mars 1962 à midi sur l'ensemble du territoire algérien, la paix est loin de prévaloir. La paix ? Jamais, proclame l'OAS. Brûler cette terre, saccager tout ce que les colons ont bâti et construit pendant des décennies plutôt que de la céder aux Algériens. Cette politique de la terre brûlée n'épargnera personne. Militaire comme civil, musulman comme européen, simple quidam comme illustre personnalité, à l'instar de l'écrivain kabyle Mouloud Feraoun, abattu d'une rafale à Alger quatre jours avant la proclamation du cessez-le-feu. Ce printemps 1962, la folie destructrice des sicaires de l'OAS plonge l'Algérie dans l'anarchie. Alors que le référendum d'autodétermination de juillet approche, le désespoir gagne les pieds-noirs qui fuient ce pays qu'ils espéraient encore garder jusqu'à la veille de ces accords d'Évian. Entre les mois d'avril et de mai, près de 500 000 Européens embarquent sur des bateaux ou à bord d'avions pour rejoindre cette métropole qu'ils n'ont jamais connue. Les pieds-noirs ne sont pas les seuls à vouloir partir. Des dizaines de milliers de harkis et de goumiers, ces Algériens qui ont décidé de servir dans les rangs de l'armée française, tentent eux aussi de fuir. Rester, c'est être condamné à une mort certaine, souvent abominable, tant la revanche des vainqueurs sera implacable. Des dizaines de milliers de harkis qui n'ont pas réussi à prendre de bateau vers la France seront traqués, débusqués, arrêtés, lynchés, égorgés, décapités, brûlés vifs, démembrés sans aucune forme de procès. Malheur aux traîtres. L'Algérie de l'après-Évian vit des heures sombres, des jours d'incertitude, des semaines de chaos. À cela va s'ajouter une autre situation chaotique qui aura pour théâtre encore une fois Tripoli, en Libye.

La réunion du CNRA à Tripoli du 22 au 27 février avait acté la rupture entre le GPRA et le colonel Boumédiène. La réunion de neuf jours qui se tiendra à la fin du mois de mai 1962 sera lourde de conséquence. Tout va se régler à huis clos et à couteaux tirés. L'aéroport de Tripoli est fermé et les reporters ont interdiction de s'approcher des lieux. Le dimanche 27 mai, tous les cadres du CNRA, ceux qui se trouvent dans les maquis comme ceux qui sont à l'étranger, se retrouvent ici à la demande d'Ahmed Ben Bella, libéré aussitôt les accords conclus. Depuis qu'il a retrouvé sa liberté après cinq ans et six mois de détention, Ben Bella ne cache pas ses ambitions : s'imposer comme le futur chef de l'État. N'a-t-il pas signé en décembre 1961 un acte secret avec Boumédiène pour unir leurs forces afin de conquérir le pouvoir et se le partager une fois l'indépendance acquise ? En insistant pour convoquer la réunion du CNRA en dépit de l'opposition de Aït Ahmed et de Boudiaf au motif que cet organisme n'a plus de rôle politique, la manœuvre de Ben Bella est plutôt claire. N'étant pas majoritaire au sein du GPRA où Krim Belkacem s'impose comme le chef de file, il entend s'appuyer sur les instances de ce CNRA où il cultive de nombreux soutiens, à commencer par Boumédiène dont la puissante armée des frontières est prête à engager le combat pour arracher de force ce pouvoir. Alors, pendant neuf jours, les différentes factions s'affrontent autour de deux ordres du jour : la composante du bureau politique du FLN et les orientations socialistes du parti. Débats houleux en plénière, tractations dans les coulisses, apartés dans les couloirs et dans les chambres, deux camps s'affrontent. Le premier est mené par Krim Belkacem, 40 ans. Le second par Ben Bella, 46 ans. Le premier refuse l'option d'un FLN parti unique, est favorable à un régime démocratique, une société laïque, multiculturelle, une économie libérale, et ne veut surtout pas entendre d'orientations socialistes ou communistes. Le second ne veut pas du multipartisme, défend un régime socialo-marxiste, une identité arabo-musulmane, l'exclusivité de la langue arabe au détriment du français. La démocratie pour le premier, la dictature pour le second. Les conflits et les tensions qui se sont accumulés au fil des jours explosent dans cette ultime réunion du mardi 5 juin. Ben Bella se chamaille avec Benkhedda, président du GPRA, autour d'une histoire de votes par procuration. Les deux hommes s'invectivent. Ulcéré, Ben Bella profère des obscénités à l'endroit de Benkhedda. Les autres congressistes se joignent à la curée en se traitant de tous les noms. Excédé à son tour par l'attitude de Ben Bella et de ses alliés, Benkhedda quitte Tripoli pour Tunis. Il est suivi par Krim, Boussouf, Bentobbal, Boudiaf, Aït Ahmed. Sur les douze membres que compte le GPRA, huit partent à Tunis. Ben Bella reste à Tripoli. À ses côtés, Boumédiène. Ces deux-là sont inséparables. Avec l'éclatement du congrès de Tripoli, le divorce entre les dirigeants de la révolution est entériné.

La suite sera sanglante.

10

Une guerre est finie, une autre commence

Dimanche 12 juin. Cinq ans et trois mois après avoir fui Alger en mars 1957 à bord d'une 2 CV Citroën, Krim Belkacem foule de nouveau le sol de son pays. Lui qui a quitté l'Algérie clandestinement pour échapper à la traque du général Massu revient dans un avion officiel. Que de péripéties dans sa vie personnelle et dans l'histoire de l'Algérie pendant ces années d'exil à Tunis et au Caire ! Ministre des Armées, ministre de l'Intérieur, ministre des Affaires étrangères, vice-président du GPRA et enfin signataire des accords d'Évian, jamais cet homme qui a pris le maquis quinze ans plus tôt n'aurait pensé revenir dans son pays auréolé de gloire. Gloire certes, mais surtout investi de cette lourde responsabilité de jouer un rôle de premier plan dans cette nouvelle Algérie. Son épouse Fathia et leurs trois enfants, Karima, Djamel-Eddine et Kawther, le rejoignent quelques jours plus tard. Depuis qu'elle a quitté elle aussi précipitamment Alger en septembre 1957 pour rejoindre son époux entre Tunis et Le Caire, Fathia revient pour la première fois sur sa terre natale et auprès de sa famille et des siens. Krim installe un premier temps sa petite famille dans la résidence du préfet de Tizi Ouzou, Akli Bellahcene, qui l'a fort aimablement mise à leur disposition. Il a fui l'Algérie en pleine guerre, il la retrouve dans la tourmente, ensanglantée par les derniers attentats de l'OAS, englué dans les luttes intestines, à deux doigts de plonger dans la guerre civile. Justement, sa première mission en arrivant à Alger est de piloter les négociations entre le président de l'Exécutif provisoire Abderrahmane Farès, Jean-Jacques Susini, numéro deux de l'OAS et Christian Fouchet, haut-commissaire en Algérie, pour l'arrêt des tueries et le désarmement des groupuscules de cette organisation terroriste. Si Krim ne participe pas directement aux négociations, sa rencontre secrète avec Jean-Jacques Susini n'aura pas moins un impact décisif sur l'issue de ces tractations qui aboutissent enfin le 17 juin à des accords verbaux. Terminée, la terreur de l'OAS ? Les irréductibles de la terre brûlée n'en ont pas fini avec les massacres. Ils signeront le 25 juin un dernier coup d'éclat avec l'incendie du port d'Oran qui se consumera pendant trois jours dans des nuages noirs d'apocalypse. L'aventure sanglante se terminera quelques jours plus tard avec les derniers commandos de l'OAS qui quittent Alger. Si le chapitre de cette organisation qui a semé la terreur se clôt, il reste un autre combat à mener. Cette fois-ci, l'adversaire n'est pas français mais algérien. Il faut réinstaurer l'autorité du GPRA, l'instance légitime qui a conclu la paix avec le général de Gaulle, et barrer la route au duo Ben Bella-Boumédiène qui entend prendre le pouvoir de force et instaurer un régime autoritaire. D'ailleurs, la radio de l'état-major général à Ghardimaou ne cesse de mener une campagne hostile à l'égard du GPRA. La propagande des hommes de Boumédiène accuse ses négociateurs d'avoir liquidé les combattants de l'intérieur, d'avoir bradé l'Algérie, d'être des pachas embourgeoisés, des mandarins avec villas et Mercedes. Durant des semaines, les combattants de l'armée des frontières stationnés au Maroc et en Tunisie et ceux restés dans les maquis d'Algérie sont matraqués avec ce discours qui vise à dénigrer le GPRA, affaiblir son autorité, saper sa légitimité et renforcer ainsi celle de Boumédiène. Mais cette rébellion ouverte a trop duré. Elle doit cesser.

C'est ainsi que les 24 et 25 juin, sur recommandation de Krim et Boudiaf, les responsables des wilayas 2, 3, 4, ceux de la zone autonome d'Alger ainsi que ceux des fédérations de France et de Tunisie se réunissent en Kabylie pour évoluer la situation du pays à l'approche de l'indépendance. Ces deux jours de réunion tournent en un procès en bonne et due forme contre cet état-major général de Boumédiène qui sape l'unité du pays. La sédition ouverte de Boumédiène et de ses hommes est d'autant plus dangereuse qu'ils ont déjà rallié à leur cause les dirigeants de trois wilayas, la 1, la 5 et la 6. Comment ne pas admettre que le travail « fractionnel et subversif » est encore plus dangereux que Boumédiène dispose de la logistique et des hommes de l'espionnage et du contre-espionnage dont le centre névralgique se situe à la base « Didouche Mourad » en Libye ? D'ailleurs, les espions de Boumédiène ne tiennent-ils pas au quotidien des fiches détaillées sur tous les ministres du GPRA ? Surveillances, filatures, écoutes, photos et films, rien n'échappe de la vie – même intime – des hommes du GPRA. L'espionnage et le renseignement, voilà des armes encore plus redoutables que la mitraillette. Comment alors stopper cet état-major général avant qu'il ne devienne incontrôlable ? Ces dirigeants qui tiennent conclave en Kabylie décident donc de se rendre à Tunis pour évoquer le cas de Boumédiène. Reçus longuement par Krim, Khider, Ben Bella et Benkhedda, ils souhaitent que le GPRA prononce la condamnation de l'état-major général pour sédition et rébellion. Krim et Benkhedda y sont favorables. Les deux autres s'y opposent. Comment Ben Bella peut-il accepter que l'on condamne Boumédiène et son armée des frontières alors que les deux hommes ont pactisé pour prendre le pouvoir ? Ben Bella et Khider protestent, refusent de saquer l'état-major général et quittent Tunis. De quoi enhardir davantage Boumédiène et ses deux adjoints qui maintiennent cette campagne contre le GPRA. C'en est trop ! Samedi 30 juin, le GPRA décide de dégrader Houari Boumédiène ainsi que ses deux adjoints Ali Mendjeli et Kaïd Ahmed et ordonne leur arrestation. Les autorités tunisiennes sont mises à contribution pour faciliter leur capture. Dans son bureau à Ghardimaou, Boumédiène sent un danger imminent. Il resterait dans sa garnison qu'il serait vite encerclé et mis aux arrêts. Sa sécurité et sa vie sont d'autant plus en danger que les Tunisiens n'ont pas oublié ni pardonné l'épisode du pilote français que Boumédiène avait refusé de livrer à l'été 1961 malgré l'insistance de Bourguiba. Devant la menace d'une arrestation, il faut absolument fuir Ghardimaou. Avec l'aide de Mahdi Chérif, officier des services de sécurité de l'état-major général, Boumédiène quitte son QG caché dans une ambulance pour rejoindre la frontière algéro-tunisienne. Dans le véhicule qui le conduit hors d'atteinte des hommes lancés à ses trousses, il est accompagné par un militaire chargé de veiller sur lui. Bien plus tard, celui-ci confiera qu'il avait songé à trois reprises à loger une balle dans la tête de Boumédiène tandis que celui-ci feignait être malade dans cette ambulance. Hors d'atteinte après avoir gagné le territoire algérien, Boumédiène trouve refuge auprès du colonel Tahar Zbiri dans les Aurès avant de reprendre son périple vers l'ouest. La partie de chasse n'est pas encore finie. Le GPRA apprend que le fugitif a rejoint le Maroc où il dispose d'une cachette. Krim s'y rend et met en place un petit commando d'hommes d'une confiance absolue. Leur mission : localiser et neutraliser le colonel fuyard. Vivant, si c'est possible. Mort, si nécessaire. Mais cette traque fait chou blanc. Dans ce Maroc où il possède mille et une complicités depuis l'époque où il dirigeait le PC d'Oujda, Boumédiène est introuvable. Où est-il caché ? Qui le protège ? Il a trouvé une cachette dans un appartement de Casablanca mis à sa disposition par son ami Messaoud Zeghar, dit Rachid Casa. Membre du MALG et marchand d'armes, Zeghar deviendra à l'indépendance un prospère homme d'affaires, un influent homme de l'ombre et un intime parmi les intimes de Boumédiène. Zeghar lui ayant sauvé la vie en ce mois de juillet 1962, le colonel se montrera d'une infinie reconnaissance envers lui. Loin de toutes ces intrigues et de ces luttes pour le pouvoir, les populations des quatre coins de l'Algérie s'apprêtent à fêter la victoire.

Dimanche 1er juillet 1962, jour de référendum. Cent cinq jours après que Krim et les émissaires du général de Gaulle ont signé les accords d'Évian, Algériens et Européens d'Algérie se rendent dans les bureaux de vote pour répondre cette question : « Voulez-vous que l'Algérie devienne un État indépendant, coopérant avec la France, dans les conditions définies par la déclaration du 19 mars 1962 ? » Sans surprise, les électeurs approuvent l'indépendance par un vote massif de 99,72 % des suffrages. Ce dimanche 1er juillet prennent officiellement fin cent trente-deux ans de présence française en Algérie. Mardi 3 juillet, Christian Fouchet remet à Abderrahmane Farès la lettre du général de Gaulle dans laquelle celui-ci reconnaît l'indépendance de l'Algérie. Cette fois-ci, l'insurrection armée qui a débuté le 1er novembre 1954 est vraiment terminée. Ce mardi, des milliers de personnes sortent défiler dans les rues d'Alger. Juchés sur des camions, sur les toits de bus, à bord de voitures, sur des motos, à pied, femmes, enfants, hommes sillonnent rues, ruelles et avenues de la ville pour fêter cette indépendance chèrement acquise. À cette euphorie populaire et à ces processions bigarrées se mêlent les unités de combattants de l'ALN restés fidèles au GPRA. Sous-lieutenant de l'armée française envoyé en Algérie quelques mois plus tôt, Jean-Paul Bois-Margnac est un témoin privilégié de ces instants exceptionnels. Son appareil photo en bandoulière, il arpente ce mardi 3 juillet les artères d'Alger pour fixer avec son objectif l'euphorie des Algériens. Les vingt-quatre clichés qu'il va tirer de ces manifestations seront les seules photographies en couleurs de ce jour de liesse. Et les festivités vont se prolonger jusqu'au jeudi 5 juillet, jour de la proclamation officielle de cette indépendance. Dans les villes, les villages, dans les douars, dans les hameaux, dans les mechtas, partout en Algérie, des centaines de milliers de personnes défilent en brandissant le drapeau vert, rouge et blanc. Ceux qui avaient rejoint les maquis redescendent parmi les leurs, ceux qui ont perdu leur père, leur fils ou leur frère les pleurent, et ceux qui sont sans nouvelles d'un être disparu – et ils sont des milliers – ne feront jamais le deuil d'un mort sans sépulture. Né en Algérie, pétainiste avant de s'engager pour la France libre, ami d'Albert Camus, farouchement opposé à cette guerre, l'écrivain et journaliste Jules Roy a lui aussi été un témoin privilégié de ces jours d'indépendance qu'il a couverts pour le magazine *L'Express*. Dans son livre *Mémoires barbares* (Albin Michel, 1989), il raconte ainsi ce 5 juillet dans cet Alger où il fait 29 degrés. « Ce fut une fête énorme, tonitruante, formidable, déchirante, d'un autre monde, décrit-il. Des hauts de la ville jusqu'à la mer, les youyous vrillaient le ciel. C'était la nouvelle lune, comme en juillet 1830, lorsque les troupes du général de Bourmont étaient entrées dans Alger. Pour nous qui partions, c'était une lune de deuil [...]. »

Une fête tonitruante certes, mais ces dizaines de milliers d'hommes, de femmes et d'enfants en liesse ne se doutent pas un seul instant que ces moments de communion et de fraternité seront très vite gâchés par des confrontations sanglantes entre deux factions rivales qui convoitent le pouvoir. En ce mois de juillet 1962, il y a déjà deux pouvoirs en Algérie. Le premier, celui du GPRA et de son président Benkhedda, est à Alger. Le second, celui de Ben Bella, est à Tlemcen. Sans troupes, sans la plupart des ministres du GPRA qui l'ont quitté pour une raison ou pour une autre, non reconnu par Ben Bella et ses affidés, Benkhedda ne pèse presque rien. Signe que son autorité s'est effritée ? Il sera empêché de tenir le 11 juillet un rassemblement populaire à Blida, sa propre ville, là où il a fait ses études et exercé comme pharmacien avant de rejoindre les rangs du PPA (Parti du peuple algérien). Ce même 11 juillet, Ben Bella s'installe à la villa Rivaud, à Tlemcen, où il sera rejoint trois jours plus tard par Boumédiène. Ils avaient scellé une alliance en décembre 1961, le moment est venu de foncer sur Alger avec les chars de l'armée des frontières. La destitution de Boumédiène de l'état-major général décidée le 30 juin par le GPRA ? Elle n'a eu aucun effet sur son autorité. Bien au contraire, toujours soutenu par les commandants des wilayas 1, 5 et 6, il tient plus que jamais les rênes de cette armée. Le commando lancé à ses trousses pour l'arrêter, l'exécuter au besoin ? Désintégré, et ses membres évanouis dans la nature. Et cette armée que le colonel tient d'une main de fer est tout à fait redoutable. Sous ses ordres, il a 38 000 hommes frais, bien habillés, bien équipés avec des armes lourdes. Cantonnés en Tunis et au Maroc derrière les lignes Challe et Morice, ils n'ont presque jamais livré de combats contre les troupes françaises. Leur chef, Boumédiène, n'a jamais tiré une balle. Ferhat Abbas dira d'ailleurs de lui quelques années plus tard : « C'est la seule guerre que Boumédiène fit. Celle de la conquête du pouvoir avec son armée des frontières. » Évidemment, aucune force ne peut résister à cette armada.

À la villa Rivaud, c'est la cour des marchandages, le souk des conciliabules, le bazar des alliances. C'est ici que Ben Bella reçoit soutiens et allégeances. Autour de lui, il y a Mohamed Khider et Rabah Bitat, les deux historiques du FLN. Il y a même Ferhat Abbas, président du GPRA de 1958 à 1961, celui-là même qui pensait que Ben Bella était si assoiffé de pouvoir qu'il marcherait sur le cadavre des siens pour y arriver. Fort de tous ces soutiens et ralliements, davantage conforté par l'appui de Boumédiène, Ben Bella s'exclame ce 22 juillet : « Le bureau politique, c'est moi. » Autant dire : l'homme fort de l'Algérie nouvelle ne saurait être que lui. Le lendemain de ce qui s'apparente à un pronunciamento de sa part, ses anciens compagnons de prison, Aït Ahmed et Boudiaf, s'installent en Kabylie où ils seront rejoints par Krim Belkacem. Pour ces trois historiques, Ben Bella et son groupe de Tlemcen veulent instaurer une dictature. Ils appellent donc à la création d'un comité de liaison et de défense de la révolution. Les premiers affrontements entre l'armée des frontières venue de Tunisie et du Maroc et les combattants des wilayas 3 et 4 ont déjà fait des dizaines de morts. Les troupes de Boumédiène occupent Constantine et Annaba. À ceux qui tentent de le raisonner, à ceux qui tentent de prévenir l'irréparable et éviter une lutte fratricide, Ben Bella rétorque : « Nous prendrons le pouvoir quel qu'en soit le prix. Quel qu'en soit le prix. » Le 25 juillet, il arrive à Alger avec les hommes qui constituent son bureau politique dont l'existence même est contestée par Boudiaf, Krim et Aït Ahmed. Il s'installe à la villa Joly, une somptueuse résidence mauresque qui tient son nom d'Eugène Joly, consul de Suisse à Alger de 1863 à 1886. Ben Bella ne reconnaît pas le GPRA, ne veut pas d'une réunion du CNRA, juge qu'il a le bureau politique entre ses mains et pense qu'il a la légitimité de diriger le nouvel exécutif qui aura pour mission d'organiser l'élection d'une assemblée constituante. Bref, pourquoi renoncer au pouvoir alors qu'il l'a déjà entre ses mains ? Qui va encore le lui disputer ? Ou plutôt, qui a encore assez de divisions pour le lui disputer ? Benkhedda est seul à Alger, Krim est en Kabylie, Aït Ahmed et Saad Dahlab sont à Genève, Bentobbal et Boussouf sont à Tunis. Ailleurs, dans le reste du pays, l'armée des frontières avance inexorablement vers la capitale au prix de dizaines de morts. C'est que seuls les combattants des wilayas 2 et 3 de la zone autonome d'Alger opposent une résistance farouche certes, mais vaine. Au cours du mois d'août qui a suivi les liesses de juillet, on dénombre plus de 1 000 morts. Révulsés par cette guerre civile et par ces querelles des dirigeants pour accaparer les postes de responsabilités et les privilèges qui vont avec, des Algériens sortent manifester dans les rues au cri de « Sept ans, ça suffit ! ». Dimanche 9 septembre, l'armée des frontières du colonel Houari Boumédiène rentre conquérante à Alger. La guerre civile est terminée. En tenue kaki, le visage émacié, la peau sur les os, le jeune colonel est debout sur une Jeep flanquée du signe ANP (Armée nationale populaire) qui a pris la place de ALN (Armée de libération nationale). Avare en émotions, Boumédiène ne savoure pas moins son triomphe. Deux jours plus tard, il retrouve Ahmed Ben Bella dans un stade d'Alger pour un meeting populaire. La longue marche que l'un et l'autre ont entreprise vient d'aboutir en ce mois de septembre 1962. Et quelle marche ! Boumédiène comme Ben Bella, on l'a dit, ont la singularité de n'avoir jamais pris part à un accrochage avec l'armée française, de n'être jamais tombés dans une embuscade, de n'avoir jamais tiré un coup de feu pendant cette guerre d'indépendance dont ils sortent les bénéficiaires. Lors de l'insurrection armée de novembre 1954, Ben Bella était réfugié au Caire. Jusqu'à l'arraisonnement de l'avion des dirigeants du FLN en octobre 1956, il a vécu entre Le Caire, Tunis et Rabat. Depuis ce détournement, il aura séjourné dans diverses prisons françaises jusqu'à sa libération le 18 mars 1962. Il lui aura fallu pas moins de cinq mois d'habiles manœuvres, de coups bas, de savants stratagèmes et de culot politique pour arriver à ses fins. Que dire de Houari Boumédiène, le taciturne, l'effacé, l'homme qui ne sourit jamais ? La victoire est encore plus éclatante pour lui. À l'automne 1955, il arrive au Maroc avec une lettre recommandée de Ben Bella. Boussouf le prend sous son aile et lui fait gravir les échelons jusqu'à devenir en janvier 1960 chef d'état-major général. Ambitieux, travailleur, visionnaire, il réorganise l'armée pour en faire un instrument de conquête du pouvoir. Pour s'imposer, il prend le risque de s'opposer au GPRA – notamment sur les accords d'Évian – jusqu'à en faire plus qu'un adversaire, un ennemi. S'il nourrit une grande appétence pour le pouvoir, il sait la contenir. Le temps est son allié. Mais, pour le moment, il faut laisser Ben Bella diriger, tout en le marquant à la culotte. Jeudi 20 septembre, la première Assemblée constituante de l'Algérie indépendante est élue. Elle sera présidée par Ferhat Abbas. Mardi 25 septembre, Ahmed Ben Bella est désigné chef du gouvernement et président du Conseil des ministres, et Boumédiène ministre de la Défense. Krim Belkacem est élu député de Tizi Ouzou. Il est monté au maquis en 1947 pour se rebeller contre la France, il devient député de l'Algérie indépendante quinze ans plus tard. Il a 40 ans. Un nouveau chapitre de sa vie et de sa carrière politique commence. Il sera de courte durée. Assez vite, Krim déchante au sujet de Ben Bella, de son projet politique, de son mode de gouvernance, de son populisme. Il sait l'ambition dévorante pour le pouvoir de cet ancien tirailleur, connaît son caractère impétueux, son panarabisme, son bigotisme, sa détestation des Kabyles, son allégeance au président égyptien Nasser et à ses services secrets, il découvrira que, sous ses costumes bien cintrés, se cache un dictateur. Et Krim n'est pas monté au maquis en 1947, n'a pas contribué à créer le FLN, n'a pas lancé l'insurrection de 1954, n'a pas fait sept ans et demi de guerre, n'a pas signé les accords d'Évian pour que Ben Bella détourne le combat d'un peuple pour instaurer une dictature, un pouvoir personnel, une économie socialo-marxiste, un parti unique, une assemblée dépouillée de ses pouvoirs. Parce que Ben Bella n'accepte pas la contradiction, ne tolère pas l'opposition, ne supporte pas la diversité d'opinion, il remplit les prisons d'opposants, les déporte dans le désert ou les pousse à l'exil. S'il est un homme qui symbolise toutes ces dérives fascisantes, c'est bien Mohamed Boudiaf. L'un des chefs historiques du FLN, compagnon de détention de Ben Bella dans les prisons françaises, ministre d'État du GPRA, il aurait pu à ces titres prétendre à diriger l'Algérie. Le voilà aujourd'hui confiné dans un camp du Sud, accusé d'atteinte à la sûreté de l'État et menacé de la peine de mort. Non, Krim n'a pas fait tous ces sacrifices pour que Ben Bella devienne un potentat. Il ne le cautionnera plus, ne se taira plus. Il va rentrer dans l'opposition. Alors qu'il est en voyage à Lausanne, il envoie le 6 septembre 1963 sa lettre de démission de l'Assemblée constituante. C'est plus qu'une lettre, c'est un réquisitoire. Politique gouvernementale catastrophique et arbitraire, liberté d'expression absente, répression, chantage, pouvoir benbelliste, Krim refuse d'être un jouet ou un complice d'une « dictature fasciste ». Il prend le chemin de l'exil. À peine un an après avoir quitté Tunis pour vivre à Alger, Krim et les siens reprennent leurs valises en ce mois de septembre 1963 pour s'installer à Versailles, dans une petite demeure avec jardin, mitoyenne à la cathédrale Saint-Louis, à deux pas du château. Sa famille à l'abri, il voyage. France, Suisse, Allemagne, Iran, Liban, Tunisie, il est constamment entre deux avions. À Lausanne, son ami Bernard Golay met à sa disposition un pied-à-terre rue de la Gare et devient même son secrétaire particulier. Il lui fait rencontrer le journaliste et écrivain français Yves Courrière avec lequel naîtront collaboration, complicité et amitié. Ensemble, ils travailleront sur les quatre tomes de *La Guerre d'Algérie*, édités entre 1968 et 1971, et qui deviendront les ouvrages de référence sur cette guerre. Si Krim a le virus de la politique dans le sang, il veut aussi faire des affaires. C'est ainsi que Golay lui présente la direction de la célèbre marque suisse de montres Longines. Le courant passe tellement bien que Krim en devient leur représentant en Algérie. Il va aussi acquérir, grâce à l'apport d'un ami, un hôtel-restaurant au 13, rue Pergolèse, à Paris, et qui deviendra son QG quand il séjournera en France. À Alger, il va aussi s'associer avec Lazare Uzan, un Tunisien de confession juive, dans la bijouterie L'Or blanc, située rue Michelet (Didouche-Mourad), les Champs-Élysées de la capitale. Pendant ce temps-là, Ben Bella n'a de cesse de lui envoyer messages et émissaires pour le prier de rentrer, de renoncer à son opposition et de revenir pour contribuer à redresser ce pays où tout reste à construire. Krim ne fait pas confiance à Ben Bella et à ses collaborateurs, mais il lui accorde le bénéfice du doute. S'il ne renie pas tout ce qu'il a dit et écrit sur cette dictature fasciste, il ne ferme pas pour autant la porte. Peut-être que Ben Bella changera avec le temps. Un an après avoir pris ses quartiers à Versailles, Krim retourne donc à Alger. L'exil n'aura été que de courte durée.

Et Ben Bella ne changera pas. Boumédiène lui réserve les oubliettes.

11

« Il nous faudra deux heures pour le destituer »

Ahmed Ben Bella ventile, disperse et fait le vide autour de lui. Ceux qui s'opposent à lui sont jetés en prison, bannis, assassinés ou forcés à la fuite à l'étranger. Boudiaf est condamné à mort en 1964 pour atteinte à la sûreté de l'État. Hocine Aït Ahmed, autre historique et fondateur du parti d'opposition Front des forces socialistes (FFS), qui lance un mouvement insurrectionnel en Kabylie, est envoyé en prison et condamné lui aussi à mort en 1964. Mohamed Khider ? En exil. Trois ans après sa prise du pouvoir, Ben Bella est devenu un autocrate qui doit encore partager le pouvoir avec Boumédiène. Entre ces deux-là, la cohabitation est devenue difficile, empreinte de surveillance, de méfiance, de calculs, de manigances, de coups bas. Pour Boumédiène, Ben Bella ne peut pas, ne doit pas régner plus longtemps. S'il avait contracté une alliance avec lui contre le GPRA pour prendre le pouvoir après juillet 1962, ce n'était pas pour que Ben Bella préside à vie. Cette alliance-là n'était donc que conjoncturelle, le temps que Boumédiène renforce ses pouvoirs au ministère de la Défense, au sein de la Sécurité militaire que dirige l'un de ses hommes de confiance, le colonel Kasdi Merbah, dans le gouvernement où siègent plusieurs de ses amis. De Ben Bella, il dit : « Nous le soutiendrons tant qu'il sera utile à l'Algérie. Le jour où il cessera de rendre service, il ne nous faudra pas plus de deux heures pour le renverser. » La dague est prête à sortir de son fourreau.

Deux épisodes racontent combien ce compagnonnage factice entre ces deux hommes. En avril 1963, le journaliste égyptien Lotfi El Khouli est l'envoyé spécial à Alger de son journal *Al Ahram*. Il est reçu par Ben Bella pour une interview à la villa Joly, la résidence présidentielle. L'entrevue se déroule en présence de Boumédiène, alors ministre de la Défense. Tandis que Ben Bella parle, il présente ce dernier à El Khouli : « Voici l'homme qui prépare des complots contre moi. » Puis il s'adresse directement à Boumédiène : « Comment vont les intrigues ? » Calme, froid, sec, le colonel répond : « Très bien, merci. » Le second épisode est encore plus éloquent. Le Caire, début de l'année 1965, sommet de la Ligue arabe. En froid depuis la guerre des Sables d'octobre 1963, Algériens et Marocains ne se parlent plus. C'est alors que le président Nasser joue les intermédiaires pour tenter de rabibocher les deux voisins. Il organise une rencontre de médiation dans une suite à l'hôtel Hilton entre Ben Bella et le roi du Maroc Hassan II. Ben Bella s'y rend flanqué de Boumédiène. En franchissant la porte, il se retourne vers celui-ci pour lui signifier d'un ton sec et humiliant, au vu et au su des autres convives : « Toi, tu n'entres pas. C'est mon appartement. » Nasser acquiesce d'un hochement de tête. « Oui, il n'a rien à faire ici... », tranche-t-il. Boumédiène pâli, bout intérieurement, mais reste flegmatique. « Je crois que, ce jour-là, le sort de Ben Bella a été scellé, racontera plus tard Hassan II à l'écrivain Éric Laurent. J'ai compris qu'il n'oublierait jamais cette humiliation. » Boumédiène n'oublie rien, ne pardonne rien.

Au mois de mai 1965, Ben Bella veut encore s'emparer de tous les leviers de pouvoir. Pour y arriver, il lui faut éliminer un par un les hommes de Boumédiène avant de régler son compte à celui-ci. Il a contraint Ahmed Medeghri à quitter le ministère de l'Intérieur et poussé Kaïd Ahmed à renoncer au ministère du Tourisme. Kaïd, connu sous le nom de commandant Slimane, est plus qu'un fidèle de Boumédiène. C'est un féal qui ne le quitte pas depuis l'époque où il était son adjoint à l'état-major général de l'armée. Kaïd Ahmed et Medeghri font partie du clan d'Oujda, du nom de cette ville marocaine où il s'est formé autour de Boumédiène, de Abdelaziz Bouteflika, de Chérif Belkacem. Cinq fidèles soudés comme les cinq doigts de la main. De ce noyau il ne reste donc désormais que Abdelaziz Bouteflika, ministre des Affaires étrangères. Si Boumédiène laisse faire Ben Bella, celui-ci va lui couper tous ses soutiens comme on couperait les ailes à une mouche. Mais l'ascétique colonel, passé maître dans l'art des intrigues, rompu aux complots, est un animal à sang froid. L'expérience lui a appris à ne jamais attaquer de front, éviter la confrontation directe, patienter, engranger et compter les soutiens et attendre que l'adversaire commette une erreur. Et frapper. Il y a du cobra chez cet homme-là.

L'erreur, c'est Ben Bella qui la commet lorsqu'il convoque Bouteflika à la villa Joly. Depuis des mois, il ne supporte plus ce sémillant ministre qui n'en fait qu'à sa tête, qui prend des décisions sans le consulter, qui le consulte peu sur des dossiers de politique étrangère. Bouteflika s'affranchit de la tutelle de Ben Bella. Et celui-ci n'apprécie guère qu'un ministère de souveraineté lui échappe. Et puis Bouteflika a l'intrigue dans l'âme, c'est un comploteur-né, un conspirateur dévoué à Boumédiène. « Dans l'intérêt du pays, tu ferais bien de démissionner », lui suggère Ben Bella tout en précisant que cet échange devra rester confidentiel. Bouteflika demande à réfléchir. Plutôt que de réfléchir, il va aussitôt tout raconter Chérif Belkacem, le cinquième pilier du clan d'Oujda. Les deux hommes s'entendent sur une seule chose : ne rien entreprendre avant de consulter leur mentor, Boumédiène, en voyage au Caire. Sa consigne à l'autre bout du fil ? Ne faites rien, restez tranquille, attendez mon retour. Dès qu'il pose un pied à Alger, Boumédiène réunit son clan à son domicile : il y a là Bouteflika, Kaïd, Medeghri et Belkacem. Dans l'atmosphère enfumée par les cigares, tous sont vent debout contre Ben Bella. « Nous lui avons offert le pouvoir sur un plateau d'argent et maintenant il veut nous exclure », maugrée Kaïd. « Ben Bella va tous nous éliminer », prévient Boumédiène. « C'est son coup d'État ou le nôtre, tranche Chérif Belkacem. Il n'est pas question d'hésiter. » Laisser faire Ben Bella sans réagir ferait courir un grand risque à Boumédiène qui connaît trop bien ce dont cet homme est capable. « Pour parvenir à ses fins, il passera sur le corps de tous ses amis », disait un jour Abane Ramdane de Ben Bella.

Début juin, Boumédiène décide de passer à l'action. Dans le plus grand secret, il s'entretient individuellement avec les six commandants des régions militaires qu'il connaît tous pour les avoir eus sous ses ordres pendant la guerre et pour les avoir nommés à leur poste après l'indépendance. Il veut s'assurer de leur loyauté, leur demander de se préparer à un événement imminent sans éveiller les soupçons. Même si Boumédiène tient en main la sécurité militaire, la police et la gendarmerie, Ben Bella a ses propres services, ses espions, ses mouchards. Se doute-t-il de quelque chose ? Se doute-t-il que Boumédiène manigance, intrigue et trame un mauvais coup ? Ahmed Ben Bella est tellement sûr de lui, tellement imbu de lui-même, tellement persuadé que le peuple l'adule qu'il écarte d'un revers de main l'avertissement d'un de ses fidèles. « Prends les devants, lui glisse celui-ci. Boumédiène et sa clique ont compris qu'ils étaient éliminés de l'armée. Ils sont décidés à agir. » Ben Bella hausse les épaules. « Ce ne sont pas des marionnettes comme ça qui sont capables de faire un coup d'État », répond-il à son hôte. Pourtant, ce coup d'État se met en place à partir des Tagarins, sur les hauteurs de la Casbah, siège du ministère de la Défense. Mais comment le destituer, à quel moment et à quel endroit ?

Un problème de taille se pose : l'agenda politique de Ben Bella. Mardi 29 juin 1965, il doit présider à Alger la conférence afro-asiatique en présence de chefs d'État et de gouvernements venus de quatre coins du monde. Un événement qui ne manquerait pas de lui conférer une aura internationale et d'asseoir davantage sa légitimité. Si les factieux venaient à attendre la fin de cette conférence pour le destituer, ils prendraient le risque d'un rejet unanime des partenaires étrangères qui refuseraient de reconnaître un pouvoir issu d'un coup d'État militaire. Ce n'est pas le bon timing. Il faut éliminer Ben Bella avant ce 29 juin. C'est l'intrigant Bouteflika qui imagine ce plan. Et c'est encore lui qui va écarter un autre plan mis sur la table. Ben Bella est attendu le 17 juin à Oran pour un grand match de football opposant l'Algérie au Brésil du roi Pelé. Grand amateur du ballon rond, joueur de l'Olympique de Marseille lors de la saison 1939-1940, Ben Bella ne raterait pour rien au monde cet événement. Un des conspirateurs suggère donc de le kidnapper à la fin de la rencontre. Déposer le président de la République dans un stade qui vient d'accueillir 50 000 spectateurs ? De la pure folie, le coupe Bouteflika. Trop de risques, trop d'inconnus, trop d'aléas. Il faut imaginer un autre scénario. Pourquoi ne pas faire simple : l'arrêter chez lui, pendant son sommeil ? Alors que Boumédiène et sa clique échafaudent leur plan, Ben Bella ne se doute pas que ses jours d'homme libre sont comptés.

Le jeudi 17 juin, à Oran, Ben Bella est un homme heureux. Très. Dans les tribunes du stade où l'équipe algérienne affronte celle du Brésil, il savoure ces quatre-vingt-dix minutes de bonheur. Et ce n'est pas uniquement ce match qui le rend détendu, léger, confiant. C'est que, avant ce match contre le Brésil, il a effectué une longue tournée dans les villes de l'Oranie où les populations lui ont réservé un accueil de rock star. Ces bains de foule dans la rue, où hommes, femmes et enfants sont réquisitionnés de force par l'Administration et les services de sécurité, Ben Bella ne s'en lasse pas. Auprès de ces hommes, de ces femmes et de ces enfants qui l'acclament, il se sent galvanisé, enivré, traîné et entraîné par la foule. Certes ces trois années à la tête de l'État ont été dures, parsemées de conflits sanglants, de différends politiques, de tensions extrêmes, mais Ben Bella croit en l'avenir. Et en sa bonne étoile.

Vendredi 18 juin. Ben Bella reçoit des reporters de *Paris Match* d'abord chez lui à la villa Joly avant de les embarquer au Club des Pins, sur le littoral ouest d'Alger, dans cette station balnéaire qui devra accueillir la conférence afro-asiatique. Il prend la pose devant le photographe, serein. Faire la une du célèbre magazine des stars, des princes et des rois est un moment de reconnaissance et de consécration pour lui. Il a de grands projets pour son pays qu'il détaille auprès du journaliste de *Match*. Alors que le soleil décline lentement sur la plage de Palm Beach, Boumédiène est au siège du ministère de la Défense, aux Tagarins, pour superviser le putsch. Il est 20 heures, l'heure de la relève de la garde quotidienne des policiers de la Compagnie nationale de sécurité (CNS) chargée de la sécurité dans et autour de la villa Joly. Discrètement, les éléments de la CNS sont remplacés par des soldats de l'armée, plus sûrs, plus loyaux. Ben Bella est encerclé, dans la nasse. Une heure après, Boumédiène arrive sur les lieux pour une entrevue avec le Président. Impassible, froid, le colonel ne laisse rien transparaître de ses émotions alors qu'il sait que son interlocuteur est déjà fini. Ben Bella lui annonce qu'il se débarrassera de Bouteflika, qu'il nommera des technocrates dans le gouvernement et qu'il réunira dans les prochaines heures le bureau politique du FLN pour faire approuver ses décisions. L'audience s'achève dans une ambiance glaciale. S'il y avait encore un doute sur la nécessité de renverser Ben Bella, celui-ci vient de le balayer d'un revers de la main. Boumédiène retourne à son bureau où l'attendent le reste des conspirateurs. Autour de lui, il y a Tahar Zbiri, chef d'état-major de l'armée, Saïd Abid, chef de la 1re région militaire, Ahmed Draïa, patron de la police nationale, tandis que les autres chefs de régions militaires attendent les ordres de leur chef. Boumédiène donne ses instructions : pas d'usage d'armes, pas d'effusion de sang, il veut Ben Bella vivant. Dans le cas où il réussirait à trouver refuge dans une ambassade étrangère, l'investir pour l'arrêter en dépit de la protection diplomatique dont bénéficient les représentations étrangères. Si Ben Bella leur échappe d'une manière ou d'une autre, c'en est fini de Boumédiène et de sa garde prétorienne. Alors que la nuit avance, des unités de l'armée prennent position dans certains quartiers d'Alger. Les rares personnes qui traînent encore dans les rues sont persuadées que ces soldats et ces chars déployés font partie de l'équipe de *La Bataille d'Alger*, le film que le réalisateur italien Gillo Pontecorvo tourne depuis quelques semaines dans cette ville. Samedi 19 juin, il est 1 heure du matin. Zbiri, Abid et Draïa se présentent à la villa Joly où le Président dort d'un sommeil profond. La porte d'entrée est défoncée, Ben Bella se réveille en sursaut et se présente en pyjama devant ces intrus qu'il reconnaît tout de suite. Zbiri lui annonce son arrestation et lui demande de ne pas faire d'esclandre. Ben Bella proteste, mais n'y peut rien. La partie est finie. On le laisse s'habiller, puis on l'embarque, menottes aux poignets, vers un lieu de détention secret où il restera deux jours avant d'être transféré dans une caserne de l'armée à une centaine de kilomètres d'Alger. Au même moment, plusieurs responsables parmi ses fidèles sont arrêtés dans plusieurs villes du pays. À l'aube de ce samedi 19 juin, le colonel Houari Boumédiène prend le pouvoir. Il a 32 ans. Il met en place le Conseil national de la révolution constitué de civils et de militaires, avec lequel il s'engage à diriger le pays. Il a reproché à Ben Bella un exercice autocratique du pouvoir, il ira encore plus loin que celui qu'il a renversé. Boumédiène sera président, Premier ministre, chef de l'armée, patron du FLN, chef de la police politique. Pour asseoir son emprise, il se montrera sans état d'âme avec ses opposants.

Surtout envers Khider et Krim.

12

Cinq balles pour Khider

Madrid, mardi 3 janvier 1967. Il est presque 20 heures quand Mohamed Khider reçoit un coup de fil de Martin Guillen, l'inspecteur de police chargé d'assurer sa sécurité. Depuis plusieurs mois, le gouvernement du Caudillo Franco a décidé de mettre à la disposition de Khider une garde rapprochée de trois hommes au vu des menaces qui pèsent sur lui. Ces menaces, les autorités espagnoles les prennent très au sérieux tant Khider n'est pas un Algérien ordinaire. Un des neuf « fils de la Toussaint », détenu dans plusieurs prisons françaises après l'arraisonnement en 1956 par l'armée française de l'avion du FLN, ministre d'État du GPRA, il compte parmi les grandes figures de la révolution. Désigné secrétaire général du FLN après l'indépendance, il s'exile en 1963 pour devenir un opposant farouche à Ben Bella et Boumédiène. Mohamed Khider a ceci de particulier qu'il est l'unique détenteur dans une banque suisse du fameux trésor du FLN dont le montant s'élève à 6 milliards d'anciens francs. Ben Bella tout comme son successeur ont engagé des tractations secrètes avec Khider, ont fait usage de menaces contre lui et entamé des poursuites judiciaires en Suisse pour tenter de récupérer ce magot sans parvenir à ébranler l'intéressé. La réponse invariable de Khider tient en une condition : il ne restituerait ce trésor qu'à un gouvernement légitime qui serait désigné par un congrès démocratique du FLN. Autant dire : jamais ! Entre-temps, il a mis une bonne partie de ces fonds au service des opposants algériens en exil. À ce titre, Khider est devenu un adversaire dangereux, un homme à surveiller de très près, une cible à éliminer. D'où cette garde rapprochée de trois policiers que dirige l'inspecteur Guillen. Sa protection est rendue d'autant plus nécessaire que Khider refuse toujours de porter une arme, comme on le lui a souvent recommandé. « Après tout, je ne suis pas un gangster », répond-il un jour à l'une de ses connaissances.

Cette nuit du mardi 3 janvier 1967, Martin Guillen demande donc à Mohamed Khider s'il compte sortir quelque part en ville, auquel cas ils se mettront lui et ses collègues à sa disposition pour assurer sa sécurité. Justement, cette soirée du ramadan du 3 janvier, il compte rester avec son épouse Zahra ainsi que son beau-frère Lakhdar Bellal dans cet appartement du cinquième étage de la rue San Francisco de Sales. La soirée ramadanesque se passera tranquille chez soi. Peu de temps après avoir raccroché avec l'inspecteur Guillen, Khider téléphone à son ami Molha Husseini, attaché militaire à l'ambassade de Syrie à Madrid, afin de prendre de ses nouvelles. Alors qu'il devait passer prendre un thé chez les Khider, le Syrien s'est décommandé en raison de son état fébrile. Qu'à cela ne tienne. Khider ira lui rendre visite, lui tenir compagnie et refaire le monde avec lui autour d'un plateau de gâteaux orientaux. Étourderie, omission ou assurance que personne ne viendrait troubler sa tranquillité à cette heure-ci de la nuit ? il ne rappelle pas l'inspecteur Guillen pour l'informer de sa décision impromptue de sortir ce soir-là. Il est 21 h 45 quand le couple Khider et Lakhdar Bellal quittent l'appartement de la rue San Francisco de Sales pour rejoindre la DS blanche stationnée en face de l'immeuble. Khider est au volant, son épouse à côté de lui, tandis que le beau-frère occupe le siège arrière. Personne ne remarque la présence d'une voiture de couleur claire garée quelques mètres plus haut, avec un homme à l'intérieur. Comme si celui-ci attendait quelqu'un ou guettait quelque chose. D'ordinaire très méfiant et toujours sur ses gardes, Khider ne prête aucune attention à ce véhicule. Qui diable viendrait le déranger à presque 22 heures et par cette nuit froide et humide ? Alors qu'il s'apprête à démarrer, une silhouette surgit de l'arrière du véhicule, s'approche de la vitre à demi baissée et se penche légèrement pour lui parler. « Je suis d'Alger, lui dit l'individu, je voudrais vous dire deux mots. Vous êtes Mohamed Khider ? » Quelque peu surpris par la présence de cet inconnu et encore plus intrigué par cette étrange demande, l'intéressé répond par l'affirmative. Comme s'il était maintenant rassuré par l'identité du chauffeur, l'étranger esquisse un sourire et lui tend sa main pour la serrer. Encore plus intrigué par cet intrus qui sourit et se montre d'un calme froid, Khider lui demande de décliner son identité. « Je veux vous dire simplement deux mots », répète l'étranger. Khider insiste pour savoir si cela est urgent et, surtout, comment il a pu obtenir l'adresse de son domicile et venir l'opportunité au milieu de la nuit. « Je l'ai obtenue par le biais de l'ambassade d'Algérie à Madrid », répond-il. Khider s'excuse en lui demandant de revenir le lendemain. Zahra Khider est également intriguée par la présence de cet étranger qui insiste pour parler à son mari. Elle se retourne en arrière et constate qu'une voiture avec un occupant au volant est stationnée quelques mètres plus loin. Comme ce conducteur attend quelqu'un ou quelque chose. Lui qui attend dans le noir, l'autre qui dit avoir obtenu l'adresse des Khider par le biais de l'ambassade, Zahra trouve tout cela louche. Elle a un mauvais pressentiment, se tient sur ses gardes. La clé sur le contact, Khider demande à cet homme debout devant la portière de lui laisser son adresse. « La voici », répond celui-ci froidement. Il met la main à la poche de son pardessus, sort un P-38 et tire. La première balle touche Khider au poignet droit. Zahra bondit sur son mari pour le protéger de son corps. Elle ouvre la portière passager et tombe au sol en entraînant son époux. Calmement, le tireur se déplace de quelques pas à gauche et lui tire un deuxième coup. Mohamed Khider, la main en sang, se relève et court pour se protéger derrière sa voiture. Le tireur le poursuit, pistolet au poing. Il s'approche de Khider et lui tire une balle dans la tête. Son corps s'affaisse mollement sur le sol. Zahra Khider se relève, court vers son mari qui gît déjà dans une mare de sang. Elle hurle : « Assassin ! Gardes ! À l'aide ! » Le tireur s'avance, déterminé. Il met un genou à terre et tire une autre balle dans la tête de Khider. Et une dernière en plein cœur. Pour ne lui donner aucune chance de s'en sortir. Il se relève et prend la fuite. Engourdie par le choc, Zahra court tout de même derrière le tueur qui bifurque dans une ruelle adjacente pour tenter de le rattraper. Celui-ci se retourne, s'arrête pour fixer sa poursuivante qui se tient à quelques pas de lui. Il la met en joue, appuie sur la gâchette. Par miracle, le P-38 percute dans le vide. Il se ressaisit, reprend la fuite, se faufile dans les rues et s'arrête dans un chantier pour se débarrasser de son arme et de ses gants noirs. Et disparaît dans la nuit noire de Madrid. De retour sur les lieux où son mari vient d'être abattu, Zahra remarque que la voiture couleur claire a disparu. Son occupant était certainement posté là pour s'assurer que le tireur avait bel et bien tué Mohamed Khider. Une riveraine, qui a assisté à la scène depuis son balcon, alerte la police qui arrive aussitôt sur les lieux. Le pouls de la victime bat toujours. Faible certes, mais Khider est vivant. Tétanisée et toujours sous le choc, son épouse refuse que les secouristes l'évacuent vers l'hôpital le plus proche. Elle redoute que le tueur et ses commanditaires, revenus déguisés en ambulanciers, ne transportent le corps pour le faire disparaître. Rassurée par les secouristes, elle accepte finalement qu'il soit évacué dans une ultime tentative de lui sauver la vie. Malgré l'intervention des médecins, Mohamed Khider rend l'âme. Le tueur qui lui a tiré cinq balles ne lui a laissé aucune chance. Zahra demande que les projectiles lui soient remis. Refus poli des médecins. Ces balles constituent des pièces à conviction dans cette enquête qui débute cette nuit même. L'annonce de la mort de Mohamed Khider passe presque inaperçue dans la presse algérienne, à l'exception d'un bref flash de la radio d'État. Aucune réaction officielle, aucun message de condoléances à la veuve. En Espagne, en revanche, l'assassinat de cet opposant fait l'effet d'une bombe. L'affaire va tourner à la crise politique entre Madrid et Alger. Crime crapuleux ou crime d'État ? Le premier à évoquer un crime télécommandé d'Alger est Hocine Aït Ahmed, fondateur du parti d'opposition FFS, beau-frère de Mohamed Khider, exilé lui aussi en Europe. Il assure au journal *Le Monde* connaître l'identité du commanditaire. « J'accuse Boumédiène et sa maffia d'avoir perpétré ce lâche et ignoble attentat, affirme-t-il deux jours après les faits. Ce crime jette une lumière brutale sur la nature d'un régime dont les seuls fondements sont l'illégalité, la terreur et le gangstérisme politique. » Quels indices ou quelles preuves détient-il pour accuser le président algérien ? À ce stade de l'accusation, l'enquête ne fait que commencer. Mohamed Khider est enterré le vendredi 6 janvier 1967 dans un cimetière de Casablanca en présence de nombreuses personnalités marocaines et de deux proches collaborateurs du roi Hassan II. Devant sa tombe, il y a également Boudiaf et Krim, deux autres historiques du FLN. Alors qu'on recouvre de terre le cercueil de

Khider, un ami de longue date se penche vers Krim pour le prévenir : « Prends garde à toi, Krim ! Un jour ou l'autre, ton tour viendra… » Krim ne prête pas attention à la mise en garde. Pour le moment, il n'est pas en exil, ne s'oppose pas au régime de Boumédiène, même s'il trouve que celui-ci marche sur les pas de Ben Bella.

La justice espagnole prend très au sérieux cette affaire et confie l'enquête au juge Munoz Alvares, réputé rigoureux, tenace et méticuleux. Dans la nuit même, le magistrat se rend sur les lieux de l'attentat ainsi qu'à la morgue pour examiner la dépouille. Ses constatations préliminaires donnent les premiers indices sur l'orientation que prendraient ses investigations. Le corps de la victime présente quatre orifices dont un au bas de la mamelle gauche, près du cœur. C'est l'impact de la cinquième balle tirée par le tueur. Il s'agit d'un professionnel du crime qui tue avec sang-froid, conclut-il. Ce n'est pas un petit truand, pas un voleur à la tire ou un désaxé, mais un individu qui a certainement agi pour le compte de quelqu'un d'important, au service d'une institution ou d'un organisme. L'enquête progresse rapidement lorsqu'un ouvrier maçon se présente dans un commissariat pour y déposer une arme et les gants noirs qu'il a retrouvés sur un chantier. L'expertise balistique révèle qu'il s'agit de l'arme avec laquelle Khider a été exécuté : un Parabellum puissant qu'on retrouve souvent dans les armureries de la police et de l'armée. Grâce aux descriptions livrées par la veuve et le beau-frère, un portrait-robot est diffusé à grande échelle dans les commissariats, dans les aéroports et les postes frontaliers avec la France. On recherche un homme de type maghrébin, la trentaine, 1,70 mètre environ, cheveux noirs légèrement ondulés, regard fixe. Les investigations se concentrent tout naturellement sur les milieux algériens à Madrid que les policiers savent particulièrement infiltrés par les services secrets d'Alger. Leurs efforts vont très vite payer : ils mettent la main sur un dénommé George Attila Kaposi. Dans les fiches de la police madrilène, il existe un dossier dans lequel figure le nom de Kaposi. C'est Khider lui-même qui le mentionne dans une note qu'il a adressée le 1er janvier 1966 à la direction générale de sûreté espagnole pour l'informer des menaces de mort qui pèse sur sa personne à travers ce Kaposi ainsi que *via* un autre individu du nom de Luis Sanchez. D'origine hongroise, Kaposi a servi dans la Légion étrangère française pendant la guerre d'Algérie. À l'indépendance, il est cantonné dans la base navale de Mers El Kébir, près d'Oran. Arrêté par la sécurité militaire après une virée qui a mal tourné, il est incarcéré durant plusieurs mois avant d'être retourné pour devenir indic au service du régime de Ben Bella. En août 1964, Kaposi est envoyé à Lausanne avec comme mission d'entrer en contact avec Khider. Se présentant comme trafiquant d'armes, Kaposi propose à Khider de lui vendre des armes qui serviraient contre le pouvoir. Le plan de Kaposi et de ses mentors est le suivant : dès que Khider acceptera d'acheter ces armes, les autorités algériennes se précipiteront pour le dénoncer devant le gouvernement suisse qui ne manquera pas de l'expulser. Méfiance du vieux baroudeur, prudence de Sioux, Khider décline l'offre, non sans remarquer que le Hongrois est cornaqué par deux agents de la sécurité militaire. De retour à Alger, Kaposi est de nouveau jeté dans une geôle d'où il ne sortira que pour une nouvelle mission d'un autre acabit. Entre-temps, Ben Bella est renversé par Boumédiène. Certes le régime a changé de tête, mais la volonté de récupérer coûte que coûte le trésor du FLN que détient Khider n'a pas changé. Remis en liberté en 1966, George Attila Kaposi est missionné cette fois-ci pour infiltrer des groupuscules chargés d'éliminer physiquement des opposants algériens à l'étranger ou de procéder à leur enlèvement. Pour cette nouvelle mission, on demande à Kaposi de faire équipe avec un certain Luis Sanchez. Un barbouze, celui-là, qui a servi sous le régime du dictateur Rafael Trujillo qui régna sur la République dominicaine de 1942 à 1952. Sanchez est ingénieur en topographie maritime, capitaine de corvette. Il était chef de la police de la ville de Saint-Domingue sous Trujillo dont la police politique, le SIM (Servicio de inteligencia militar), pratiquait à échelle industrielle espionnage, surveillance, persécution, torture et liquidation physique à l'intérieur comme à l'extérieur du pays. À la chute de Trujillo, Sanchez débarque en Algérie où il propose ses compétences aux responsables algériens pour former les éléments des renseignements généraux qui relèvent de la police. Fort de son expérience comme serviteur du tyran dominicain, Sanchez leur offre également ses services pour monter des commandos chargés de traquer, d'enlever et de neutraliser des opposants à l'étranger. Ayant décliné l'offre de travailler avec Sanchez pour organiser l'enlèvement de Mohamed Khider à Madrid, Kaposi est expulsé d'Algérie et se retrouve à Madrid où il entre en contact avec Khider pour l'informer du projet du gouvernement algérien de procéder à son rapt. Toutes ces péripéties, ces menaces qui pèsent sur sa vie et les intentions funestes des autorités algériennes, tout cela, Khider en a rendu compte dans cette note envoyée à la police espagnole ce 1er janvier 1966. C'est cette note qui permet maintenant aux enquêteurs de mettre la main sur Kaposi.

Interrogé avant d'être placé sous mandat de dépôt, il affirme que l'assassinat de Khider pourrait être organisé par un certain Rabah Boukhalfa, attaché culturel à l'ambassade d'Algérie à Madrid. Il donnera par ailleurs moult détails sur ce diplomate, sur ses accointances, sur ses liens avec l'exécution de Khider. Mais qui est ce Boukhalfa ? Ancien officier du MALG (ministère de l'Armement et des Liaisons générales), ancêtre des services de renseignements algériens, il s'est reconverti après l'indépendance comme commissaire de police à Oran et à Tlemcen. On dit qu'il est ami avec Boumédiène ainsi qu'avec le chef de la police, le colonel Ahmed Draïa. À l'époque où il était commissaire, Boukhalfa avait gagné le sobriquet de « Titus » et une réputation de tortionnaire. L'espion espagnol Luis Manuel Gonzalez-Mata, dit « le Cygne », qui avait travaillé comme conseiller politique de Ben Bella, raconte dans ses mémoires avoir été personnellement torturé par Boukhalfa après être tombé entre les mains de la sécurité militaire. En mai 1965, Boukhalfa est nommé attaché culturel au sein de l'ambassade d'Algérie à Madrid. Sous couvert de ce statut qui lui assure l'immunité diplomatique pour un poste pour lequel il ne présente aucune aptitude intellectuelle, l'homme a d'autres tâches non avouables. Kaposi assure aux enquêteurs que les véritables missions de Boukhalfa sont le renseignement, la surveillance et l'infiltration des milieux algériens hostiles au gouvernement de Boumédiène. Il a d'ailleurs proposé à maintes reprises à Kaposi de surveiller en permanence Khider et Aït Ahmed. Vantardise ou imprudence ? Boukhalfa va même jusqu'à confier à Kaposi qu'il serait promu chef du bureau de sécurité en Espagne, au Japon, en Hongrie ou en Allemagne. Enfin, Kaposi révèle que, lors de ses fréquentes rencontres avec Boukhalfa, celui-ci était souvent accompagné d'un individu de type maghrébin, maigre, cheveux légèrement ondulés, 1,72 mètre, regard fixe. Le même individu qui figure sur le portrait-robot diffusé par la police ? Kaposi ne peut pas être affirmatif, mais les ressemblances sont trop frappantes. L'attaché culturel de l'ambassade d'Algérie à Madrid connaissait donc le tueur présumé ? Très troublant. Kaposi ajoute un autre détail encore plus troublant : il reconnaît la voiture Opel 1700 de couleur beige clair avec un toit noir qui était garée à proximité du lieu du crime, la veille et le jour où Khider a été exécuté. Et à qui appartient cette Opel 1700 ? À Rabah Boukhalfa. Maintenant que les soupçons s'orientent vers ce diplomate algérien, l'affaire est à manier comme de la nitroglycérine. Quels liens entretient l'attaché culturel algérien avec le présumé assassin ? A-t-il agi pour de l'argent ou pour un mobile politique ? A-t-il été missionné par ses supérieurs pour organiser l'exécution de Khider ? A-t-il rendu compte de son projet à sa tutelle, le ministère des Affaires étrangères que dirige Bouteflika, proche collaborateur et confident de Boumédiène ?

Jeudi 5 janvier, deux jours après le crime, Boukhalfa est auditionné par la police. Ses réponses sont évasives. L'assassinat de son compatriote ? Il en a appris la nouvelle en lisant la presse espagnole. Connaît-il Kaposi ? Il est en contact avec lui depuis 1964. Lui a-t-il proposé de surveiller Khider et Aït Ahmed ? Jamais. Connaît-il Luis Sanchez, l'ex-officier de la sûreté dominicaine qui avait proposé à Kaposi de le rejoindre dans une opération commando pour enlever Khider à Madrid ? Jamais entendu parler de lui. Connaît-il l'homme qui figure sur le portrait-robot et qui pourrait être le tueur présumé ? Il lui arrive de boire un verre avec un ami dont les traits ne ressemblent pas « entièrement » à l'individu sur la photo. L'attaché culturel dit n'être concerné ni de près ni de loin par ce dossier qui sent le soufre. Mais la police et le juge d'instruction ne sont pas de cet avis. Ce diplomate a forcément des choses à cacher, des secrets à ne pas divulguer, des personnes à protéger. Samedi 7 janvier, nouveau rebondissement lorsque les policiers interrogent un certain Janos Mlinar, autre connaissance de Kaposi. Mlinar connaît Boukhalfa, connaît ses habitudes dans un café de Madrid, et il lui arrive même de faire la fête avec lui en galante compagnie. Mlinar raconte que l'attaché culturel algérien, un jour où il était prétendument dans une mauvaise posture financière, a exhibé un pistolet P-38 qu'il lui a proposé de vendre pour se faire un peu d'argent. Mlinar a refusé. Boukhalfa était donc en possession d'un P-38, la même arme qui a servi à tuer Khider ? Décidément, ce diplomate est de plus en plus louche. Il y a trop d'éléments qui semblent le lier directement à cet assassinat.

Dans l'après-midi du dimanche 8 janvier, au lendemain de l'enterrement de Khider, des policiers perquisitionnent le domicile de Rabah Boukhalfa. Ils y font une étonnante découverte : un pistolet Beretta avec une balle engagée dans le canon. L'intéressé est interrogé au siège de la brigade, cette fois-ci en présence de l'ambassadeur d'Algérie en Espagne. Pourquoi une telle arme chez lui ? Il explique l'avoir rapportée la veille du siège de l'ambassade car il craignait pour sa vie conséquemment à l'exécution de son compatriote. Peu de temps après la fin de l'audition de Boukhalfa, l'ambassadeur algérien émet une vive protestation, rappelle que l'attaché culturel jouit de l'immunité diplomatique et précise qu'il est du devoir du gouvernement espagnol d'informer officiellement le gouvernement algérien des soupçons qui pèsent sur un élément quelconque relevant de l'autorité de l'ambassade d'Algérie à Madrid.

Le juge d'instruction ne se laisse pas démonter par ces protestations. Lundi 9 janvier, il adresse une requête au même ambassadeur pour lui demander de faire le nécessaire afin que Boukhalfa comparaisse devant le tribunal mardi 10 janvier pour y faire une déposition. Panique à Alger. Si l'attaché culturel venait à comparaître, il risquerait de faire des révélations explosives impliquant des personnalités du régime. Il ne faut surtout pas qu'il apparaisse devant un tribunal. La réponse ne se fait pas attendre. Lundi 9 janvier, le chef de la diplomatie algérienne ordonne que Rabah Boukhalfa soit soustrait à la justice espagnole en raison de son immunité diplomatique.

Le refus de faire comparaître celui qui semble être très lié à l'assassinat de Khider n'empêche pas l'enquête de progresser. Notamment lorsque la police auditionne à deux reprises un certain Isaac Elias Cohen, dit Pepe El Moro. Un personnage peu recommandable, ce Pepe. Né au Maroc en 1910, il a exercé comme concierge dans un hôtel à Madrid avant d'ouvrir une bijouterie qui lui a permis d'amasser une petite fortune. Cela ne l'a pas empêché de collectionner les antécédents judiciaires pour des affaires de viol, de vol, de trafic de faux chèques, de faux dollars et de faux papiers. Pepe El Moro est en affaires depuis cinq ans avec un ressortissant algérien dénommé Youssef Dakhmouche, avec lequel il est associé dans une bijouterie. On ne sait comment ce Dakhmouche et El Moro en sont venus à faire commerce ensemble, mais toujours est-il que cet associé algérien fréquente assidûment l'ambassade d'Algérie à Madrid. Il est d'ailleurs tellement présent dans les murs de cette représentation diplomatique que l'on peut l'y joindre à toute heure. Pepe El Moro donne une révélation de taille aux enquêteurs : c'est Youssef Dakhmouche qui lui a présenté Rabah Boukhalfa. Pepe ajoute que ce dernier est très ami avec Dakhmouche, qu'il le protège et qu'il veille à ce qu'il ne force pas trop sur la boisson dont il fait un usage un peu trop immodéré. Ainsi, Boukhalfa connaît trop bien ce Dakhmouche et semble être son protecteur. Tout aussi troublant, les signalements physiques de Dakhmouche correspondent parfaitement au portrait-robot du tueur présumé. Il aura fallu aux enquêteurs et au magistrat enquêteur dix-huit jours pour reconstituer le puzzle de l'assassinat, identifier Youssef Dakhmouche comme l'auteur présumé des tirs ayant tué Khider et retracer son parcours et les jours qui ont précédé son passage à l'acte. Samedi 21 janvier, la justice espagnole inculpe officiellement Youssef Dakhmouche pour l'assassinat de Mohamed Khider, ordonne son arrestation et lance un avis de recherche contre lui *via* Interpol. Mais qui est Youssef Dakhmouche ?

Ancien élément du MALG qui s'est reconverti dans le commerce de bijoux après l'indépendance, l'homme est connu des services algériens pour ses multiples truanderies, notamment dans la fausse monnaie. On ne sait pas exactement dans quel nouveau trafic il baigne, mais il se retrouve derrière les barreaux. En juin 1966, Youssef Dakhmouche est libéré grâce à l'intervention de Rabah Boukhalfa dont il ne faut pas oublier qu'il était commissaire de police et très introduit dans les arcanes du pouvoir. Grâce à un passeport délivré là encore sur intervention de Boukhalfa, Dakhmouche arrive en Espagne et continue son partenariat avec Pepe El Moro. Sous couvert de ce business, il travaille en réalité pour le compte de Boukhalfa qui l'a chargé de surveiller les moindres déplacements de Khider ainsi que ceux d'autres opposants algériens en Espagne. Et même ailleurs. Le 7 décembre 1966, Khider s'envole pour la Suisse pour affaires. Dakhmouche s'y rend le même jour pour ne pas le lâcher d'une semelle et envoyer des rapports quotidiens à son officier traitant à l'ambassade d'Algérie en Espagne, qui n'est autre que Boukhalfa. À Madrid, Dakhmouche n'a bizarrement pas de domicile fixe. Quand il ne descend pas dans un hôtel, il séjourne dans des pensions et sort tous les soirs pour claquer son fric. Il fait d'ailleurs parfois la noce avec Boukhalfa qui le surveille de près et demande régulièrement de ses nouvelles. Peu de temps après son retour de Genève où il espionnait Khider ce mois de décembre 1966, Dakhmouche disparaît dans la nature. Pas de message, pas d'appel, pas de signe de vie. Inquiet, Boukhalfa remue ciel et terre pour le retrouver. Il demande même à Pepe El Moro d'alerter la police pour signaler la disparition de son barbouze. Là encore, nulle trace de Dakhmouche. Celui-ci finira par réapparaître le 21 décembre. Huit jours plus tard, il rencontre pour la dernière fois son associé Pepe El Moro pour lui réclamer de l'argent et lui annoncer qu'il part pour un long voyage. Il indique qu'il enverra plus tard une de ses connaissances récupérer une autre somme d'argent. Dans le cas où El Moro refuserait de payer, il lui logerait facilement une balle dans la tête. Sans remords, sans état d'âme. Soucieux de ne plus jamais le perdre de vue, Boukhalfa décide donc de loger Dakhmouche dans son propre appartement jusqu'à la nuit qui précédera l'exécution de Khider. À Pepe El Moro, Youssef Dakhmouche disait vrai à propos deux choses. Qu'il partait pour un long voyage et qu'il lui coûterait peu de tuer. Vendredi 6 janvier, trois jours après l'exécution de Khider, Dakhmouche quitte le territoire espagnol pour se présenter devant le poste frontalier de Menton. Aux gardes-frontières français qui l'interrogent, il se dit commerçant et affirme se rendre en Toscane pour affaires. En Italie, il séjourne momentanément à Milan avant de passer en Suisse. De là, Interpol perd sa trace. Et la justice espagnole aussi. Youssef Dakhmouche entre en Algérie. Et disparaît. Selon l'espion espagnol Luis Manuel Gonzalez-Mata, il est mort au cours de manœuvres militaires organisées dans une caserne à Sidi Bel Abbès, dans l'Ouest algérien. Il aurait trébuché sur une pierre avant d'être écrasé par un char. Il part en emportant ses secrets dans la tombe.

Pourquoi Khider a-t-il été assassiné ? Ce fameux trésor du FLN qu'il détenait pourrait-il expliquer sa liquidation ? C'est peu dire que l'affaire de ce magot est une histoire rocambolesque entre Alger, Madrid, Paris, Genève et Lausanne. Tout commence à Alger à l'automne 1962. Le bureau politique du FLN charge Khider de récupérer les fonds qui ont été déposés durant la guerre de libération dans diverses banques étrangères. Dans ces comptes, il y a les fonds que possédait le GPRA dans certaines banques arabes ainsi que l'argent des fédérations du

FLN. De ses voyages dans plusieurs pays arabes, Khider récupère 3 milliards d'anciens francs qu'il dépose à Beyrouth. Il récupère également 1 milliard et demi d'anciens francs de la Fédération de France du FLN qu'il dépose en octobre 1962 à la BCA (Banque commerciale arabe) à Genève. L'ensemble de ces fonds sont ainsi déposés au nom personnel de Khider. Jusque-là, il n'y a pas d'affaire, pas de contentieux. Ben Bella et Khider, qui s'étaient alliés en 1962 pour conquérir le pouvoir, divergent sur de nombreux points, notamment sur la place du parti FLN, sur l'orientation socialo-marxiste du régime, sur la place de l'armée. De plus en plus ulcéré par la gestion autocratique de son allié de président, Khider démissionne en avril 1963 et part s'installer en Suisse tout en gardant la main sur ce trésor du FLN. Ben Bella ordonne alors à la BCA de bloquer les fonds déposés par Khider et demande à ce dernier de les restituer. La guerre commence. Il refuse et entend utiliser une partie de cet argent pour financer des organisations palestiniennes ou les maquis de Hocine Aït Ahmed qui avait lancé un mouvement armé en 1963 contre Ben Bella. En juillet 1964, ce dernier engage alors des poursuites judiciaires en Suisse pour tenter de récupérer le magot. Parallèlement, Ben Bella ouvre des discussions secrètes avec Khider pour trouver une issue au contentieux. C'est ainsi qu'il charge Mohamed Lebjaoui, une des figures de la révolution, ainsi que le banquier suisse François Genoud, de négocier avec Khider. À l'issue de ces discussions *via* ces deux émissaires, les deux parties concluent un deal. Khider accepte de restituer 2,5 milliards de francs contre des garanties politiques de la part de Ben Bella. Le deal tombe à l'eau en juin 1965 après le coup d'État militaire qui a porté Boumédiène au pouvoir. À la suite de cela, la justice suisse accorde un délai de trois mois au nouveau maître d'Alger pour cesser ou poursuivre les poursuites engagées par son prédécesseur. Au terme du délai et sans réponse, la justice suisse lève les séquestres qui frappent le compte détenu par Khider à la BCA. Les fonds vont servir en partie à financer les mouvements d'opposition au nouveau régime qui ne diffère guère de son celui qui a été renversé. En septembre 1965, Boumédiène charge Messaoud Zeghar, son ami personnel et homme d'affaires chargé de dossiers sensibles, d'entrer en contact avec Khider pour négocier la restitution du trésor. Lors d'une rencontre à Genève, il affirme à l'émissaire de Boumédiène sa volonté de régler ce dossier qui lui empoisonne la vie. Les deux hommes décident de poursuivre leurs discussions. Réputé pour ne jamais mettre ses œufs dans le même panier, Boumédiène charge deux autres émissaires, son ami Chérif Belkacem et un officier de la sécurité militaire, d'entrer en pourparlers avec Khider. L'intéressé explique aux deux *missi dominici* qu'il est prêt à restituer les fonds et rendre des comptes devant un congrès du FLN qui réunirait tous les responsables à Alger. Avec Boumédiène comme avec Ben Bella, Khider conditionne la restitution de ces milliards à la mise en place d'un gouvernement démocratique issu d'un congrès démocratique du FLN. Autant demander la lune. Boumédiène ne donne pas suite aux négociations. En mars 1966, devant les cadres du FLN, il attaque violemment Khider – sans le nommer – en le qualifiant de voleur et promet que l'État fera tout pour récupérer ce trésor du FLN. Le refus de Khider de restituer cet argent ainsi que la volonté du pouvoir de le récupérer coûte que coûte sont-ils des raisons suffisantes pour ordonner son assassinat ? L'hypothèse n'est pas farfelue. Peu de temps avant sa mort, Khider rencontre Krim Belkacem ainsi que Mohamed Lebjaoui à Madrid en vue de former un gouvernement en exil. Informé par ses espions et ses agents secrets du moindre mouvement des opposants, Boumédiène ne pouvait ignorer une telle initiative de la part des trois anciens dirigeants de la révolution. Une telle initiative politique pourrait être d'autant plus menaçante pour lui que Khider a toujours affiché sa volonté de consacrer une partie de ses fonds au financement de l'opposition en exil. Cela pourrait-il expliquer la décision de l'éliminer ? Là aussi, l'hypothèse n'est pas dénuée de sens. Khider étant une figure de la révolution, ministre d'État du GPRA, ex-secrétaire général du FLN et bien sûr seul détenteur de ce trésor, son assassinat n'a pu être décidé et organisé par un attaché culturel à l'ambassade d'Algérie à Madrid seul. Compte tenu de toutes ces considérations, il est invraisemblable de penser que Boumédiène a été tenu dans l'ignorance du plan qui a abouti à l'assassinat de Khider. Aucun organe des services de sécurité, aucune autorité, aucun responsable ne pouvait se rendre responsable d'une telle initiative visant à éliminer Khider sans avoir obtenu la couverture politique nécessaire. Boumédiène a-t-il ordonné l'assassinat de Khider ? Au début des années 1970, il rencontre à Alger sa veuve Zahra Toudert. Il se dédouane de ce crime d'État avec cette phrase : « Ma sœur Zahra, il n'y a que le bien entre Khider et moi. » Ironie du sort, six mois avant d'être achevé d'une balle dans le cœur sur la rue San Francisco de Sales à Madrid, Khider s'épanche dans une interview à l'hebdomadaire égyptien *Rose El Youssef* sur les menaces de mort qui pèsent sur sa vie. « Je ne pense pas que le gouvernement algérien prendra l'initiative d'une opération semblable à l'assassinat du leader tunisien Salah Ben Youssef [assassiné en Allemagne en août 1961 sur ordre du président Bourguiba], répond-il doctement. Mais il existe certaines personnes qui désirent obtenir de moi certaines choses particulières. Ce sont ces personnes qui pourraient devenir dangereuses tant pour moi que pour ma famille. » L'assassinat de Khider est le premier crime d'État commis contre un opposant algérien à l'étranger. En assistant le vendredi 6 janvier 1967 aux obsèques de Khider, Krim sait ce qu'il coûte à ceux en exil qui s'opposent au régime.

Lui aussi sera vite poussé à l'exil.

13

La fuite au Maroc

Alger, vendredi 4 août 1967. Krim Belkacem est dans sa villa d'El Biar, sur les hauteurs d'Alger, lorsqu'il reçoit la visite impromptue de Akli Bellahcene, ancien préfet de Tizi Ouzou et secrétaire général de l'université d'Alger. La venue ce soir de cet homme dont Krim sait qu'il fraie avec les services spéciaux au point qu'il le soupçonne d'être un de ses agents ne présage rien de bon. La première impression du propriétaire des lieux ne tardera pas à se vérifier. Bellahcene est porteur d'un message, ou plutôt d'une mise en garde. Krim doit quitter le pays sans tarder car il est sur le point d'être arrêté. Peut-être même ce vendredi. Qui peut bien lui en vouloir au point de procéder à son arrestation ? Pour quels motifs ? Boumédiène ? La sécurité militaire de Kasdi Merbah ? La police du colonel Ahmed Draïa ? La gendarmerie du colonel Bencherif ? Si son hôte impromptu n'en sait pas plus, Krim connaît assez les pratiques du régime pour prendre cette menace au sérieux. On n'est jamais trop prudent avec ces dirigeants, leurs agents secrets et leurs policiers qui peuvent ordonner une perquisition sans mandat, arrêter un individu sans la procuration d'un magistrat, emprisonner sans jugement, tuer et faire disparaître sans état d'âme. Il faut donc quitter l'Algérie avant qu'un malheur n'arrive. Partir, oui, mais où et comment ? Prendre l'avion pour la France, la Suisse, l'Allemagne ou le Maroc est trop risqué. Impossible d'échapper à la vigilance et à la surveillance des policiers et des sbires de la sécurité militaire qui grouillent dans l'enceinte de l'aéroport d'Alger. Il ne reste alors qu'à fuir par la route vers la frontière tunisienne ou marocaine en espérant déjouer la vigilance des services. Partir, oui, mais de préférence la nuit pour ne pas éveiller les soupçons, pour déjouer cette surveillance. Les agents en civil qui campent autour de sa villa d'El Biar dans la journée ont tendance à lever le pied le soir venu.

À peine son hôte est-il reparti que Krim réunit son épouse Fathia, ses beaux-parents et son beau-frère Lounis pour les informer de la nouvelle sans entrer dans les détails. Surtout ne pas créer un climat de peur, ne pas céder à la psychose, ne pas provoquer de stress pour les enfants. La famille doit quitter Alger ce soir. « Il faut tout laisser, dit Krim à son épouse. Ne rien prendre, que des petits vêtements. Et ne prends pas tes bijoux. » Documents, bijoux, photos, livres, objets précieux, meubles... Il faut tout laisser à la maison qui sera bien gardée par les beaux-parents. Même Clodo, ce chien berger ramené d'Allemagne et que les enfants adorent plus que tout, restera ici. Et puis, ce départ précipité ne sera que momentané. Le temps que la menace s'estompe, le temps que Krim en sache davantage sur celui ou ceux qui en veulent après lui, le temps de connaître les motifs de cette arrestation dont Bellahcene dit qu'elle est imminente. Tout rentrera alors dans l'ordre. Comment expliquer aux quatre enfants, Karima, Djamel-Eddine, Kawther et Laïth, âgés entre 10 mois et 5 ans, qu'ils doivent quitter précipitamment Alger et tout laisser derrière eux ? Comment expliquer aux quatre enfants qui fréquentent l'école des sœurs chrétiennes « La Sainte Famille » d'El Biar et possèdent des amis dans le quartier qu'ils doivent tout abandonner du jour au lendemain ? Depuis que la famille s'est installée dans cette villa en 1963, la vie est paisible, simple, heureuse. La résidence n'est pas un palace, mais elle est coquette. Un étage qui a une vue imprenable sur la baie d'Alger, un grand salon et une salle à manger avec des vitraux, deux vastes chambres, une cave, une véranda, une femme de ménage, Mouna, un jardinier, Bouyali, pour entretenir un grand jardin où trône un majestueux palmier, un garage, une niche pour l'imposant Clodo, cette villa est un havre de paix. C'est ici que Krim retrouve les siens entre deux avions et une virée dans ses terres en Kabylie. C'est ici qu'il reçoit ses invités. Et du monde, il en a reçu. Des personnalités politiques algériennes, des compagnons d'armes, des députés, des diplomates accrédités à Alger et des hôtes de l'Algérie qui souhaitent prendre un thé avec cet historique du FLN, le ministre des Affaires étrangères du GPRA, le diplomate qui a connu Khrouchtchev, Mao, Tito ou encore Bourguiba, l'homme qui a paraphé les accords d'Évian. Même Che Guevara qui a séjourné deux fois en Algérie a tenu à venir fumer son cigare dans ce salon et rencontrer cet homme qui a tant donné pour l'indépendance de son pays. Partir d'ici, un crève-cœur pour tout le monde. Comment expliquer aux enfants qu'ils doivent tout abandonner du jour au lendemain ? Il ne faut rien dire, justement. « Nous allons partir en vacances », dit Krim à ses enfants. Où ? Au Maroc.

Il est minuit quand Krim, son épouse et le beau-frère chargent les valises dans le coffre de la Volkswagen coupée que le propriétaire des lieux a achetée en Allemagne. Autour de la villa, par cette nuit moite d'août, plus aucune trace de ces sbires des services qui font le guet toute la journée. Au volant, avec à côté de lui son arme qu'il ne quitte jamais, Krim roule vers la frontière qu'il atteint au lever du jour. À l'entrée du poste frontalier, c'est le saut dans l'inconnu. Et si ces policiers avaient déjà son nom affiché sur l'un des murs de ce poste ? Et si quelqu'un à Alger avait sonné l'alerte en constatant que la famille avait pris la fuite ? Et si ceux qui étaient chargés de l'arrêter s'étaient présentés devant cette villa et avaient signalé son absence ? Krim présente ses papiers au policier en faction. L'homme au volant ne fait pas l'objet d'un mandat de recherche, mais il n'est pas un inconnu. Qui ne connaît pas Krim Belkacem, même de nom ? Un des policiers décroche son téléphone et appelle sa hiérarchie. Commence alors l'attente sous un soleil qui cogne déjà à cette heure matinale. L'attente est interminable, l'angoisse noue l'estomac. Et si l'ordre de l'arrêter tombait, à l'autre bout du fil, à Alger ? Et si l'on demandait à la police des frontières de faire patienter le véhicule en attendant les renforts pour coffrer Krim ? Il cogite. Dans ce *no man's land* entre l'Algérie et le Maroc, tout peut arriver. Sa carrière et sa vie peuvent s'arrêter là, ce matin du samedi 5 août, devant cette guérite. Pour assurer sa sécurité et celle des siens, il est capable de tout. Mais que peut-il bien faire seul, même avec son arme, si on venait à l'arrêter ? Certes, il a tutoyé la mort mille fois depuis cette année 1947 où il a pris le maquis en Kabylie. Certes aussi, il a échappé aux paras de Massu durant la bataille d'Alger et aux limiers de la DST qui l'ont pourchassé des années durant. Certes encore, il a cumulé une bonne dizaine de mandats d'arrêt durant cette guerre de libération, tant et si bien qu'il a aujourd'hui le cuir tanné. Mais à l'époque, c'était la guerre avec l'ennemi français. Et même s'il s'était fait arrêter, il aurait pu bénéficier du statut de prisonnier politique et ses droits auraient été respectés. Mais là, devant ce poste frontalier, il s'agit de tout autre chose. Il n'est pas seul, mais avec son épouse, leurs quatre enfants et son beau-frère. Qu'adviendrait-il d'eux si, par un grand malheur, il se faisait arrêter ici même et s'il était conduit vers une destination inconnue ? Quel sort lui réserverait-on en cas d'arrestation ? En vieux briscard du marigot politique algérien, parfaitement au courant des méthodes barbouzardes des autres services, il sait qu'il serait soumis à la torture, jeté dans un cachot pendant des mois ou des années sans possibilité de communiquer avec les siens, sans avocat, sans chance de recours. Il sait qu'il pourrait passer devant une cour martiale, être jugé sommairement et exécuté dans les heures qui suivraient sa condamnation. N'est-ce pas ce qui est arrivé au colonel Mohamed Chaabani, condamné à mort en septembre 1964 pour atteinte à la sûreté de l'État et exécuté le jour même dans une forêt d'Oran ? Il pourrait donc lui arriver la même chose qu'à ce jeune colonel. Ou connaître le sort ayant été réservé à Ben Bella. Depuis cette nuit du 19 juin 1965, Ben Bella a en effet disparu. Il n'a pas eu droit à une instruction, pas eu droit à un avocat, pas eu droit à un procès. Sa vieille mère ne peut même pas lui rendre visite. Il a fallu des mois de recherche et de supplications pour qu'on daigne lui indiquer l'endroit secret où son fils était détenu. C'est que Boumédiène a décidé d'emmurer vivant Ben Bella derrière les hauts murs barbelés du château Holden, à une dizaine de kilomètres à l'ouest d'Alger, dans ce camp militaire gardé par quelque 300 soldats. Krim sait que Boumédiène est capable de tout avec ses opposants. Quelques semaines après le coup d'État du 19 juin 1965, Jean de Broglie, secrétaire d'État français aux Affaires algériennes, profitait de son entrevue avec Boumédiène pour demander des nouvelles de Ben Bella. Réponse du Président : « Ben Bella est sous mes pieds. » Dira-t-il un jour de Krim qu'il est sous ses pieds ?

L'attente est longue et le soleil chauffe le toit la Volkswagen devant la guérite de ce poste frontalier. Par miracle, aucun ordre d'arrestation n'arrive au bout du fil. Le véhicule est autorisé à partir. Krim respire. Son épouse aussi. Bien qu'elle se tienne loin de la politique, elle sait tout de ce régime et de sa sécurité militaire qui peuvent broyer des hommes, briser des vies, envoyer six pieds sous terre des opposants après les avoir traités de renégats et de traîtres à la révolution socialiste. Elle sait aussi que son mari dérange, qu'il est constamment surveillé. Combien de fois a-t-elle menacé les agents en civil postés devant cette villa de leur lâcher le chien Clodo ?

Première halte à Oujda, la ville la plus algérienne du Maroc. La famille Belkacem est logée chez un vieil ami qui tient une pharmacie. Oujda est la ville où Marocains et Algériens vivent en harmonie. Certaines familles ont tellement de liens depuis des décennies des deux côtés des frontières qu'elles ne distinguent pas où celles-ci commencent et où elles finissent. Et puis Oujda a une longue histoire avec la guerre d'indépendance. C'est ici que fut installé le PC de la wilaya 5 sous la direction de Larbi M'hidi, puis du colonel Boussouf avant que celui-ci ne cède son poste à Boumédiène. C'est ici qu'ont été formés les ministres qui composent le pré carré présidentiel, Bouteflika, Medeghri et Belkacem, celui qu'on appelle le « clan d'Oujda », au pouvoir depuis le putsch de 1965. Si quelqu'un avait dit un jour à Krim qu'il allait fuir l'Algérie de Boumédiène pour trouver momentanément refuge à Oujda, il l'aurait traité de *aghyoul* (âne bâté en kabyle) ou de fou à lier.

Le séjour chez l'ami pharmacien oujdi dure deux à trois jours avant que Krim ne trouve une nouvelle destination dans ce royaume qu'il connaît si bien. Au Maroc, l'ancien vice-président du GPRA est un frère, un ami qui avait les honneurs du roi Mohamed V pendant la guerre d'indépendance et entretient d'excellentes relations avec son fils, Hassan II, couronné roi en février 1961. Dans le royaume chérifien, Krim possède aussi des amis, qu'ils soient proches du palais ou dans l'opposition. Aujourd'hui, il peut compter sur eux. Après Oujda, direction un hôtel de

Rabat où la famille logera pendant quelques jours avant de prendre une autre destination. Déjà, le roi est prévenu de la présence de Krim et de sa famille sur le sol marocain. S'il ne connaît pas les motifs de la fuite de son hôte algérien, le monarque ne lui signifie pas moins qu'il est le bienvenu chez le voisin de l'ouest. Mais avant l'hospitalité du roi, il y a celle de l'ami de longue date Mahjoubi Aherdane, qui possède une villa à Skhirat, cette station balnéaire située à une trentaine de kilomètres qui sera le théâtre d'une tentative de coup d'État fomenté le 10 juillet 1971 par des militaires factieux contre le roi Hassan II, qui en réchappera miraculeusement. Originaire des montagnes berbères de l'Atlas, Aherdane est cofondateur avec Abdelkrim Al Khatib du Mouvement populaire (MP), parti qui incarne l'identité berbère au Maroc. Figure de la résistance marocaine et ami de Mehdi Ben Barka et de Allal El Fassi, il fut ministre de la Défense, de l'Agriculture, de la Poste et des Télécommunications ou encore gouverneur de Rabat. Lui et Krim Belkacem sont plus que des amis, des frères qui communiquent souvent en berbère. Mahjoubi met sa belle villa de Skhirat à la disposition de la famille de l'ami algérien. L'été, la plage, le farniente, les enfants oublient momentanément Alger, la villa d'El Biar ainsi que le chien Clodo. À peine a-t-il installé sa famille que Krim est déjà parti en voyage en Europe. Il est si souvent entre deux avions, entre deux villes, qu'il voit à peine ses quatre enfants grandir.

L'été étant passé, Krim annonce à sa famille qu'ils s'établiront désormais au Maroc. Ce n'étaient pas donc des vacances, ce n'était donc pas une escapade, mais un exil dont on ne sait s'il durera. Nouveau déménagement. Adieu la villa de Skhirat, la famille s'installe dans une villa La Gazelle dans le quartier Souissi de Rabat, mise à disposition par Hassan II. Le roi assure à Krim qu'il se porte garant de sa sécurité, de celle de son épouse et de leurs enfants et qu'ils sont sous sa protection tant qu'ils sont au Maroc. Si La Gazelle de Rabat ne remplacera jamais celle qu'ils ont quittée à Alger, elle n'en est pas moins luxueuse. Cette résidence de 2 000 mètres carrés possède un immense jardin, des arbres fruitiers, un couple de domestiques, Brahim et Malika, veille au confort de la famille, tandis que des hommes armés assurent la sécurité de jour comme de nuit. Scolarisés dans l'établissement français Saint-Exupéry, les enfants disposent d'une voiture avec un chauffeur armé et d'une protection rapprochée tout comme leur paternel. Le palais royal met les moyens pour que leurs hôtes algériens ne manquent de rien. La sécurité déployée autour de Krim Belkacem est de nature à le protéger contre une quelconque menace intérieure ou extérieure. C'est d'autant plus nécessaire que, cette année 1967, les relations entre Rabat et Alger sont tendues, particulièrement sur la question du contentieux frontalier. De plus, le régime de Boumédiène n'a pas du tout apprécié l'hommage rendu par le roi à Khider assassiné le 3 janvier 1967 à Madrid et enterré à Casablanca. Si cette sécurité permet de protéger Krim et les siens, elle autorise aussi le général Oufkir, puissant ministre de l'Intérieur, d'avoir un œil discret sur les activités et les fréquentations de celui qui vient de basculer brusquement dans l'opposition cette nuit du 4 août 1967, le jour de sa fuite au Maroc. En quittant Alger cette nuit-là, son épouse et leurs quatre enfants pensaient partir en vacances. Pas une seule seconde ils n'ont imaginé que cet exil allait durer longtemps, très longtemps. Que devient la villa d'El Biar ? Avant de quitter précipitamment Alger, Krim a demandé à son beau-frère Arezki d'en prendre. Quelques mois plus tard, des agents en civil débarquent dans la villa, intiment à Arezki l'ordre de quitter les lieux sans aucune explication avant de poser des scellées. Tous les biens de la famille de Krim Belkacem y sont séquestrés.

La villa restera ainsi scellée plusieurs années avant qu'elle ne soit cédée à Mohamed Chérif Messaadia, un cacique du FLN, sur ordre verbal d'Ahmed Draïa, patron de la police nationale. On ignore ce qui a motivé la décision de Draïa de dépouiller arbitrairement Krim, son épouse et leurs enfants de cette résidence et de tous les biens qu'ils y possédaient. Mais Messaadia et Draïa ont ceci en commun qu'ils étaient tous les deux impliqués dans le fameux complot des colonels qui visait à décapiter le GPRA en novembre 1958. Arrêtés pour haute trahison sur ordre de Krim, alors vice-président du GPRA et ministre de la Défense, les factieux ont été jugés et exécutés en mars 1959 au cours d'un procès présidé par Boumédiène. Réfugié en Algérie après cette tentative de putsch, Ahmed Draïa a été livré à la justice militaire du GPRA là encore sur ordre de Krim. Messaadia et Draïa ont écopé de deux ans de prison à l'issue de ce procès. Draïa, on l'a évoqué, n'a jamais pardonné à Krim qui l'a fait condamner.

La vengeance est un plat que Draïa mange froid.

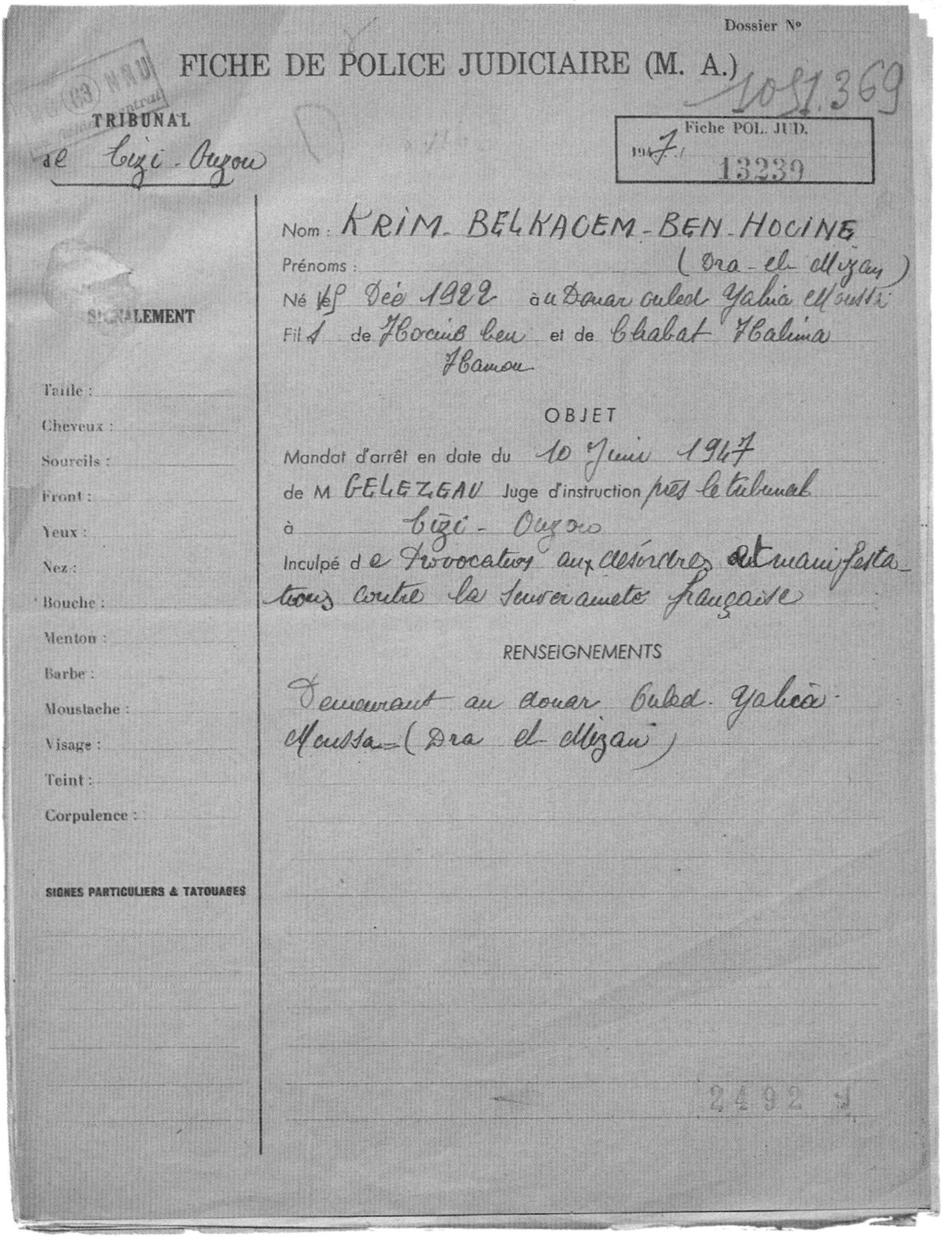

Dossier N°

FICHE DE POLICE JUDICIAIRE (M. A.)

1051.369

TRIBUNAL de Tizi-Ouzou

Fiche POL. JUD. 1947 13239

Nom : KRIM BELKACEM-BEN-HOCINE

Prénoms : (Dra-el-Mizan)

Né le 15 Déc 1922 à u Douar Ouled Yahia Moussa

Fils de Hocine ben Hamou et de Chabat Halima

SIGNALEMENT

Taille :

Cheveux :

Sourcils :

Front :

Yeux :

Nez :

Bouche :

Menton :

Barbe :

Moustache :

Visage :

Teint :

Corpulence :

SIGNES PARTICULIERS & TATOUAGES

OBJET

Mandat d'arrêt en date du 10 Juin 1947

de M GELEZEAU Juge d'instruction près le tribunal

à Tizi-Ouzou

Inculpé de provocation aux désordres et manifestations contre la souveraineté française

RENSEIGNEMENTS

Demeurant au douar Ouled Yahia Moussa (Dra el-Mizan)

2492

Premier mandat d'arrêt délivré contre Krim Belkacem le 10 juin 1947 par le tribunal de Tizi Ouzou, en Kabylie. Cette année-là, Krim prend le maquis à l'âge de 25 ans.

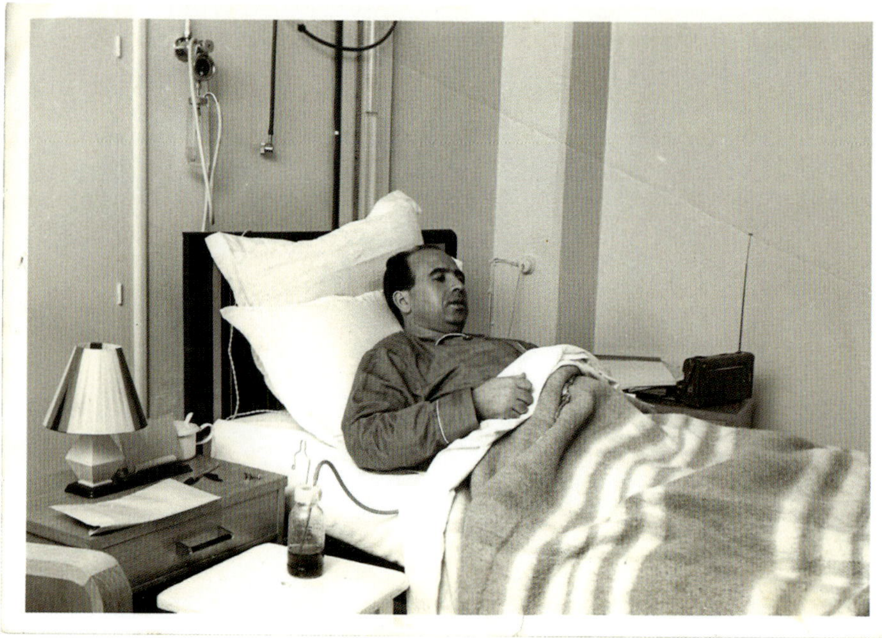

Krim Belkacem sur son lit d'hôpital à Tunis après son opération de la vésicule biliaire en mars 1961, quelques semaines avant le début des premières négociations à Évian.

© Archives familiales

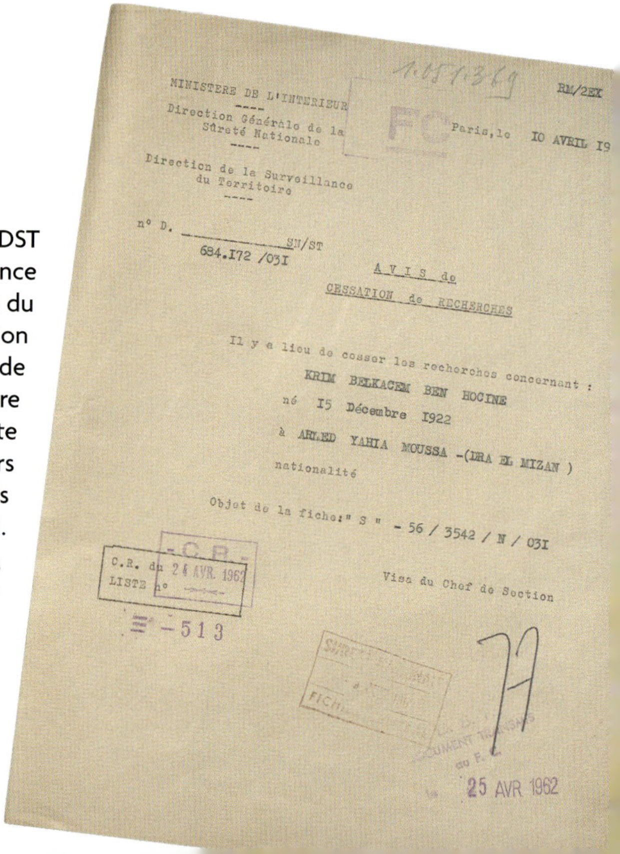

MINISTERE DE L'INTERIEUR
Direction Générale de la Sûreté Nationale
Direction de la Surveillance du Territoire

RM/2EX

Paris, le 10 AVRIL 19

n° D. ____ SN/ST
684.172 /031

AVIS de
CESSATION de RECHERCHES

Il y a lieu de cesser les recherches concernant :
KRIM BELKACEM BEN HOCINE
né 15 Décembre 1922
à AIT YAHIA MOUSSA -(DRA EL MIZAN)
nationalité

Objet de la fiche: " S " - 56 / 3542 / N / 031

C.R. du 24 AVR. 1962
LISTE n°

– 513

Visa du Chef de Section

25 AVR 1962

Note de la DST (Direction de la surveillance du territoire) en date du 10 avril demandant la cessation des opérations de recherche de la police française contre Krim Belkacem. La note est émise vingt-quatre jours après la signature des accords d'Évian le 18 mars 1962.

© Archives nationales Pierrefitte-sur-Seine

Krim Belkacem, son épouse, Fathia, et leurs quatre enfants, Karima, Laïth, Kawther et Djamel-Eddine, dans un studio de photographie à Alger en 1966.

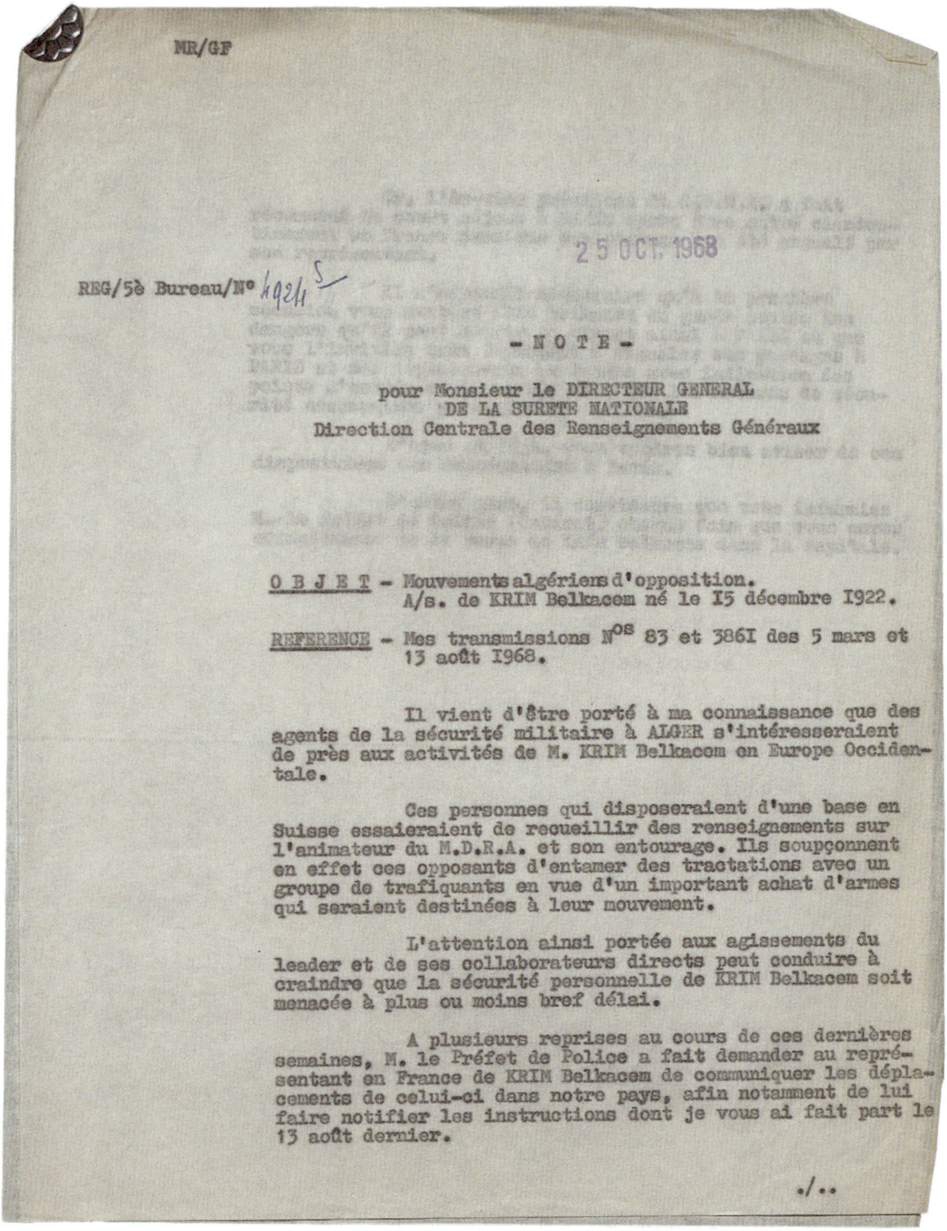

MR/GF

25 OCT. 1968

REG/5è Bureau/N° 4924

- N O T E -

pour Monsieur le DIRECTEUR GENERAL
DE LA SURETE NATIONALE
Direction Centrale des Renseignements Généraux

O B J E T - Mouvements algériens d'opposition.
A/s. de KRIM Belkacem né le I5 décembre I922.

REFERENCE - Mes transmissions N°s 83 et 386I des 5 mars et 13 août I968.

Il vient d'être porté à ma connaissance que des agents de la sécurité militaire à ALGER s'intéresseraient de près aux activités de M. KRIM Belkacem en Europe Occidentale.

Ces personnes qui disposeraient d'une base en Suisse essaieraient de recueillir des renseignements sur l'animateur du M.D.R.A. et son entourage. Ils soupçonnent en effet ces opposants d'entamer des tractations avec un groupe de trafiquants en vue d'un important achat d'armes qui seraient destinées à leur mouvement.

L'attention ainsi portée aux agissements du leader et de ses collaborateurs directs peut conduire à craindre que la sécurité personnelle de KRIM Belkacem soit menacée à plus ou moins bref délai.

A plusieurs reprises au cours de ces dernières semaines, M. le Préfet de Police a fait demander au représentant en France de KRIM Belkacem de communiquer les déplacements de celui-ci dans notre pays, afin notamment de lui faire notifier les instructions dont je vous ai fait part le 13 août dernier.

./..

Note du ministère de l'Intérieur datée du 25 octobre 1968 signalant la présence en France et en Suisse d'agents de la Sécurité militaire algérienne chargés de surveiller Krim Belkacem et son entourage. La note évoque des menaces directes sur sa sécurité. Ce document est émis deux ans avant son assassinat.

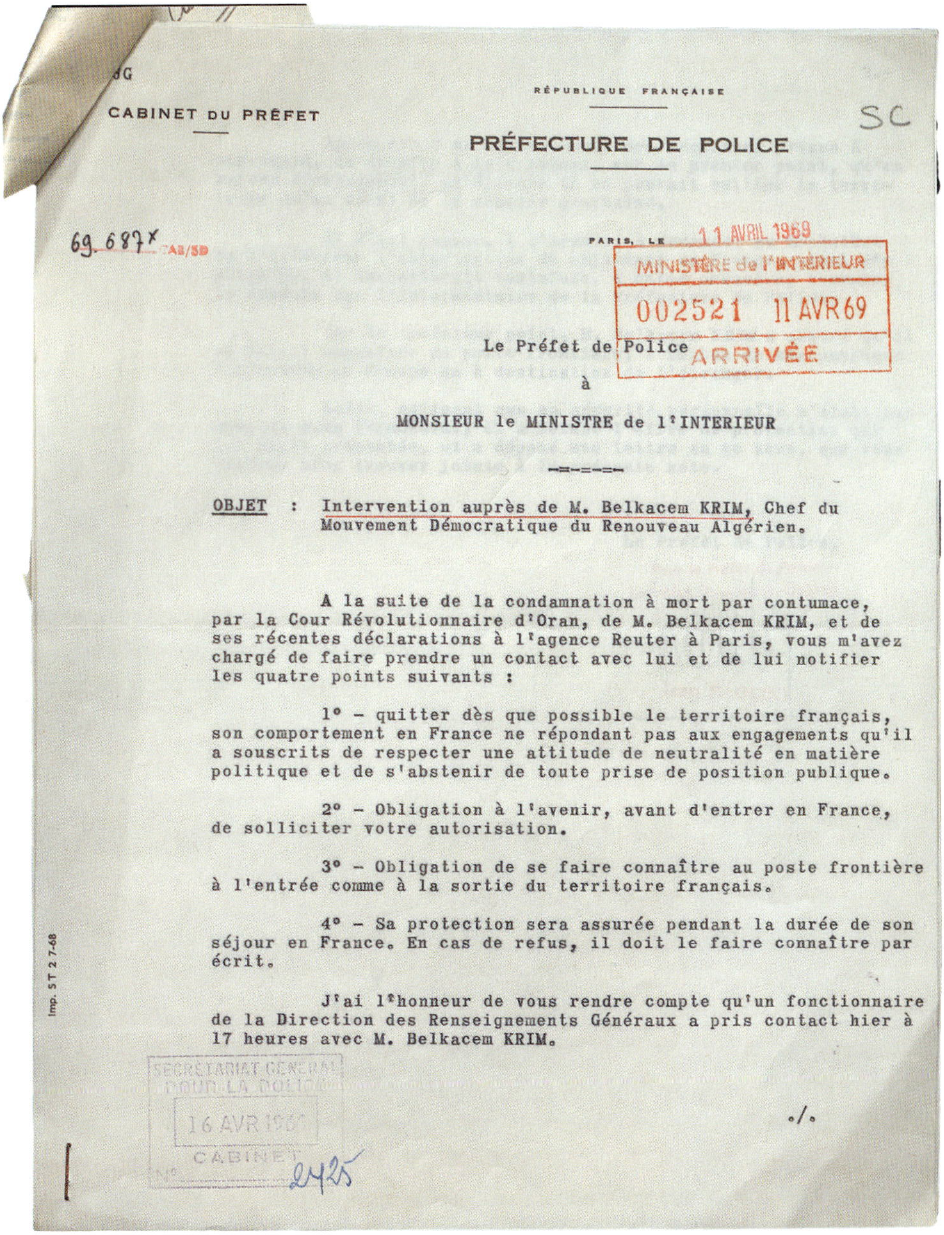

GG

RÉPUBLIQUE FRANÇAISE

CABINET DU PRÉFET

SC

PRÉFECTURE DE POLICE

69.687x CAB/SD

PARIS, LE 11 AVRIL 1969

MINISTÈRE de l'INTÉRIEUR
002521 11 AVR 69
ARRIVÉE

Le Préfet de Police

à

MONSIEUR le MINISTRE de l'INTERIEUR

-=-=-=-

OBJET : Intervention auprès de M. Belkacem KRIM, Chef du Mouvement Démocratique du Renouveau Algérien.

A la suite de la condamnation à mort par contumace, par la Cour Révolutionnaire d'Oran, de M. Belkacem KRIM, et de ses récentes déclarations à l'agence Reuter à Paris, vous m'avez chargé de faire prendre un contact avec lui et de lui notifier les quatre points suivants :

1° - quitter dès que possible le territoire français, son comportement en France ne répondant pas aux engagements qu'il a souscrits de respecter une attitude de neutralité en matière politique et de s'abstenir de toute prise de position publique.

2° - Obligation à l'avenir, avant d'entrer en France, de solliciter votre autorisation.

3° - Obligation de se faire connaître au poste frontière à l'entrée comme à la sortie du territoire français.

4° - Sa protection sera assurée pendant la durée de son séjour en France. En cas de refus, il doit le faire connaître par écrit.

J'ai l'honneur de vous rendre compte qu'un fonctionnaire de la Direction des Renseignements Généraux a pris contact hier à 17 heures avec M. Belkacem KRIM.

./.

Imp. ST 2 7-68

SECRÉTARIAT GÉNÉRAL POUR LA POLICE
16 AVR 1969
CABINET
N° 2425

Note du cabinet du préfet de police de Paris adressée le 11 avril 1969 au ministère de l'Intérieur après la condamnation de Krim Belkacem à la peine de mort par la cour révolutionnaire d'Oran. Le document énumère les mesures prises à son encontre par les autorités françaises.

MINISTÈRE
DE L'INTÉRIEUR

DIRECTION GÉNÉRALE
DE LA SURETÉ NATIONALE

SERVICE CENTRAL
D'IDENTIFICATION

PN/DET/IDI/4 N° 1830

RÉPUBLIQUE FRANÇAISE

Paris, le 27 OCT. 1970

LE CHEF DU SERVICE CENTRAL
D'IDENTIFICATION

à Monsieur le DIRECTEUR CENTRAL
de la POLICE JUDICIAIRE
Sous-Direction des Affaires Criminelles
- 5ème Bureau -

<u>OBJET</u> : Cadavre inconnu.

<u>REFERENCE</u> : Votre demande de travaux PN/DCPJ/AC 5/1-A en date du 23 octobre 1970, bon de commande n° 2188 en date du même jour et copie du message postalisé adressé par Interpol-Wiesbaden le 21 octobre 1970 à Interpol-Paris-B.C.N. sous le n° B 217 150 NE/K-T (IL/D-A 2).

Avec la demande citée en référence, il a été adressé, aux fins d'identification éventuelle, la photocopie de la fiche dactyloscopique du cadavre d'un homme découvert à Francfort-sur-Main (Allemagne) le 20 octobre 1970, et pouvant être celui du nommé KRIM Belkacem, né le 15 décembre 1922 à Dra el Mizan (algérie Grande-Kabylie).

J'ai l'honneur de vous faire connaître que les recherches effectuées dans les fichiers décadactylaires du service central photographique et d'identité ont été <u>infructueuses</u>.

P. le Chef du Service Central
d'Identification,
Le Commissaire Principal
Chef du Service Central Photographique
et d'Identité,

R. BAVEREL

Correspondance du service d'identification de la police nationale adressée le 27 octobre 1970 au directeur central de la police judiciaire à la suite d'une demande de renseignements susceptibles de permettre l'identification du cadavre de Krim Belkacem découvert le 20 octobre dans la chambre 1414 de l'hôtel Intercontinental de Francfort.

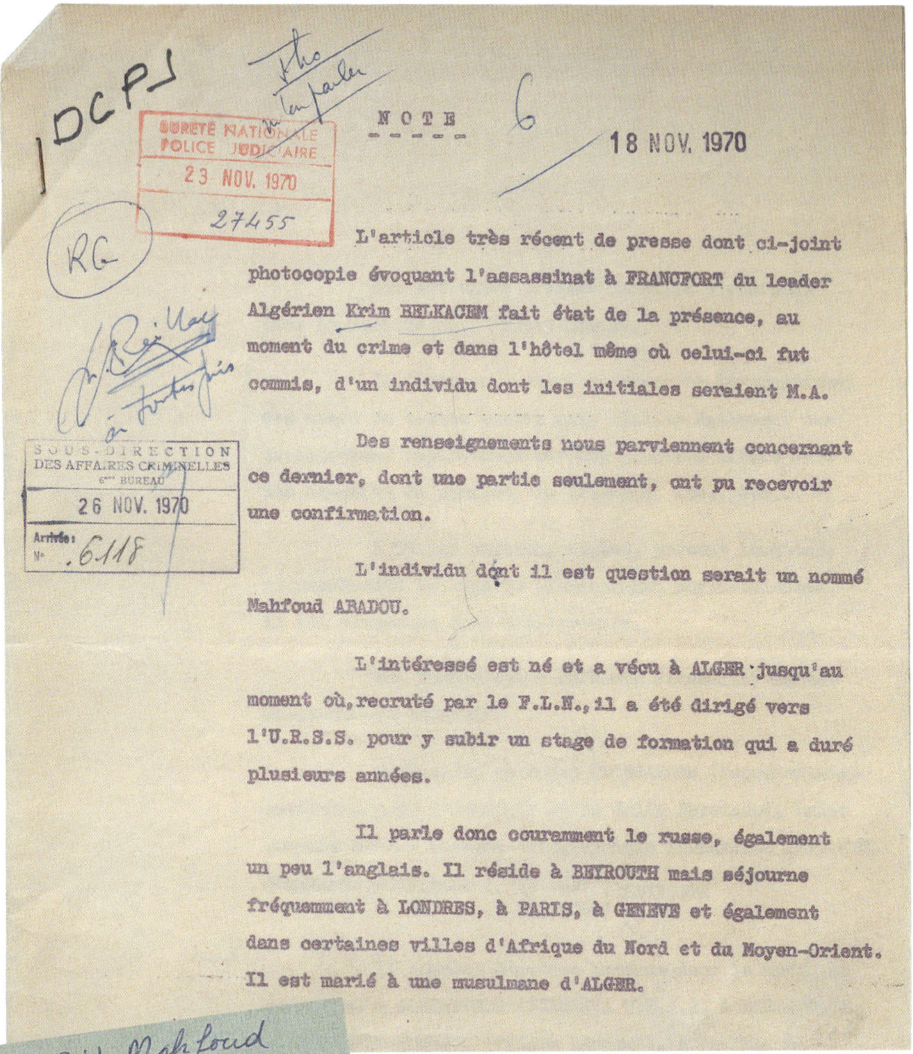

DCPJ

SURETÉ NATIONALE
POLICE JUDICIAIRE
23 NOV. 1970
27455

RG

NOTE

6

18 NOV. 1970

L'article très récent de presse dont ci-joint photocopie évoquant l'assassinat à FRANCFORT du leader Algérien Krim BELKACEM fait état de la présence, au moment du crime et dans l'hôtel même où celui-ci fut commis, d'un individu dont les initiales seraient M.A.

SOUS-DIRECTION
DES AFFAIRES CRIMINELLES
6ème BUREAU
26 NOV. 1970
Arrivée : N° 6118

Des renseignements nous parviennent concernant ce dernier, dont une partie seulement, ont pu recevoir une confirmation.

L'individu dont il est question serait un nommé Mahfoud ABADOU.

L'intéressé est né et a vécu à ALGER jusqu'au moment où, recruté par le F.L.N., il a été dirigé vers l'U.R.S.S. pour y subir un stage de formation qui a duré plusieurs années.

Il parle donc couramment le russe, également un peu l'anglais. Il réside à BEYROUTH mais séjourne fréquemment à LONDRES, à PARIS, à GENEVE et également dans certaines villes d'Afrique du Nord et du Moyen-Orient. Il est marié à une musulmane d'ALGER.

Note d'un rapport établi par la police française sur l'homme d'affaires et ami de Krim Belkacem, Mahfoud Abadou, présent à l'hôtel Intercontinental le jour de l'assassinat du chef historique du FLN.

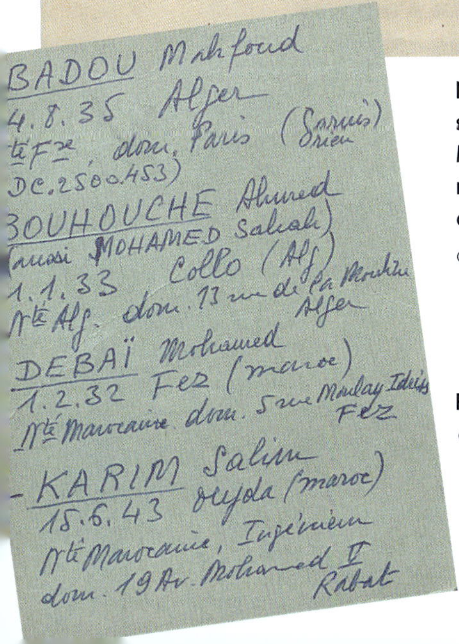

BADOU Mahfoud
4.8.35 Alger
Nté Fse, dom. Paris (Syrien)
DC.2500.453)
BOUHOUCHE Ahmed
aussi MOHAMED Salah)
1.1.33 Collo (Alg)
Nté Alg. dom. 13 rue de la Mouche Alger
DEBAÏ Mohamed
1.2.32 Fez (maroc)
Nté Marocaine dom. 5 rue Moulay Idriss Fez
KARIM Salim
15.6.43 Oujda (maroc)
Nté Marocaine, Ingénieur
dom. 19 Av. Mohamed V Rabat

Feuille bristol de la police française qui enquête sur Mahfoud Abadou ainsi que sur les trois membres du commando auteurs de l'assassinat de Krim Belkacem le 18 octobre 1970. Tous les trois opéraient sous de fausses identités.

Funérailles officielles organisées au cimetière d'El Alia à Alger, le 24 octobre 1984, après la décision du président Chadli Bendjedid de rapatrier les ossements de Krim Belkacem. Pendant l'oraison funèbre, la famille de ce dernier a pris place derrière la rangée des officiels.

© Archives familiales

Le cercueil de Krim Belkacem porté par des militaires avant son inhumation dans le carré des martyrs d'El Alia.

© Archives familiales

14

Un parti pour faire partir Boumédiène

À peine a-t-il fini d'installer sa famille à Rabat que Krim reprend sa valise à destination de Paris d'où il se prépare à faire une grande annonce. Après sa démission en 1963 de son mandat de député de Tizi Ouzou, il s'est tenu à l'écart du marigot politique. S'il n'a jamais coupé les liens avec l'actualité politique de son pays, s'il n'a eu de cesse de dénoncer les dérives du régime de Ben Bella et de son successeur Boumédiène, il s'est gardé d'occuper le devant de la scène. Depuis quatre ans, il s'est ainsi davantage consacré à voyager à travers l'Europe et l'Asie et à gérer ses modestes affaires. Avec la bijouterie L'Or blanc à Alger et l'hôtel-restaurant du 13, rue Pergolèse, à Paris, Krim a fort à faire bien qu'il ne se reconnaisse pas un don ou une attirance particulière pour le business. Mais depuis le début de l'année 1967, une succession d'événements l'obligent à prendre ses responsabilités, comme il l'a fait en 1954. Il y a eu d'abord la mort Khider. Son élimination par les services algériens n'est pas seulement un avertissement à tous ceux qui oseraient s'opposer au pouvoir à Boumédiène. Il est surtout un crime d'État qui jette une lumière crue sur ses dérives autoritaires et ses méthodes barbouzardes. Il y a eu ensuite cette menace sur sa vie et celle de sa famille qui l'a obligé à fuir l'Algérie pour mettre les siens à l'abri au Maroc. Pour avoir trop bien connu Boumédiène à l'époque où celui-ci dirigeait l'état-major de l'ALN, Krim sait cet homme exalté du pouvoir, impitoyable et ne souffrant pas la critique. Pour avoir vécu son irrésistible ascension au sommet de l'État à partir de l'été 1962, pour avoir suivi de près sa gouvernance depuis qu'il a renversé Ben Bella, Krim conclut que Boumédiène est un autocrate, autoritaire, socialiste invétéré. Et pour quel idéal les Algériens ont-ils enduré plus de sept ans de guerre, si ce n'est de vivre sous un régime démocratique qui garantisse pluralisme politique, liberté d'expression, presse libre, diversité culturelle et cultuelle, droit d'entreprendre et diversités ethniques ? Pour Krim, le temps est donc venu de franchir un nouveau cap dans sa carrière politique et d'assumer pleinement son rôle d'opposant.

Mercredi 18 octobre 1967. Krim Belkacem tient une conférence dans une villa de Neuilly, banlieue chic et bourgeoise de Paris, pour annoncer la création de son parti MDRA (Mouvement démocratique pour le renouveau algérien). Autour de lui, il y a d'anciens compagnons d'armes et ex-collaborateurs en qui il place une confiance aveugle. Il y a là Mourad Tarbouche, qui fut son chef de cabinet du temps où il était vice-président du GPRA. Il y a aussi le bougon et baroudeur Slimane Amirat, qui faisait partie des groupes de choc chargés d'éliminer en France les messalistes du MNA (Mouvement national algérien). À l'indépendance, il a rejoint le FFS de Hocine Aït Ahmed avant de se rapprocher de Krim. Il y a également le colonel Mohand Oulhadj, ancien chef de la wilaya 3 (Kabylie), ex-membre du Conseil de la révolution, aujourd'hui exilé en France. Il y a enfin Akli Bellahcene. Ancien préfet de Tizi Ouzou, ex-secrétaire général de l'université d'Alger, Akli se lance dans la pêche en bateau, se fait arrêter par la sécurité militaire avant de rejoindre lui aussi la France. C'est lui qui, la nuit du 4 août 1967, est venu voir Krim pour l'adjurer de fuir le pays car il était sur le point de se faire arrêter. Ce que Krim Belkacem ignore ce mercredi 18 octobre, au moment où il proclame la naissance du MDRA, est que ce même Bellahcene qu'il pense loyal et fidèle est en fait une taupe des services algériens. Une taupe qui le trahira dans quelques mois.

Dès l'annonce de la création de son parti, Krim fait le procès du régime. Catastrophe sociale, faillite économique, arbitraire, injustice, incompétence, népotisme, vénalité, discrimination régionale, le constat sur la situation de l'Algérie et de la gouvernance de son président est aussi implacable qu'accablant. Aussi, le parti appelle ses compatriotes à se regrouper pour reconquérir « leurs droits spoliés » et leur « indépendance ». Voilà donc une déclaration au colonel président. Krim Belkacem installe le siège du MDRA dans un bel immeuble d'un quartier huppé de Paris où travaillent en permanence une dizaine de cadres. Krim n'est pas homme à s'épancher. Il ne roule pas carrosse, n'est pas porté sur les mondanités, mais il descend dans les grands hôtels parisiens, notamment le George-V où il a une suite payée par des amis fortunés. Pour financer les activités de son mouvement d'opposition et son train de vie, il peut compter sur la générosité et le soutien de Hassan II, de Bourguiba, du shah d'Iran ou encore de riches princes saoudiens avec lesquels il a noué amitiés et liens solides à l'époque où il était ministre des Affaires étrangères du GPRA. Krim se rend rarement au siège de son parti, lui préférant ainsi l'hôtel-restaurant du 13, rue Pergolèse, où il reçoit collaborateurs, amis ou invités et où il se sent surtout en sécurité. C'est qu'en France ou ailleurs, particulièrement à Paris, il se sait constamment espionné, par les agents de la sécurité militaire. Ici comme ailleurs, il ne se sépare jamais de son arme et ne daigne pas se faire parfois discrètement accompagner par son ami Louis Henri Hachmi D'Jouder, originaire de

Fort-National (Larbaa Nath Irathen), en Kabylie, et garde-corps personnel du général de Gaulle depuis la fin des années 1940.

Jusque-là, il était considéré comme un opposant sans influence, sans poids, sans projet, sans parti. Là, il devient un danger, constitue une menace. C'est que cet homme n'est pas un fanfaron, un illuminé. Pour avoir travaillé sous ses ordres quand il était ministre de la Défense du GPRA, pour l'avoir connu dans les réunions du Conseil de la révolution, pour avoir lu et épluché tous les rapports élaborés sur lui par les agents de services, pour tout cela et pour d'autres choses encore, Boumédiène sait presque tout de Krim Belkacem : son ambition pour le pouvoir, son aura, sa pugnacité, son caractère trempé. Il sait qu'avec le soutien de ses amis bienfaiteurs, il peut constituer une force de frappe capable de travailler au corps des segments de la population algérienne, notamment en Kabylie où il jouit d'une forte popularité. Et Boumédiène ne supporte aucune forme d'opposition. À plus forte raison quand celle-ci s'exprime librement de l'étranger. Ces opposants au Maroc, en France ou en Suisse, il faut les surveiller, les faire taire, les éliminer physiquement s'il le faut. Et bien sûr, faire pression sur les gouvernements étrangers qui les abritent et les tolèrent. Alger va s'y employer. À commencer par le gouvernement français. En janvier 1968, Jean-Pierre Brunet, directeur général aux affaires économiques au Quai d'Orsay, s'entretient à Alger avec le ministre des Affaires étrangères Bouteflika. L'un des sujets de préoccupation que soulève « avec émotion » le ministre algérien, selon une note confidentielle adressée par le Quai d'Orsay au ministère de l'Intérieur, ce sont « les agissements irresponsables » des opposants algériens sur le sol français. Au cours de cette entrevue, Bouteflika confie à Brunet que ces opposants s'adonnent au « trafic d'armes » et au « recrutement de commandos » destinés à mener des actions violentes en Algérie. Le diplomate algérien ne donnera pas de détails sur ces commandos mais Alger n'en restera pas là.

L'ambassadeur d'Algérie en France, Réda Malek, qui était aux côtés de Krim Belkacem lors des négociations d'Évian, est chargé de mettre la pression sur les autorités françaises autour du même sujet. C'est ainsi que, le 27 janvier et le 7 février 1968, il s'émeut auprès du Quai d'Orsay de l'activisme de ses compatriotes en insistant particulièrement sur le cas de Krim. Réda Malek demande même au gouvernement français « de prendre toutes les mesures utiles pour contrôler et limiter les activités des réfugiés politiques algériens, que ceux-ci résident en France ou y effectuent des séjours fréquents », selon une note diplomatique signée le 9 février 1968 par l'ambassadeur de France à Alger Bruno de Leusse. Le plus cocasse dans cette histoire est que l'ambassadeur de Leusse a joué un rôle important dans les négociations de Lugrin, des Rousses et d'Évian face à un certain Krim Belkacem. Alors, devant ces pressions du gouvernement algérien, le Quai d'Orsay demande « une surveillance accrue sur les opposants algériens ». Mais la France n'est pas le seul pays à subir chicaneries et chantage. Diplomates, ministres et hauts cadres suisses se voient régulièrement apostropher par des dirigeants algériens pour se plaindre que le territoire helvétique est devenu une terre d'asile pour ces opposants. En voyage en Algérie du 2 au 6 juillet 1968, Sigismond Marcuard, qui fut premier ambassadeur de Suisse en Algérie en novembre 1962, rencontre Bouteflika. Là encore, celui-ci remet sur la table le cas de ces Algériens qui s'en prennent au régime de Boumédiène à partir de la Suisse. « Nous vous disons depuis fort longtemps que leur présence chez vous nous paraît indésirable et préjudiciable au développement de notre relation, affirme Bouteflika dans ce compte rendu rédigé par le diplomate suisse. Une confrontation des renseignements de nos services de sécurité respectifs ne changera rien à cette situation. [...] Que voulez-vous que je dise à mon président qui porte sur son visage la marque de cette opposition et qui, par conséquent, a l'occasion d'y penser tous les jours ? C'est à vous de voir où se trouve votre intérêt politique. La France a déclaré MM. Boumaza [Bachir Boumaza] et Lebjaoui indésirable. Alors, réfléchissez. » La menace du ministre algérien est claire. Si la Suisse veut garder de bonnes relations avec l'Algérie, il faut qu'elle neutralise ces opposants.

Mais il n'y pas que les pressions politiques, le chantage économique et les intimidations. Il y a aussi des velléités d'éliminer physiquement ces opposants, comme ce fut le cas avec Khider à Madrid. En mai 1967, une note confidentielle du secrétariat général pour la police au ministère français de l'Intérieur fait état de menaces de liquidation physique qui pèsent sur les opposants algériens à l'étranger, citant des confidences de Hocine Aït Ahmed, président du FFS réfugié en Suisse. Celui-ci confie que des agents de la sécurité militaire algérienne envisagent de les localiser et de les liquider. Cette mission serait confiée à Nacer Khaled Khodja, consul général à Lyon. Ancien membre du MALG, Khodja était son représentant à Rome pendant la guerre d'Algérie. Il est aussi une vieille connaissance de Rabah Boukhalfa, l'attaché culturel de l'ambassade d'Algérie à Madrid que la justice espagnole soupçonne d'être le cerveau de l'assassinat de Khider. Au fil des mois, ces menaces se font un peu plus précises, mobilisant ainsi les agents de la DST et ceux des RG. Le 2 septembre 1968, le ministère français de l'Intérieur adresse une note à son homologue des Affaires étrangères pour signaler la présence en France d'émissaires du « gouvernement algérien chargés de surveiller les opposants au gouvernement de Boumédiène ». Ce télégramme de deux feuillets indique qu'Alger a dépêché « récemment en France plusieurs membres des services spéciaux susceptibles de commettre des exactions contre des membres de mouvements d'opposition au colonel Boumédiène réfugiés en France ». Les premières investigations de la police française indiquent que « le principal responsable de ce commando désigné sous le nom de Merbah se nomme en réalité Kalef Abdelkader qui exerce les fonctions de directeur général de l'Office national algérien du tourisme (ONAT) », laquelle possède une antenne avenue de l'Opéra dans le 2e arrondissement. Voyageant parfois avec un passeport diplomatique, Kalef (son vrai nom est Khalef) vient à Paris « en principe chaque mois ». En outre, ce télégramme précise que le responsable de ce commando est assisté d'un certain Ouali Boumaza qui prétend travailler comme chargé de mission au ministère algérien de l'Industrie. Cette note du ministère de l'Intérieur ajoute qu'une enquête est en cours pour identifier « de façon certaine les autres membres du "commando" dont certains seraient susceptibles, à l'instar de Boumaza, d'être détenteurs d'un pistolet avec silencieux ». Mais qui est Abdelkader Khalef ?

Issu d'une famille kabyle mais installée au Maroc, il a été formé avec le surnom de guerre « Kamel » dans l'école du renseignement et de l'espionnage du MALG au cours des années 1950. En 1963, il est chef de cabinet de Bouteflika, alors ministre de la Jeunesse et des Sports. Ensuite, il dirige l'ONAT jusqu'au début des années 1970 avant d'être nommé président de la JSK, le club de football de la Kabylie. Grand de taille, discret, homme de réseaux, Abdelkader Khalef a la particularité d'être le cousin de Abdallah Khalef, *alias* Kasdi Merbah, patron de la puissante sécurité militaire. D'où le nom de Merbah donné à ce commando mentionné dans ce télégramme ! *Quid* de Ouali Boumaza ? C'est que, au moment même où le ministère de l'Intérieur fait part dans ce télégramme du 2 septembre d'une enquête diligentée pour identifier les autres membres de ce commando, les policiers français ignorent que Ouali Boumaza est déjà engagé dans une opération d'espionnage pilotée directement par Boumédiène et Kasdi Merbah.

En 1966, les services secrets algériens recrutent un certain Rachid Tabti qui va travailler sous la fausse couverture de prince, de riche homme d'affaires ou encore de gigolo. Homme à femmes, Tabti réussit à nouer une relation avec Béatrice Halegua qui exerce comme secrétaire personnelle de Jean-Pierre Brunet, le directeur des affaires économiques au ministère des Affaires étrangères cité plus haut. Pendant plus de trois ans, Mlle Halegua transmet innocemment des centaines de documents confidentiels sur le groupe pétrolier français Elf-Erap et sur les négociations algéro-françaises autour des hydrocarbures à son amoureux Rachid Tabti qui les transmet à son tour à son officier traitant qui n'est autre que Ouali Boumaza. Tout comme Abdelkader Khalef, Boumaza *alias* Tayeb, *alias* Tony, a été formé par le MALG au sein de la promotion dite « Larbi Ben M'hidi » qui comptait soixante-douze éléments dont un certain Boumédiène. À l'indépendance, Boumaza travaille au cabinet du président Ben Bella, ensuite comme contrôleur général de la sûreté nationale et plus tard comme chargé de mission au ministère algérien de l'Industrie. Il aura fallu des mois d'enquête à la DST pour arrêter en janvier 1970 le duo Tabti-Boumaza qui seront jugés et condamnés en octobre 1970 par la Cour de sûreté de l'État respectivement à dix et huit ans de prison. L'ironie du sort est que, lorsque Jean-Pierre Brunet, en voyage à Alger en janvier 1968, écoute Bouteflika se plaindre des agissements des opposants algériens, il ne sait pas qu'il est lui-même espionné par les services algériens depuis déjà plus de deux ans.

Toujours est-il que la présence des agents des services algériens sur le sol français ne passe pas auprès du gouvernement du Premier ministre Georges Pompidou. C'est que l'ambassadeur de France à Alger est chargé de saisir le commandant Chabou « pour appeler de façon pressante son attention sur la gravité de ces faits et lui demander que toutes mesures utiles soient prises par les autorités algériennes pour mettre fin sans délai à ces agissements ». Dans la hiérarchie du pouvoir, le commandant Abdelkader Chabou n'est pas un officier de petit rang. Membre du premier cercle du colonel Boumédiène, Chabou est secrétaire général du ministère de la Défense. À ce titre, il est considéré comme l'homme fort de l'armée algérienne, tant et si bien que c'est lui que Boumédiène a chargé, le 23 mai 1967, avec l'ambassade de France à Alger, de passer un accord secret pour prolonger l'activité de la base nucléaire française en Algérie « B2-Namous » à Reggane. Vu la proximité entre Boumédiène et Chabou, ce dernier ne pouvait donc que faire remonter à son chef la désapprobation de Paris de la présence de ces agents algériens sur le sol français. Et ces agents n'opèrent pas qu'en France.

Le 25 octobre 1968, le préfet de police de Paris reçoit une note de la direction des renseignements généraux l'informant que des « agents de la sécurité militaire à Alger s'intéresseraient de près aux activités de M. Krim Belkacem en Europe occidentale ». Selon cette note, ces personnes qui disposeraient d'une base en Suisse essaieraient de recueillir des renseignements sur l'animateur du MDRA, et de son entourage. « L'attention ainsi portée aux agissements du leader et de ses collaborateurs directs peut faire craindre que la sécurité personnelle de Krim Belkacem ne soit menacée à plus ou moins bref délai », ajoute ce télégramme. Aussi, il est recommandé de mettre en garde Krim « contre les dangers qu'il peut courir » en

France, surtout lorsqu'il y séjourne sans en informer les autorités françaises. Les filatures, les opérations de surveillance, les coups tordus de la part des agents des services secrets algériens, Krim n'ignore rien de tout cela. Il lui arrive même de recevoir au 13, rue Pergolèse des personnes dont il sait qu'elles sont là pour l'espionner et le trahir.

Il en fera l'amère expérience le samedi 5 avril 1969.

15

Zbiri Brutus

Un coup d'État contre Boumédiène ? Au mois de septembre 1967, les chancelleries étrangères accréditées à Alger n'excluent pas cette hypothèse. Pour certains diplomates et attachés militaires occidentaux, un putsch contre celui qui est arrivé par un putsch n'est qu'une question de temps. Dans une note diffusée au mois de septembre par l'antenne du SDECE à Alger, les services du contre-espionnage français alertent sur le colonel Tahar Zbiri, chef d'état-major de l'armée, qui a l'intention d'organiser un coup d'État contre Boumédiène. Moins de deux mois après cette note, jeudi 16 novembre 1967, l'ambassadeur de France à Alger Bruno de Leusse adresse un rapport circonstancié de huit pages à Maurice Couve de Murville, ministre des Affaires étrangères, au titre aussi sobre que prémonitoire : « les difficultés internes du pouvoir algérien ». Une large partie de ce câble diplomatique détaille les désaccords et les tensions entre Zbiri et Boumédiène et n'exclut pas la possibilité que le conflit entre les deux hommes se solde par une issue violente. Un deuxième coup d'État tout juste cinq ans après l'indépendance ? Contrairement à Ben Bella ou à Boumédiène, Tahar Zbiri n'a pas d'appétence pour le pouvoir, pas d'ambition, pas de projet politique. Même lorsqu'il se met en tête, cet automne 1967, de lancer les blindés de l'armée pour déloger Boumédiène, il n'a pas de plan précis pour y arriver, ne réfléchit même pas à ce qu'il pourrait faire dans le cas où son projet réussirait, et envisage encore moins la perspective de s'asseoir à la place de Boumédiène lorsque celui-ci sera déposé, jugé ou peut-être même exécuté. Et pourtant, il va mener cette folle équipée qui peut le conduire à la disgrâce, à la fuite et à un long exil.

Tahar Zbiri traîne la réputation d'être un officier dur, courageux, valeureux. Une réputation nourrie avec légendes et faits d'armes que l'intéressé se plaît à raconter ou rappeler pour mieux la forger. Engagé dès les premières heures de l'insurrection de 1954, cet ancien ouvrier dans les mines de fer de Ouenza, dans l'Est algérien, signe un premier fait d'armes lorsqu'il s'évade en 1955 de la sinistre prison de Constantine où il a été envoyé après avoir été condamné à mort pour l'agression d'un gendarme. Dans les maquis des Aurès, il monte en grade en cultivant l'image d'un meneur d'hommes, d'une tête brûlée qui a réussi à s'extraire à plusieurs reprises d'embuscades ou d'accrochages avec l'armée française. Il a fui d'une prison, il a tutoyé la mort à maintes reprises, il a traversé plus d'une fois les barrages électrifiés de la ligne Challe, jouit d'une légende de baroudeur, donc. Dans le conflit qui a opposé le GPRA et l'état-major général du colonel Boumédiène, Zbiri s'est rangé derrière celui-ci et a soutenu la prise de pouvoir par Ben Bella à l'été 1962 en faisant massacrer par ses troupes de la wilaya 1 les combattants restés loyaux au GPRA. Zbiri est un dur et un loyal. Pour le récompenser de sa loyauté, Ben Bella le nomme en 1963 chef d'état-major de l'armée. Il n'y pas que la loyauté qui a dicté ce choix. La promotion de Zbiri à ce prestigieux poste visait à réduire l'influence de Boumédiène dont Ben Bella sait qu'il convoite secrètement son poste.

« *Tu quoque mi fili* » (Toi aussi, mon fils !), s'exclame Jules César à son fils spirituel Brutus lorsqu'il se rend compte que Brutus aussi figure parmi ses assassins. Ben Bella pourrait faire sienne cette expression à l'endroit de Zbiri bien qu'il n'ait pas connu la même fin fatale que César. L'une des dernières consignes que Boumédiène donne à ses hommes la nuit du 19 juin 1965, est que Ahmed Ben Bella soit arrêté par Zbiri en personne. En ouvrant la porte de sa résidence cette nuit-là, il se retrouve en face de celui-là même qu'il a nommé vingt mois plus tôt chef d'état-major de l'armée. « C'est fini, Hmimed [diminutif de Ahmed] », lui signifie Zbiri en procédant à son arrestation. « *Tu quoque mi fili* », pourrait maugréer Ben Bella alors qu'il est conduit par Zbiri dans un lieu de détention qui restera secret durant quinze ans.

Autoritaire, despotique, populiste, démago, cumulant les postes de président, de chef du gouvernement, de ministre des Affaires étrangères... C'est ainsi que Boumédiène a justifié sa décision de démettre de ses fonctions Ben Bella et de l'envoyer aux oubliettes. À ceux qui l'ont suivi dans ce pronunciamento il promet de faire tout le contraire de son prédécesseur. Au sein du Conseil de la révolution, le dialogue et la concertation seront de rigueur, les décisions collégiales, et nulle tête ne sera au-dessus des autres. Avec Boumédiène, fini, le despotisme, terminé, le populisme, bannie, la démagogie, aboli, le cumul des postes, disparue, la concentration des pouvoirs. Tahar Zbiri ne cherche pas le pouvoir, mais il constate au fil des mois que Boumédiène ne tient pas ses promesses, n'honore pas ses engagements, décide seul. Le caractère collégial du Conseil de la révolution ? Il l'a vidé de son sens et de son esprit. Il est devenu un directoire sans siège, sans secrétaire général, sans secrétariat, sans agenda. Boumédiène en est *de facto* le patron absolu. En 1966 par exemple, ce Conseil ne s'est réuni que trois fois. Depuis cette année 1967, il n'a été convoqué qu'une seule fois. Et même lorsqu'il est convoqué, il fonctionne comme une chambre d'enregistrement des décisions de Boumédiène. D'ailleurs, certains ont fini par ne plus s'y rendre. Pour Zbiri, Boumédiène se comporte comme Ben Bella. N'est-il pas d'ailleurs président, ministre de la Défense, chef suprême des armées, chef du Conseil de la révolution ? Il a promis de démocratiser le pouvoir, il l'a personnalisé. Il a promis des hommes d'État, il s'est entouré de laquais. « Nous avons pris ensemble un engagement moral, nous ne sommes pas liés avec toi par des liens d'allégeance », dit un jour Zbiri à Boumédiène. Que veut ce bougre de Zbiri ? La fin du contrôle de la sécurité militaire qui espionne, surveille, arrête, torture, tue et fait disparaître en toute impunité ; la démocratisation de la décision politique, l'engagement à fixer un calendrier pour la date de la tenue du congrès du FLN et le retour des institutions comme les assemblées élues. Et si Tahar Zbiri n'avait que cela à reprocher au maître d'Alger ! C'est que, parmi les autres sujets de tension qui opposent les deux hommes, il y a le fameux dossier des officiers déserteurs de l'armée française que l'on désigne sous le signe DAF ou « promotion Lacoste », du nom de Robert Lacoste, gouverneur général et ministre de l'Algérie de 1956 à 1958. Il en veut à Boumédiène d'avoir intégré dans l'armée des dizaines de ces officiers après avoir servi sous le drapeau français pendant la guerre d'Algérie. À vrai dire, c'est d'abord Krim, en tant que ministre de la Défense du GPRA, qui les a accueillis au sein de l'ALN qui s'est enrichie de leur niveau d'instruction dans les grandes écoles militaires et de leurs compétences acquises en France, en Indochine, en Allemagne. À l'indépendance, Boumédiène s'est appuyé sur ces officiers pour organiser et structurer l'institution militaire. Les remontrances de Zbiri sont pour lui à ce point légitimes et pertinentes que ces DAF occupent des postes stratégiques au sein de l'armée. Abdelkader Chabou est secrétaire général du ministère de la Défense, Ahmed

Bencherif est directeur de la gendarmerie nationale, Abdellah Belhouchet est chef de la 5e région militaire, Chadli Bendjedid dirige la 2e région, alors que Saïd Abid pilote la 3e région. Tous des DAF. Pour Zbiri, le ministère de la Défense est devenu une chasse gardée de ces officiers déserteurs dont l'influence est source d'inquiétudes. Certains iront jusqu'à les accuser d'être un cheval de Troie ou une cinquième colonne au service de la France. D'autres jurent qu'ils ont été secrètement missionnés par de Gaulle afin que la France continue à diriger l'Algérie après son indépendance. L'acrimonie de Zbiri à l'égard de ces officiers se nourrit aussi de l'idée que leur promotion s'est faite au détriment des maquisards qui ont fait la révolution et qui ont fini par être marginalisés ou cantonnés à des postes moins importants, moins sensibles et moins prestigieux. Ce sujet délicat, Zbiri n'est pas le premier à l'aborder ouvertement. Il a même coûté la vie à celui qui a osé défier Boumédiène sur cette question, Mohamed Chaabani. Commandant de la wilaya 6 (Sahara) en 1960, ce natif de Biskra est le plus jeune colonel de l'ALN. En juillet 1962, il rejoint Ben Bella à Tlemcen et fait son entrée à Alger deux mois plus tard dans la même Jeep que Boumédiène. Assez vite, il entre en conflit avec ce dernier au sujet de ces officiers déserteurs. D'abord latent, le conflit éclate au grand jour en avril 1964 lors d'un congrès du FLN. L'occasion est trop belle pour Chaabani pour faire le procès de ces DAF qu'il qualifie de « mercenaires » tout en traitant Boumédiène de « planqué de Ghardimaou ». L'une des cibles de Chaabani est le colonel Bencherif, patron de la gendarmerie nationale. Sergent dans l'armée française, naturalisé français en 1948, engagé volontaire en Indochine, il déserte en 1957 pour rejoindre l'ALN. Il monte vite en grade et démontre l'étendue de sa brutalité. En mars 1959, c'est lui-même qui procède à l'exécution des colonels condamnés dans l'affaire dite du « complot des colonels ». Bencherif les tuera un à un en les étranglant avec un fil de fer.

Le conflit s'enlise davantage au fil des mois, au point qu'il conteste même l'idée que Boumédiène puisse être ministre de la Défense. Malgré les missions de bons offices, Chaabani n'épargnera pas Boumédiène de ses critiques acerbes. Mais il n'est pas le seul à essuyer les colères du jeune colonel. Même Ben Bella ne trouve pas grâce à ses yeux. Pour Chaabani, cet homme qu'il a soutenu est une brute autoritaire, un despote qui a envoyé des dizaines de hauts responsables en prison et forcé certains à l'exil. La rupture entre Chaabani et les deux hommes qui tiennent les rênes du pouvoir est désormais consommée. Son sort se joue en juin 1964 lorsque Boumédiène décide de restructurer l'armée. L'occasion faisant le larron, cette restructuration lui permettra d'éliminer Chaabani ou, à défaut, de le contenir. C'est ainsi que le commandant Amar Mellah est désigné à la tête de la 4e région militaire à la place de Chaabani, lequel est sommé de rejoindre l'état-major de l'armée où il a été désigné quatre mois plus tôt. Chaabani refuse de se soumettre et entre en rébellion dans son fief de Biskra. Boumédiène ordonne que la sédition soit écrasée et que le factieux soit arrêté. Le 7 juillet, Mohamed Chaabani est capturé par les hommes du colonel Saïd Abid, chef de la 1re région militaire. Mais Abid reçoit l'ordre de Boumédiène que le prisonnier soit remis à Ahmed Bencherif, celui-là même que Chaabani voue aux gémonies. Le captif est alors transféré dans un piteux état dans la prison militaire Sidi El Houari d'Oran, où des prisonniers politiques croupissent dans des conditions moyenâgeuses. Le choix de cette prison dont le nom rappelle le pseudonyme pris par Boumédiène est aussi cruel que cynique. Chaabani est poursuivi pour haute trahison, rébellion armée, atteinte à l'intégrité du territoire et association de malfaiteurs. Avant la tenue du procès, Boumédiène appelle Chadli Bendjedid, un des juges qui président la cour martiale : « Ben Bella demande que Chaabani soit condamné à mort. » C'est aussi Boumédiène en personne qui fixe les termes de l'exécution : un peloton de douze soldats avec six balles réelles et six balles à blanc. Le procès est fixé au mercredi 2 septembre 1964. Le jour même, quelques heures avant l'ouverture de l'audience, Bencherif fait creuser un trou dans la forêt de Canastel, à Oran. La tombe est prête avant le jugement. Ce mercredi 2 septembre, assis sur une chaise, faible et souffrant d'une dysenterie, Chaabani tient tête aux juges et au procureur. Le verdict, déjà connu et arrêté, tombe à 23 h 15. À Alger, au même moment, Tahar Zbiri rencontre Boumédiène pour demander que la peine soit commuée en réclusion à perpétuité. Il refuse d'intervenir auprès de Ben Bella. Zbiri consulte ce dernier. Là encore, il essuie un refus. À l'aube du jeudi 3 septembre, Chaabani est conduit dans la forêt de Canastel, devant sa tombe entourée de gendarmes. Bencherif se présente en face de lui et lui conseille de demander pardon. « Je suis heureux de mourir ici », lui répond Chaabani en lui crachant au visage. Le peloton met en joue et tire. Le condamné n'est pas encore mort. Le capitaine qui dirige le peloton s'avance et l'achève de deux balles dans la tête. Ainsi s'achève la vie de ce jeune colonel qui a osé tenir tête à Ben Bella et Boumédiène. Tahar Zbiri sait ce qu'il en coûte à celui qui tient tête à Boumédiène. Mais lui a le cuir tanné, il a la légitimité du révolutionnaire de la première heure, le poste de prestige de chef d'état-major de l'armée. Pour ne rien gâcher, il impressionne par sa dégaine de centurion, sa carrure d'athlète, son visage taillé à la serpe. Il en jette.

La fronde de Zbiri contre Boumédiène commence le mercredi 1er novembre 1967 au défilé militaire célébrant le treizième anniversaire de l'insurrection de 1954.

Ministres, hauts gradés, diplomates étrangers sont là, sauf le chef d'état-major de l'armée. Zbiri absent ? Impensable, inexplicable, impardonnable. Boumédiène est fou de rage, mais ne laisse rien transparaître. Il demande à son chef de protocole de joindre Zbiri. Aucune réponse. Il interroge Kasdi Merbah. Lui aussi tombe des nues. Zbiri boudeur, une claque pour Boumédiène qui prend cette absence comme un manque d'égard, un affront à son autorité. Saïd Abid, chef de la puissante 1re région militaire, vient lui susurrer à l'oreille : « Si Tahar est malade. » Il s'est plutôt porté pâle, pense Boumédiène. À cet instant même, alors que les unités de l'armée défilent sur l'avenue de l'ALN, il sait que le chef d'état-major manigance. Sa conviction est d'autant plus forte que Zbiri refuse également de prendre part à la réception officielle organisée avec les hauts cadres de l'État et les diplomates étrangers. Ce n'est plus une bouderie, c'est un acte de défiance.

Pendant ce temps-là, Zbiri est à la caserne du Lido, dans le quartier de Fort-de-l'Eau (Bordj El Kiffan), banlieue est d'Alger, où stationne un bataillon de blindés que commande son beau-frère Layachi Houasnia. Et si Zbiri lançait les blindés du Lido sur Alger ? Boumédiène n'y croit pas trop, mais charge Saïd Abid de prendre langue avec ce frondeur. Face à Zbiri, Abid se fait conciliant, mielleux. Boumédiène ne lui en tient pas rigueur, il veut discuter, mettre en œuvre les changements qu'il réclame. Abid pense l'avoir tarabiscoté, l'avoir roulé dans la farine. Zbiri se calme, quitte la caserne du Lido et rentre chez lui à El Biar, sur les hauteurs de la capitale. Sa colère est passée ? Pas vraiment.

Boumédiène pensait détenir tous les pouvoirs, contrôler l'armée ainsi que la sécurité militaire, il découvre que son autorité est remise en cause, que son pouvoir peut vaciller, qu'il peut subir ce qu'il a fait subir à Ben Bella. Il aurait dû mettre à l'écart ce Zbiri comme le lui avait suggéré son ministre de l'Intérieur Medeghri. Et Zbiri n'est pas un opposant en exil comme Krim Belkacem. C'est un officier connu et reconnu. Il est à Alger, il est chef d'état-major, il commande des troupes, il est au cœur du pouvoir, il est une vraie menace. Le Président décide de crever l'abcès le mardi 7 novembre en se rendant avec son escorte au domicile de Zbiri. Méfiant, ce dernier refuse que les gardes de corps entrent chez lui. Boumédiène lui reproche de vouloir faire voler en éclats l'institution militaire. Zbiri lui rétorque que c'est au contraire lui qui la menace. Les griefs pleuvent. N'est-ce pas Boumédiène qui, en sa qualité de chef de l'état-major général, est entré en dissidence contre le GPRA, au point où celui-ci a décidé de le dégrader et ordonné son arrestation en juin 1962 ? N'est-ce pas Boumédiène qui a sommé l'armée des frontières de tirer sur les combattants des wilayas loyales au GPRA à l'été 1962 dans le but d'ouvrir par la force les voies du pouvoir à Ben Bella ? Les échanges ne débouchent sur rien. Chacun campe sur ses positions. Une nouvelle entrevue se tient dix jours plus tard. Nouveaux échanges de reproches, nouvel échec du dialogue. Boumédiène n'a pas l'intention de changer de politique, n'a pas l'intention de céder devant ce chef d'état-major qui lui tient tête. Il le jauge, pèse et soupèse son influence au sein des commandants militaires et des unités de l'armée et prépare sa riposte dans le cas où Zbiri engagerait l'épreuve de force. Pour le moment, dialoguons.

Dimanche 19 novembre, un conclave se tient à l'Académie interarmes de Cherchell. Autour de la table, il y a Tahar Zbiri, Saïd Abid, le colonel Abbes qui dirige cette académie, Abderrahmane Bensalem, patron de la 4e région, ainsi que Mohamed Salah Yahiaoui, de la 3e région. Au cours de cette réunion, ces officiers s'engagent à appuyer les doléances et les revendications de Zbiri auprès de

Boumédiène. Dans le cas où ce dernier ne tiendrait pas parole, ils assurent appuyer militairement la démarche de Zbiri. Les tractations et les conciliabules se multiplient à Alger alors que les tensions montent. Mardi 12 décembre, une ultime réunion se tient au domicile de Saïd Abid en présence de Yahiaoui, Bensalem, Abbes et bien sûr Zbiri. Les nouvelles ne sont pas bonnes. Abid qui tient la région militaire de Blida est persuadé que Boumédiène ne cédera jamais contre Zbiri, qu'il prépare un commando prêt à liquider tous ceux qui s'opposeraient à lui. Zbiri comprend qu'il n'y a plus rien à attendre de Boumédiène et donne instructions aux officiers présents de regagner leur poste. Il va déclencher les hostilités maintenant. Sait-il seulement que, à ce moment, aucun chef de région militaire ne le suivra dans sa folle équipée pour renverser le régime ?

Au siège du ministère de la Défense, Boumédiène installe une cellule de crise avec sa garde rapprochée. Presque la même que celle avec laquelle il a piloté le coup d'État Ben Bella. Il y a là Medeghri, ministre de l'Intérieur, Draïa, patron de la police nationale, Bouteflika, ministre des Affaires étrangères, Hoffman, directeur de cabinet, et Bencherif, patron de la gendarmerie nationale. Le matin même, il avait convoqué Saïd Abid pour lui donner ses instructions afin de mater le mouvement de rébellion. De retour à Blida, Abid ordonne à ses unités de ne pas bouger.

Dans la nuit du jeudi 14 au vendredi 15 décembre, Zbiri ordonne à ses bataillons de lancer l'assaut sur Alger à partir de la ville d'El Affroun, à quelque 80 kilomètres de la capitale. Erreur stratégique. Ne disposant pas de troupes mais que de ces colonnes de blindées, celles-ci étant trop éloignées des centres de pouvoir, le mouvement sera stoppé net à la sortie d'El Affroun. En face des blindés des factieux, les forces loyales sont si impressionnantes que les chefs rebelles des blindés en tête prennent la fuite. Boumédiène ordonne à l'aviation d'intervenir. Deux avions décollent et mitraillent dans le tas soldats loyalistes et factieux. Des dizaines de morts, un carnage. Dans la journée même du vendredi, la tentative de putsch est écrasée dans le sang. Ce vendredi-là, Saïd Abid est dans son bureau. Il sait que Zbiri est fini, que lui aussi est en sursis. Il donne un ultime coup de téléphone à sa femme. On le retrouvera mort dans son bureau. Suicidé ou exécuté, toujours est-il que Abid était tiraillé entre le devoir d'obéir à son ministre de la Défense et son désir de ne pas engager ses unités contre celles de son ami Zbiri. Quelque chose a fait dérailler Saïd Abid. C'est que, dans la nuit de ce jeudi 14 décembre, il s'entretient avec Boumédiène pour une dernière tentative de conciliation. Il y a une voie pour éviter la confrontation, pour éviter que le sang ne coule. Mais Boumédiène le rabroue aussi sec. « Tu aurais dû savoir ce qui se tramait sur un terrain placé sous ton autorité, lui dit-il. Maintenant que le coup est parti et que la tentative a échoué, je ne veux plus que tu prennes contact avec moi. » Saïd Abid, qu'on dit intelligent, autoritaire et fidèle en amitié, subodorait sans doute sa disgrâce, lui qui ne sait que trop bien à quel point Boumédiène peut se montrer impitoyable avec ceux qu'il juge déloyaux à son égard.

Vaincu avant même que ses troupes ne s'approchent des portes d'Alger, Zbiri prend la fuite. Il trouve refuge chez le commandant Lakhdar Bouregaa, figure de la révolution. Il est amer, contrit, seul : « Personne ne m'a soutenu », lui confie-t-il. Au même moment, Zbiri médite sa bérézina, Boumédiène prend la parole à la radio et à la télévision pour ordonner à l'armée de mater ce qui reste de cette dissidence sous toutes ses formes et promet aux « factieux » et aux « contre-révolutionnaires » un « châtiment exemplaire ». La traque est lancée avec cette consigne : ramener Tahar Zbiri mort ou vif. Comme au

Far West. Mais le baroudeur glisse entre les mailles du filet. Sa fuite le mènera de village en village, de hameau en hameau, de mont en montagne au gré des hommes qui acceptent de lui accorder l'hospitalité et ne pas le dénoncer. Hier encore, il était colonel, puissant chef d'état-major de l'armée, possédait une villa, voyageait et vivait avec faste. Aujourd'hui, ce traître, ce renégat, ce fuyard partage la pitance d'un montagnard, d'un paysan ou d'un berger. Hier encore, il était celui qui avait arrêté Ben Bella. Aujourd'hui, sa lamentable tentative de putsch le condamne au mieux au sort d'un fugitif, au pire devant un peloton d'exécution. Jeudi 28 décembre 1967 est un jour d'apothéose pour Boumédiène, au Palais des Nations, sur le littoral ouest d'Alger. Devant les cadres de l'armée, il fait le récit du putsch raté. Non seulement il a tué dans l'œuf ce mouvement factieux, mais il se pose dorénavant comme le seul maître à bord, le détenteur absolu du pouvoir, le président que l'on ne peut contester sans prendre le risque de se faire arrêter, traquer ou assassiner. Jusque-là admiré par certains, Boumédiène est désormais craint par tous. En tentant désespérément et maladroitement de s'opposer à l'autoritarisme de Boumédiène pour l'amener à démocratiser le pouvoir, Tahar Zbiri lui a donné l'occasion de consolider son emprise sur le pays. À ces hauts gradés qui l'écoutent religieusement ce jeudi-là il dit : « Je vous le dis maintenant : d'ici à vingt ans, il n'y aura pas de coup d'État. » Parole d'un homme qui est arrivé au pouvoir par un coup d'État.

La cavale de Zbiri le mènera en Tunisie, en Suisse, en Italie, en France, au Maroc, où il s'installe pour un long exil. Si lui a réussi à échapper à la vindicte de Boumédiène, ce n'est pas le cas pour ses hommes qui ont été arrêtés et traduits en justice. À l'issue de leur procès qui s'est déroulé en juillet 1969 à la cour révolutionnaire d'Oran, Zbiri et cinq de ses coaccusés sont condamnés à mort.

Aucun prévenu n'est exécuté, mais Boumédiène se montre sans pitié avec les vaincus. Tortures physiques et psychologiques, brimades, privations de sommeil, conditions de détention inhumaines, rien n'est épargné aux officiers prisonniers. Leurs familles reçoivent des notifications d'expulsion de leurs domiciles tandis que leurs femmes, leurs pères et leurs mères et leurs enfants sont jetés dans la rue et ne doivent leur salut qu'à la solidarité et la charité des populations. Son caractère de dur, son aptitude à se montrer parfois cruel avec ses adversaires, c'est Boumédiène lui-même qui en a parlé à Claude Roy, journaliste du *Nouvel Observateur*, qu'il a reçu en 1966. Renfermé, énigmatique, il se confie rarement aux journalistes. Encore moins aux journalistes français. Face à Claude Roy, il a fait cette confession : « Je ne crois pas au socialisme sans potence. »

Et il a ajouté : « J'ai les mains rouges de sang, trempées dans le sang, nous avons tous les mains rouges. »

16

« J'ai la peau dure »

La balle serait passée 10 centimètres plus haut que Boumédiène aurait eu la cervelle éclatée et aurait subi le même sort que John Kennedy, assassiné vendredi 22 novembre 1963 à Dallas. La baraka a sauvé Boumédiène d'une mort certaine et évité que son pays ne fasse un saut dans l'inconnu. Jeudi 25 avril 1968. Le Conseil des ministres vient de se terminer au Palais du gouvernement, ce bâtiment d'où le général de Gaulle a lancé son fameux « Je vous ai compris » un certain 4 juin 1958. Ce mercredi, donc, Boumédiène est invité à déjeuner chez Rabah Bitat, ministre d'État sans portefeuille. Dans la BMW 1800 présidentielle, Boumédiène est enjoué, de bonne humeur. Il plaisante avec son chauffeur Nait Marzouk El Hachemi : « On est invité aujourd'hui, lui dit-il. Celui qui nous a invités est assis à mes côtés. » Ce jeudi ensoleillé promet d'être une belle journée. Il est 12 h 55. À cette heure de la journée algéroise, la circulation est plutôt fluide. Alors que le véhicule présidentiel roule à petite allure, un enfant s'approche de la portière pour remettre une lettre à Boumédiène. Taquin, il échange quelques mots avec le gamin et demande à un membre de son protocole de le conduire au siège de la présidence où il pourrait le recevoir après le déjeuner. La voiture reprend sa route, s'engage sur la rue Saadane, puis ralentit devant un virage où deux policiers de la Compagnie nationale de sécurité (CNS) se tiennent chacun des deux côtés de la chaussée. Dès que la BMW présidentielle arrive à leur hauteur, un des policiers dégaine son pistolet, vise le véhicule et appuie sur la gâchette. Son arme s'enraie. De l'autre côté de la rue, le second tire une rafale. Le chauffeur reçoit une balle au visage, elle rentre par la joue droite et ne ressort pas. Instinctivement, il se retourne vers l'arrière de l'habitacle, lance son bras droit pour abaisser la tête de son président qui est également touché au visage. Surpris par le crépitement des balles, les membres de la garde présidentielle qui escortent Boumédiène ripostent en ouvrant le feu sur les deux assaillants. Le premier, Zeroual Moussa, policier chargé de la garde du Palais du gouvernement, est mortellement touché alors que son complice s'échappe dans un véhicule pour disparaître dans les rues d'Alger. Sérieusement blessé mais encore conscient, le chauffeur de la voiture présidentielle roule à tombeau ouvert vers l'hôpital Maillot, dans le quartier de Bab El Oued. Aussitôt l'alerte donnée, le ministre de l'Intérieur Ahmed Medeghri décide de se rendre à Maillot. Dans la voiture qui l'y conduit, il confie au ministre de l'Information Ahmed Taleb Ibrahimi que les auteurs de cette attaque sont des complices du colonel Tahar Zbiri, ce chef d'état-major de l'armée qui a fomenté en décembre 1967 une tentative de coup d'État contre Boumédiène avant de se réfugier à l'étranger. Même défait et exilé, peste Medeghri, Zbiri en veut à mort au Président. À Maillot déjà encerclé par les forces de l'ordre, l'atmosphère n'est pas vraiment à la panique. Malgré le choc de l'attaque, Boumédiène est serein. Avant de passer dans le bloc opératoire pour se faire extraire la balle qui s'est logée dans son menton, il reçoit Medeghri et Taleb avec un léger sourire : « J'ai la peau dure », lance-t-il en français. Deux médecins militaires français, les professeurs

Aubert et André, qui exercent ici comme médecins coopérants, l'opèrent avec succès. Dans l'après-midi même, ils signent avec deux collègues algériens un premier bulletin de santé rassurant. Le colonel Houari Boumédiène est blessé « à la lèvre supérieure par bris de verre ». Évidemment, les médecins ne disent pas toute la vérité. Alors que le chef de l'État est sur son lit d'hôpital, les membres du Conseil de la révolution, ce cénacle de militaires et de civils qu'il a mis en place au lendemain putsch de 1965, se retrouvent pour un conclave d'urgence. Les premières informations sur l'attentat étant encore parcellaires, tous ignorent les détails de cette tentative d'assassinat. Dans la salle du Conseil, Bouteflika s'installe dans le fauteuil de Boumédiène pour présider la réunion comme s'il assurait là l'intérim, comme s'il se préparait déjà à la succession dans le cas où un malheur arriverait au patient de l'hôpital Maillot. Tandis que les membres de ce conseil commentent l'affaire et échangent des informations, le colonel Ahmed Bencherif, qui commande la gendarmerie nationale, fait son entrée dans la salle. Furibard, il toise Bouteflika d'un regard noir avant de lui intimer l'ordre de dégager du fauteuil présidentiel. La confiance règne parmi les collaborateurs de Boumédiène. À 20 heures, celui-ci fait une première apparition à la télévision, entouré de plusieurs membres du gouvernement et du Conseil de la révolution. Derrière son bureau, un large pansement sous le nez, il fait une courte allocution pour rassurer ses compatriotes. Vraiment, c'est un miracle que cette balle ait touché le menton plutôt que la tempe ou le front. Le soir même, alors que la capitale est quadrillée par policiers, gendarmes et agents de la sécurité militaire et que tous les garages sont systématiquement fouillés à la recherche d'une Peugeot 403, quelques centaines de personnes se massent devant le siège du ministère de la Défense pour manifester leur solidarité envers le Président. S'adressant à la foule, Bencherif lance d'un ton sûr et péremptoire : « Je peux vous dire que les assassins ne sont plus ! » Mais qui a bien voulu assassiner Boumédiène ? Des tueurs engagés par le colonel Tahar Zbiri ? Le ministre de l'Intérieur en est persuadé alors même que l'enquête vient à peine de commencer. Si lui est convaincu par cette piste, d'autres officiels imputent cette tentative aux hommes de Krim Belkacem. L'opposant, qui a lancé en octobre 1967 son mouvement politique, n'a-t-il pas juré d'en finir avec ce régime qu'il juge illégitime et corrompu ? Même les chancelleries étrangères à Alger spéculent autour de l'implication de Krim. Peu de temps après l'apparition de Boumédiène à la télévision, l'ambassadeur de France à Alger, Bruno de Leusse, reçoit cette confidence de son homologue égyptien : les auteurs de l'attentat appartiendraient au mouvement d'opposition dirigé par Krim. Le directeur du protocole à la présidence algérienne fait part au même Bruno de Leusse du même soupçon. « Les premières investigations s'orientent vers la même piste », lui glisse-t-il. Krim Belkacem, régicide ? S'il ne fait pas mystère de sa volonté de chasser du Boumédiène du pouvoir, par la force s'il le faut, il n'a pas encore franchi le pas jusqu'à armer un bras pour le faire assassiner. Mais il est le premier suspect dès lors qu'il est un opposant. Vendredi 26 avril, lendemain de cette tentative, la presse d'Alger commente abondamment l'événement. Ce n'est pas seulement la personne du chef de l'État qui est visée, mais la révolution socialiste, pérorent les journaux. Pour le parti FLN, le crime porte la signature de l'impérialisme et de ses valets qui veulent semer le chaos en Algérie. En bonne place du quotidien gouvernemental *El Moudjahid* figure le message de solidarité du général de Gaulle. Le président français a été le premier chef d'État à envoyer un télégramme à son homologue algérien aussitôt qu'il a appris la nouvelle. Trois jours après s'être fait tirer dessus,

Houari Boumédiène se repose dans sa modeste villa sur les hauteurs d'Alger. En robe de chambre, il reçoit quatre officiers de l'armée qui viennent prendre de ses nouvelles et lui manifester solidarité et loyauté. Les quatre gradés évoquent avec lui cette tentative dont il a réchappé miraculeusement. Alors même que les auteurs du coup sont toujours dans la nature, l'un des visiteurs lui suggère de faire exécuter les auteurs et les commanditaires. « Pas question de faire de ces condamnés des martyrs », coupe le colonel.

L'enquête est confiée, non pas à la police ou à la gendarmerie, mais à la redoutable sécurité militaire du colonel Kasdi Merbah. Elle progresse vite. Mercredi 1er mai, sept jours après la fusillade, un communiqué annonce l'arrestation du commandant Amar Mellah et de la plupart de ses complices. Une vieille connaissance des services algériens, le commandant Mellah. Né en 1938 à Batna, dans les Aurès, il a fait sa carrière à l'indépendance aux côtés et dans l'ombre du colonel Zbiri qu'il a rejoint à l'état-major de l'armée pour devenir son adjoint. En décembre 1967, Amar Mellah est l'un des principaux instigateurs de la tentative de coup d'État contre Boumédiène. Depuis ce putsch avorté, Mellah vit dans la clandestinité et a réussi à échapper aux gendarmes, policiers et agents de la sécurité militaire lancés à ses trousses. Le voilà donc aux arrêts. En attendant son procès, il est soumis à la torture. Personne n'échappe à l'électricité, au supplice de la goutte d'eau, au chiffon mouillé, à la bouteille ou au manche d'une pelle enfoncé dans l'anus. Encore moins un homme coffré pour avoir voulu tuer Boumédiène. Et quand viendra le temps de la justice, celle-ci sera rapide et impitoyable. Le procès qui se déroulera en juillet 1969 à la cour révolutionnaire d'Oran sera donc expéditif. Lecture de l'acte d'accusation, interrogatoires, réquisitoire du procureur général et plaidoiries, il durera moins de quinze heures. Dans le rôle du procureur, le colonel Ahmed Draïa, membre du Conseil de la révolution et directeur de la sûreté nationale. Il étrille les prévenus dont Amar Mellah et Mohammed Tahar Bourezzane, chargé de couvrir la fuite du policier auteur des coups de feu. « Consortium du crime », « bande assimilée à des anarchistes », « esprit aventurier irresponsable », Draïa réclame les peines maximales. Les juges le suivront après deux heures de délibérations. Amar Mellah, Mohammed Tahar Bourezzane, Mebarek Agueguena et Mebarek Betira sont condamnés à la peine capitale. Mais comme Boumédiène s'y est engagé devant les quatre officiers de l'armée, les quatre condamnés à mort ne seront pas exécutés. En avril 1968, Boumédiène peut méditer les conseils et les recommandations que Kasdi Merbah n'a eu de cesse de lui prodiguer depuis la tentative de coup d'État de décembre 1967. C'est que Merbah l'exhortait à recevoir ses ministres au palais d'El Mouradia, sur les hauteurs d'Alger, plutôt que de descendre chaque semaine pour aller à leur rencontre dans ce Palais du gouvernement situé au cœur de la capitale. « C'est le *mektoub* [destin], lui-il répond. Tu as vu Kennedy. Il est à la tête d'un pays puissant mais cela n'a pas empêché un homme de lui tirer dessus. »

Ce n'était donc pas Krim qui voulait le tuer.

17

Krim floué, Krim trahi, Krim condamné

« Il y a un agent des services secrets dans ton entourage, une taupe qui travaille à ta perte, un Brutus qui te plantera un poignard dans le dos... » Combien de fois Krim Belkacem a-t-il entendu amis et collaborateurs le mettre en garde contre ceux en qui il a placé sa confiance et qui le trahiraient un jour ou l'autre ? Et combien de fois amis et proches l'ont-ils entendu répondre qu'il sait tout, qu'il prend ses précautions, que si un malheur devait arriver un jour, ce serait le *mektoub*, ce destin que Dieu fixe à l'homme. Au mois d'avril 1969, il sera pourtant trahi par celui-là même qui l'avait accueilli les bras ouverts dans sa demeure à Tizi Ouzou au cours de l'été 1962, quand Krim et sa famille étaient rentrés en Algérie après des années d'exil à Tunis et au Caire. Si la scène de la trahison de Jules César se déroule dans la curie de Pompée, au cœur du sénat de Rome, celle de Krim aura pour théâtre Oran, dont Albert Camus fait dire au narrateur de son roman *La Peste* qu'elle est « apparemment une ville sans soupçon ». Oui, en apparence sans soupçon.

Oran, lundi 24 mars. L'ancien tribunal de commerce, situé dans le vieux quartier espagnol, est bouclé par policiers et gendarmes comme on bouclerait une prison de haute sécurité. Ici siège aujourd'hui la cour révolutionnaire, créée en novembre 1968, pour le premier grand procès politique de l'ère du président Boumédiène. Dans la petite salle de la cour s'entassent ce lundi personnalités locales, avocats de la défense, proches et parents des prévenus. L'envoyé spécial du quotidien *Le Monde* est prié de quitter les lieux. Seule la presse locale est autorisée à assister à ce procès. Sur le banc des accusés, une cinquantaine de prévenus. Krim Belkacem, président du MDRA, est jugé par contumace. Les chefs d'inculpation sont lourds : atteinte à la sûreté intérieure de l'État, port et détention prohibés d'armes et de munitions, tentatives d'assassinat, vol et complicité de vol, association de malfaiteurs. Tous passibles de la peine de mort. Particularité de cette cour révolutionnaire ? Ses jugements sont sans appel, donc aucune possibilité de recours.

Sur l'estrade qui fait face à la barre, il y a le président de la cour, le commandant Mohamed Abdelghani, habillé en tenue militaire, et ses assesseurs, presque tous des militaires, tous choisis par Boumédiène. Le commandant Abdelghani est un fidèle. Deux fois chef de régions militaires, conspirateur lors du putsch de 1965, il doit sa carrière à Boumédiène. Comme procureur général, ce dernier a choisi un autre vassal : le colonel Ahmed Draïa. Directeur de la sûreté nationale, il doit tout à son chef. Le choix de Draïa comme procureur pour ce procès contre Krim n'est pas anodin. Boumédiène sait que Draïa a un compte personnel à régler avec le signataire des accords d'Évian. C'est Krim qui a tenu à ce que Draïa, impliqué dans le complot des colonels de 1958, soit livré à la justice militaire du GPRA qui l'a fait condamner en mars 1959 à deux ans de prison, on l'a évoqué. Choix machiavélique, choix cynique.

Au menu de la première session figure l'affaire de la tentative d'attentat contre Kaïd Ahmed, ministre des Finances et secrétaire général du FLN. Selon l'acte d'accusation, les services de sécurité ont interpellé le 24 janvier

1968 quatre individus qui projetaient de l'éliminer à Alger. L'arrestation a permis de récupérer cinq pistolets-mitrailleurs, douze pistolets automatiques, une grenade défensive. Les quatre hommes, toujours selon l'accusation, recevaient leurs ordres directement de Krim à Paris. Soumis à la torture, les prévenus révèlent que cette tentative d'assassinat fait partie d'un vaste projet qu'il a élaboré avec ses collaborateurs. Attentats contre de hauts cadres de l'État, actions de sabotage, constitution de groupes armés, organisation de manifestations violentes, on prête à Krim le projet de renverser le régime de Boumédiène. Hormis ces armes dont on ignore d'où elles sortent et ces aveux extorqués sous la torture, ses accusations reposent sur du vide. Les jours qui suivent cette première audience voient défiler les accusés expliquer à la barre comment ils ont été fourvoyés dans les plans de Krim, combien ils regrettent leurs actions tout en niant que celles-ci aient un caractère subversif. Jusque-là, le procès ronronne, les preuves sont maigres et les accusés du menu fretin. Les débats sont suspendus le mardi 1er avril pour reprendre le samedi 5 avril. Le temps de permettre à un témoin de poids de s'exfiltrer de France pour rejoindre l'Algérie. Ou, plutôt, le temps de préparer son exfiltration.

Et puis ce samedi 5 avril, coup de théâtre à Oran lorsque Akli Bellahcene se présente pour livrer son témoignage. Bellahcene ? L'ancien préfet de Tizi Ouzou qui a mis momentanément sa résidence à la disposition de la famille de Krim à l'été 1962. Bellahcene, cet ami qui s'est précipité le 4 août 1967 dans la villa de Krim à Alger pour l'adjurer de quitter au plus vite l'Algérie car il allait être arrêté d'un moment à l'autre. Bellahcene, cet ami encore qui l'a rejoint à Paris pour être membre fondateur du MDRA. Enfin Bellahcene, ce proche collaborateur qui est chargé des relations extérieures du parti et de son organe d'information *Le Renouveau*. L'ami devenu Judas. Les amis et les proches collaborateurs de Krim n'ont eu de cesse de l'avertir contre cet homme qui, lui dit-on, a été récupéré par les services algériens en 1965 lorsqu'il a été nommé secrétaire général de l'université d'Alger. Depuis, il agissait en taupe auprès de Krim. À Paris, les amis de ce dernier se méfiaient de Bellahcene qu'ils soupçonnaient même d'avoir livré Slimane Amirat, membre fondateur du MDRA, à la sécurité militaire qui l'a interpellé à Oran en juillet 1968 et qui se retrouve aujourd'hui sur le banc des accusés. Même le propre frère de Akli finira par avouer que ce dernier quittait presque tous les week-ends Paris pour des escapades à Alger où il se faisait débriefer par les services secrets de son pays. Ah le Judas !

Ce samedi 5 avril, Akli Bellahcene quitte discrètement Paris par train pour rejoindre Marseille avant de prendre un vol vers Oran où des agents des services spéciaux l'attendent afin de le conduire directement devant cette cour révolutionnaire. Selon une note confidentielle que le SDECE rédigera le 10 octobre 1969 en s'appuyant sur des milieux proches du ministère algérien de la Défense, « le scénario de Akli Bellahcene a été monté par Redha Malek, ambassadeur d'Algérie à Paris ». Redha Malek, l'ami de la famille de Krim Belkacem, celui-là même qui était à ses côtés comme porte-parole de la délégation algérienne aux négociations d'Évian. Redha Malek l'a donc trahi lui aussi tout comme Akli Bellahcene. C'est le témoignage que cette cour attendait pour coincer Krim. Le voilà donc devenu Brutus, prêt à planter sa dague dans le dos de son ami. Hier, vendredi 4 avril, il était à Paris avec Krim Belkacem qui lui racontait sa dernière tournée au Moyen-Orient. Aujourd'hui samedi, il est à Oran pour le dénoncer, l'accabler, le faire condamner. Son arrivée surprise ici dans la salle de cette cour révolutionnaire ? « Une décision spontanée pour démontrer et démonter un vaste complot tramé par les ennemis de la révolution », explique Bellahcene à la barre. Son témoignage ? « Un appel de sa conscience pour permettre à la justice de son pays de remplir sa mission. » Son objectif ? « Démontrer au grand jour les accointances de Krim Belkacem, cet assoiffé du pouvoir, avec les services secrets américains, français et israéliens. » Pour confondre Krim, pour le démasquer, pour l'envoyer devant un peloton d'exécution, l'accusation veut du lourd, du concret, des détails, des noms, des lieux. Akli Bellahcene est là pour ça. Il va dérouler son chapelet d'accusations devant les accusés, le procureur, les juges et l'assistance, tous suspendus à ses lèvres. La première affaire qu'il divulgue est digne d'un roman *SAS* de Gérard de Villiers. Il accuse Krim d'avoir passé un deal avec un certain colonel Pierre Fourcaud pour déstabiliser l'Algérie. Ancien compagnon de la Libération, Fourcaud est directeur adjoint du SDECE entre 1940 et 1950 avant de travailler comme conseiller en matière de renseignement à l'hôtel de Matignon jusqu'en 1958. Depuis, il fait des affaires et anime l'association « Action » qui regroupe d'anciens membres des services de renseignements issus de la Résistance. Selon Bellahcene, Fourcaud a promis une aide matérielle au MDRA en échange de plusieurs services de la part de Krim. Celui-ci se serait engagé à aider Fourcaud à libérer Moïse Tshombe, ancien Premier ministre du Congo-Kinshasa, qui a trouvé refuge en Algérie en 1967. Boumédiène ne lui ayant jamais pardonné d'être derrière l'assassinat de Patrice Lumumba, l'ex-Premier ministre du Congo, Moïse Tshombe sera incarcéré à Alger jusqu'à sa mort en juin 1969. On ne sait pas comment Krim pourrait aider ce colonel à libérer un illustre prisonnier détenu dans un lieu secret en Algérie, mais le témoignage de Bellahcene est jugé accablant par la cour révolutionnaire. C'est que Krim s'est également engagé auprès du colonel Fourcaud à retirer les « troupes algériennes du canal de Suez » et à supprimer les aides fournies par l'Algérie aux différents mouvements de libération africains. Pour qui connaît la prudence de Sioux de Krim et sa méfiance légendaire, on imagine mal comment il aurait pu prendre de tels engagements avec un obscur ancien officier du SDECE. Devant une assistance qui boit ses paroles, Bellahcene déroule son témoignage pour arriver au clou du spectacle. Du lourd, promet-il. Il affirme que Krim a mandaté un certain Michel Leroy pour prendre attache avec la CIA afin de solliciter l'aide américaine en vue de mener des actions subversives en Algérie. C'est ainsi que, « munis de dossiers », Michel Leroy se serait rendu à Washington où il aurait été reçu au Département d'État avant de rencontrer d'autres responsables de la CIA qui auraient promis à l'émissaire de Krim de former vingt-cinq commandos de dix personnes chacun chargés de la destruction des aérodromes civils et militaires algériens. Il ajoute enfin que les bombes qui serviraient à ce plan visant à semer le désordre et l'anarchie en Algérie viendraient « directement de l'armurier de la CIA ». Le colonel Fourcaud, c'est du menu fretin devant les pontes de la Centrale ! De la gnognotte. Bellahcene est sûr de ses dires, ni juge, ni procureur, ni assesseurs ne lui demandent des preuves, des documents, des pièces à conviction. Sa parole suffit.

Mais qui est donc ce Michel Leroy qui aurait obtenu l'accord de la CIA pour financer et aider Krim Belkacem à renverser le régime de Boumédiène ? Un fantôme. Aucune trace de lui dans l'entourage de Krim. Personne ne l'a vu, personne n'a entendu parler de lui, pas une trace de lui dans les écrits et documents laissés par Krim. Un agent des services algériens parti intoxiquer les Américains sous couvert d'être un émissaire de Krim ? Possible. Michel Leroy est reçu jeudi 3 octobre 1968 à Washington par John F. Root, directeur des Affaires africaines au Département d'État. Le jour même, Root fait un compte rendu de cette entrevue à son supérieur hiérarchique, désormais déclassifié. Au cours de cette audience, Leroy explique à Root que Krim désapprouve les orientations socialistes du régime de Boumédiène ainsi que l'influence qu'exercent les Soviétiques sur ce pays. Pour s'opposer au pouvoir d'Alger, Krim a créé le MDRA, celui-ci est bien implanté en Algérie et il compte même des partisans dans l'entourage du chef de l'État. Leroy affirme que le retour au pouvoir de Krim est inévitable et nécessite par conséquent une aide financière des Américains. En échange de ce soutien, Krim est disposé à conclure des accords politiques et économiques avec les États-Unis dès son accession au pouvoir. Michel Leroy demande à son interlocuteur de le mettre en contact avec d'autres institutions et organismes américains, notamment la CIA dans le cas où le Département d'État ne serait pas disposé à fournir cette aide à Krim. John F. Root répond à Michel Leroy que les États-Unis ne sont pas en position de fournir une quelconque aide dans ce sens et précise que la situation en Algérie n'est pas aussi sombre que la décrit son hôte. « Washington doit rester sur une position de non-ingérence dans les affaires d'un autre pays », précise-t-il tout en soulignant que beaucoup d'accusations sont portées contre la CIA et que l'Algérie n'est pas une région de grande priorité pour les Américains. Root indique que la même réponse a été fournie à Krim Belkacem quand il a émis le souhait de se rendre aux États-Unis avant que sa demande de visa ne lui soit refusée. Fin de l'entretien entre Root et Leroy.

En marge de ce rapport, John F. Root ajoute ce commentaire : « Je pense qu'on devrait s'abstenir de tout encouragement à l'adresse de Leroy, d'autant plus que nous considérons que les perspectives politiques de Krim sont défavorables, écrit-il. La CIA n'a manifesté aucun intérêt pour la question, que ce soit dans un sens ou dans l'autre, lorsque la perspective de la visite de Krim a été évoquée pour la première fois. J'informe la CIA de ma conversation de ce matin et je vous ferai part de leur position. On peut s'attendre à ce que Leroy tente d'intéresser des entreprises privées américaines à l'avenir de son mandant. Le dispositif de sécurité entourant cette visite sera donc plus poreux que jamais, ce qui est une raison supplémentaire de garder nos distances. »

Lundi 7 octobre 1968, quatre jours après cette entrevue, John F. Root rédige une autre note à son supérieur dans laquelle il l'informe qu'il s'est entretenu avec un responsable de la CIA dont l'identité reste confidentielle à propos de la demande introduite par Michel Leroy en vue d'une aide de cette agence au profit de Krim Belkacem. Non seulement, précise-t-il, la CIA n'est pas disposée à fournir une quelconque aide, mais elle estime imprudent de l'encourager. Quelques jours plus tard, Michel Leroy reprend contact avec John F. Root pour s'enquérir des nouvelles. « Il n'y a aucun changement dans la position des États-Unis », lui répond-il. Ainsi, comme le montre ces notes diplomatiques versées aux archives du gouvernement américain, Michel Leroy est sorti bredouille de la seule entrevue qu'il a eue aux États-Unis. Pourtant, c'est sur ce témoignage que va reposer le plaidoyer du procureur général Ahmed Draïa pour réclamer la peine maximale contre Krim Belkacem. Les plaidoiries des avocats de la défense, bien que brillantes, ne changeront pas le cours du procès dont le verdict est décidé par avance.

Dans la soirée du lundi 7 avril 1969, la cour révolutionnaire d'Oran condamne Krim Belkacem, Slimane Amirat et Tamsaout Belkacem à la peine capitale. Neuf accusés sont condamnés à la réclusion à perpétuité. La cour ordonne également la saisie de tous les biens appartenant à Krim. Le principal témoin, Akli Bellahcene, écope de deux ans de prison avec sursis. Il bénéficiera de l'excuse absolutoire prévue dans l'article 179 du code pénal. Judas a rempli sa mission. Le lendemain, mardi 8 avril, le quotidien gouvernemental *El Moudjahid* lance un appel au meurtre contre Krim Belkacem : « Tout Algérien se doit d'être l'auxiliaire de la justice en exécutant la sentence de mort en tout lieu et en tout moment », écrit l'éditorialiste. De Paris où il a suivi toutes les péripéties du procès, Krim est estomaqué. Non pas par sa condamnation à mort qu'il sait décidée avant même l'ouverture du procès, mais par la trahison de Akli Bellahcene. On l'a prévenu, il n'a pas écouté. Il se méfiait de lui, il n'a pas vraiment cru qu'il serait capable d'une telle traîtrise. L'autre ironie du sort est que le négociateur en chef des accords d'Évian a été trahi par un compatriote qui était au service d'un homme qui était partisan de l'Algérie française. C'est que, entre 1959 et 1960, Akli Bellahcene était administrateur civil auprès de Paul Delouvier, délégué général du gouvernement en Algérie de décembre 1958 à novembre 1960.

Désormais, la tête de Krim est mise à prix. Il est en sursis.

18

Persona non grata en France

Ce procès qui l'a fait condamner à mort, Krim est convaincu qu'il a été programmé dans la précipitation. Il est persuadé que Boumédiène a été contraint d'ordonner sa tenue ce mois d'avril alors qu'il a été ajourné à maintes reprises. Qui aurait donc fait pression sur lui pour tenir ce procès dans l'urgence ? Et surtout pourquoi lui, dont on dit qu'il exerce le pouvoir sans partage, aurait-il cédé aux pressions ? Ce sont les affaires de corruption, de détournements et de malversations présumées impliquant ministres et proches du chef de l'État qui ont obligé ce dernier à hâter le jugement et la condamnation du président du MDRA. L'opposition politique des exilés des exilés à Paris, Madrid ou Genève irrite et indispose les autorités algériennes au point de faire pression sur leurs partenaires étrangers pour les réduire au silence ou les expulser. Mais c'est l'arme de l'information qui fait trembler encore plus le régime. Car les dossiers sur la corruption et la rapine sont des bombes à fragmentation qui peuvent faire des dégâts dans les arcanes du pouvoir, dans la société, dans les milieux diplomatiques. Et s'il y a donc une raison de neutraliser Krim, il faut sans doute la chercher dans ces affaires que révèle à un rythme régulier *Le Renouveau*, le journal du MDRA. Dans son numéro de février 1969, il s'en prend aux ministres de Boumédiène dans un éditorial intitulé : « Il faut chasser et juger les ministres indignes. » Qui sont-ils et pourquoi Krim réclame-t-il leur limogeage et leur traduction en justice ? Il s'agit de Belaid Abdesselam, ministre de l'Industrie et de l'Énergie, de Abdelaziz Bouteflika, ministre des Affaires étrangères, de Ahmed Medeghri, ministre de l'Intérieur, et de Slimane Hoffman, ancien directeur de cabinet au ministère de la Défense. Tous les quatre sont de très proches collaborateurs du Président et certains font partie de son cercle intime. Leur dénominateur commun est un certain Mustapha Berri, dit le « Petit Boumédiène ». Frère de lait de Bouteflika, Berri a été formé au MALG pour lequel il opérait en Allemagne. À l'indépendance, Berri s'installe en Suisse et devient un prospère homme d'affaires dans le secteur des hydrocarbures et de l'automobile. Resté très proche de lui, Bouteflika ne manque jamais de lui rendre visite à Paris ou à Genève au cours de ses voyages officiels ou de ses escapades privées. Il arrive même à Mustapha Berri d'ouvrir son gros carnet d'adresses pour procurer à son ami Bouteflika des rendez-vous en galante compagnie.

En décembre 1968, Mustapha Berri est en voyage à Alger lorsqu'il est interpellé par les services de sécurité à sa descente d'avion. Depuis plusieurs semaines, la sécurité militaire enquête sur des soupçons de détournements et de corruption impliquant Berri et certains ministres, tant et si bien que Boumédiène ordonne son arrestation et son incarcération. Panique dans le marigot d'Alger car ce riche homme d'affaires détient beaucoup de secrets et aurait arrosé du monde. Dans son édition de ce mois de février, le journal de Krim révèle que Bouteflika et Abdesselam avaient profité du voyage de Boumédiène au Maroc au mois de janvier 1969 pour remettre en liberté Mustapha Berri. « Si, une fois de plus, mal inspiré ou déplorablement conseillé, Boumédiène recule devant ses responsabilités suprêmes, notre opinion, enfin informée, l'associera à jamais à des malfaiteurs dont il sera devenu le complice disqualifié », conclut l'éditorial de ce journal qui arrive à être distribué sous le manteau en Algérie. Vraies ou fausses, ces révélations sur l'implication présumée des proches de Boumédiène avec cet homme d'affaires écornent l'image du régime et la crédibilité même du chef de l'État. Elles font également souffler un vent de panique dans le Landerneau politico-militaire d'Alger. Où va donc s'arrêter le journal de Krim ? Qui sera la prochaine cible ? Quel dossier explosif va-t-il encore sortir ? Sans fournir de preuves, *Le Renouveau* révèle dans une autre édition que Mustapha Berri aurait versé des commissions à Bouteflika, à Medeghri et à Abdesselam dans le cadre de juteux contrats qu'il aurait décrochés dans le secteur des hydrocarbures dont Abdesselam a la haute main. Berri verserait également des commissions dans le cadre de son business de vente de matériel et d'équipement automobiles lourds et légers de marque Mercedes Benz, BMW, etc. Ces trois ministres se seraient ainsi rendus propriétaires de biens immobiliers de standing à Genève et l'un d'eux aurait même acquis un hôtel dans cette ville très prisée des dignitaires algériens.

La corruption de ministres, de gradés de l'armée et de hauts cadres de l'État ? Un tabou dont personne n'ose parler. Dans cette Algérie socialiste dirigée d'une main de fer par Boumédiène, réputé pour sa probité et son désintérêt total pour l'argent, les dirigeants sont censés être propres et honnêtes. Et voilà qu'un parti d'opposition dirigé par une figure de la révolution démontre le contraire. Il faut donc le faire taire, le neutraliser. Y a-t-il réellement ou non un lien entre les révélations successives sur les dossiers de corruption et la condamnation à mort de Krim par la cour révolutionnaire d'Oran ? Difficile de spéculer.

Toujours est-il que son procès constitue un tournant dans la vie du négociateur en chef des accords d'Évian.

Sa première sortie médiatique lui causera de gros soucis avec les autorités françaises. Mardi 8 avril, Krim accorde une interview à l'agence britannique Reuters pour commenter sa condamnation. Ce procès devant la cour révolutionnaire ? Une mascarade. Les accusations de collusion avec des services américains et israéliens ? Des slogans dérisoires. La trahison de Bellahcene ? Il s'est rendu compte de son comportement suspect et l'a éloigné du mouvement. Le MDRA a-t-il recours à la lutte armée ? Le parti est une organisation pacifiste. Les menaces qui pèsent sur sa vie ? « Une menace pèse sur tout le peuple algérien », répond-il enfin. Cette interview ne passe pas du tout auprès du gouvernement français, déjà soumis à une forte pression de la part des dirigeants algériens. Elle passe d'autant moins qu'Alger et Paris négocient depuis plusieurs mois sur le dossier hautement sensible du pétrole. La riposte des Français sera cinglante. Mercredi 10 avril, Hervé Alphand, secrétaire général du ministère des Affaires étrangères, adresse un courrier au secrétariat général pour la police au ministère de l'Intérieur pour l'interpeller au sujet de cette interview accordée à Reuters. Alphand juge que la sortie de Krim est « un grave manquement pris par l'intéressé à l'égard de vos services de ne se livrer à aucune activité politique sur le territoire français ». Alphand confirme ces pressions exercées par les Algériens à propos du cas de Krim. « Je suis d'autant plus préoccupé, dans le contexte actuel, que j'avais donné toutes assurances à cet égard à l'ambassadeur d'Algérie, comme suite aux correspondances échangées entre nos deux départements ministériels entre le mois de février et de novembre 1968 », précise Hervé Alphand. L'avenir de Krim en France ? Alphand estime « essentiel que celui-ci quitte sans délai [leur] territoire pour une longue période » et que des « mesures strictes soient appliquées » pour ses futurs déplacements et séjours en France « avec la plus extrême rigueur ». Le secrétaire général du Quai d'Orsay indique qu'il attacherait en « particulier du prix à ce que ses séjours en France fussent désormais exceptionnels, toujours limités dans le temps et contrôlés au franchissement de la frontière, à l'entrée comme à la sortie du territoire ».

Le forcing exercé par le gouvernement algérien ainsi que l'issue du procès d'Oran signent un coup d'arrêt à la carrière politique en France de Krim Belkacem et de son parti. Non seulement il lui est formellement interdit d'y exercer ses activités d'opposant, mais ses futurs séjours sont soumis à des demandes de visas, ses entrées et sorties réglementées et ses déplacements surveillés par les agents de la DST et des RG. L'injonction d'Hervé Alphand à l'adresse de la place Beauvau ne tarde pas à être suivie d'effet. Dans l'après-midi même de ce mercredi 11 avril, Krim est reçu par Jean Paolini, chef de cabinet du préfet de police de Paris. L'entretien est cordial, les propos fermes. Paolini explique à son illustre hôte que son « comportement ne répond pas aux engagements auxquels il a souscrit de respecter une attitude de neutralité en matière de politique et de s'abstenir de toute prise de position politique ». Dorénavant, il lui est donc fait obligation de solliciter l'autorisation du préfet de police dans le cas où il souhaiterait entrer en France. Il doit en outre se faire connaître au poste frontalier à l'entrée comme à la sortie du territoire français. Compte tenu des menaces qui pèsent sur la vie de Krim, le gouvernement français s'engage à lui assurer sa protection pendant ses futurs séjours. Dans le cas où il ne souhaiterait pas cette protection rapprochée, il devrait le faire connaître par écrit. Par conséquent, le chef de cabinet du préfet de police prie Krim de quitter le sol français dans les plus brefs délais. Face à Jean Paolini, l'intéressé mesure la gravité de la situation dans laquelle il se trouve désormais. Il est conscient que ses propos livrés à Reuters ainsi que les pressions exercées par le régime de Boumédiène sur Paris compromettent sérieusement aussi bien ses activités politiques que ses séjours en France. S'il ne peut pas quitter Paris sur-le-champ en raison des engagements qu'il a pris, il s'engage à demander les autorisations nécessaires pour ses séjours et signaler ses entrées et sorties du territoire français. Concernant la protection policière que l'État français met à sa disposition, il indique que « sa sécurité personnelle n'est pas menacée dans l'immédiat ».

Pourtant, Krim est parfaitement au courant des menaces qui pèsent sur sa vie, en particulier depuis cette condamnation. Il sait qu'il est ciblé par les nervis du régime algérien depuis l'assassinat de Khider à Madrid. Combien de fois amis, anciens compagnons d'armes et même partisans et serviteurs du régime algériens sont-ils venus le mettre en garde contre ceux qui veulent attenter à sa vie ? Tout cela, il le sait. Il en a les preuves. Mais accepter que des policiers et des gardes du corps français ne le quittent pas d'une semelle de jour comme de nuit, cela, il ne peut l'accepter. Non pas par fierté, mais parce qu'il ne souhaite guère que les services français connaissent ses faits et gestes, l'identité des gens qu'il rencontre, les endroits qu'il fréquente. Pourquoi le gouvernement de Maurice Couve de Murville attache-t-il de l'intérêt à protéger l'intégrité physique d'une personnalité politique algérienne de haut rang ? Parce qu'il sait que les services spéciaux algériens ont déjà dépêché en France leurs agents pour neutraliser Krim. Et ces menaces vont s'amplifier au fil des mois. Dans une note adressée le 16 juillet 1969 par Jean Rochet, directeur de la DST, à une demande de visa court séjour adressée par Krim Belkacem, il est précisé que celui-ci est « recherché par les services spéciaux algériens, condamné à mort par la cour révolutionnaire d'Oran ». Cette note indique encore que cette « personnalité algérienne a fait l'objet récemment de menaces de mort, notamment dans le contexte diffusé par la presse d'Oran appelant n'importe quel Algérien à se faire l'auxiliaire de la justice de son pays en exécutant Belkacem Krim ». Aussi, le directeur de la DST estime que sa présence sur le territoire français pose la « question de sa sécurité personnelle et celle de troubles à l'ordre public ».

Le nouveau gouvernement de Jacques Chaban-Delmas, formé au lendemain de l'élection à la présidence de la République de Georges Pompidou, craint également pour la vie de cet opposant au moment même où Paris et Alger négocient âprement sur la question des hydrocarbures. Le danger se précise au cours de cet été 1969 quand un ancien capitaine de l'ALN, qui a connu Krim à Tunis en 1958, arrive à Paris porteur d'un message. En l'absence du principal intéressé, en voyage au Maroc, il le transmet à l'un de ses plus fidèles amis, Tahar Tinouiline. Que dit ce messager venu spécialement d'Alger ? « Dites à Krim qu'un groupe d'officiers des services algériens est chargé de l'approcher afin de lui proposer un scénario d'un coup d'État contre le président Boumédiène. Sous couvert de ce supposé coup d'État, ce groupe a pour mission d'éliminer physiquement Krim. Dites-lui de faire très attention. » Lorsque Tinouiline transmet le message à Krim, celui-ci répond doctement : « Je suis au courant. Boumédiène n'osera pas me toucher. » Ce n'est pas la seule mise en garde qu'il aura à entendre de la bouche de ses amis. Mourad Tarbouche, son ancien directeur de cabinet et le fidèle ami avec lequel il a fondé le MDRA, en a eu vent par d'autres canaux. Il s'en ouvre à Krim en ces termes : « Fais très attention, le prévient-il. Des agents de la sécurité militaire viendront te proposer l'idée d'un putsch contre Boumédiène. Sois prudent. Ils seront là pour t'assassiner. » Aussi bien cet émissaire venu d'Algérie que Tarbouche sont dans le vrai.

Quelque part à Alger, quelqu'un a décidé de tuer Krim.

19

« Méfiez-vous de Draïa et de ses sbires »

Krim a désormais le choix entre deux options.

Continuer à agir en opposant au régime de Boumédiène avec la certitude que la mission devient périlleuse, sinon impossible. Sa condamnation à mort par la cour d'Oran ainsi que la fatwa lancée contre lui font de lui un homme surveillé, traqué et nullement à l'abri d'un tueur ou d'un commando de sicaires. Cette condamnation compromet également l'existence de son parti en France où il compte une bonne partie de ses militants et de sympathisants tout comme elle impose dorénavant de sévères restrictions sur ses séjours et ses déplacements dans l'Hexagone. De fait, le gouvernement de Pompidou lui interdit de faire de la politique sur le sol français tout en lui signifiant qu'il est indésirable. Preuve patente que Krim n'est plus dans les bonnes grâces des autorités françaises ? Le message de félicitations qu'il a adressé à Georges Pompidou à la suite de son élection le 15 juin 1969 à la présidence de la République n'a pas été transmis à l'Élysée. Le 25 juin, cinq jours après l'investiture de Pompidou, le Quai d'Orsay adresse une note au service du protocole de l'Élysée dans laquelle il indique que la Direction Afrique du Nord a « l'honneur de lui confirmer qu'il serait inopportun d'accuser réception de ce message ». Les portes se referment pour Krim.

L'autre choix qui s'offre à lui est d'engager un dialogue ou d'esquisser un rapprochement avec le régime d'Alger pour négocier une issue politique sans vainqueur ni vaincu. Et pourquoi pas négocier son retour et celui de sa famille ? Justement, à l'automne 1969, Boumédiène veut prendre langue avec les opposants en exil pour les convaincre de rentrer au bercail. La réflexion à laquelle lui et ses principaux responsables des services d'intelligence aboutissent à ce moment-là est qu'il serait préférable de négocier avec ces anciennes figures de la révolution pour qu'elles mettent un terme à leur mouvement d'opposition en échange de mesures d'amnistie, de réhabilitation et de compensations financière et matérielle pour ceux dont les biens ont été saisis ou spoliés. L'idée est d'autant plus pertinente que certains de ces opposants pourraient être liés par des intérêts politiques ou financiers avec des puissances étrangères ou des services secrets américains, israéliens, français ou marocains. Opération d'intox ou réelle volonté d'une réconciliation avec ces exilés que l'on a souvent qualifiés de traîtres, de mercenaires ou encore de suppôts de l'étranger ? Toujours est-il que Boumédiène charge Kasdi Merbah, directeur de la sécurité militaire, d'entrer en contact avec ces opposants à l'étranger.

L'homme qui sera mandaté pour cette mission secrète est Belkacem Babaci, un officier des services qui opère sous couvert d'activités civiles notamment à la présidence de la République ou au sein de la Compagnie maritime nationale. Depuis son recrutement en 1962, ce fin lettré et spécialiste de l'histoire de la Casbah d'Alger a mené plusieurs opérations secrètes en France, en Yougoslavie, au Maroc, en Espagne ou encore en Suisse. Les messages que Merbah charge Belkacem Babaci de transmettre aux opposants sont les suivants : « Boumédiène vous tend la main, arrêtez d'insulter le régime, rentrez au pays et l'État est là si vous avez besoin d'argent. » Le premier avec lequel Belkacem Babaci entre en contact est Hocine Aït Ahmed, historique du FLN, président du parti FFS exilé en Suisse, celui-là même qui a accusé nommément Boumédiène d'avoir commandité l'assassinat de Khider en janvier 1967. Méfiant, Aït Ahmed demande à voir Boumédiène en personne en terre étrangère. Le Président ne peut pas se déplacer à Paris ou Genève pour voir un opposant, lui explique-t-on. On lui propose de rencontrer Merbah là où il le souhaite en Europe. Refus net de Aït Ahmed. Finalement, une rencontre a lieu en Suisse avec Yazid Zerhouni, numéro deux de la sécurité militaire. Les détails de cette entrevue restent secrets, mais le dialogue ne dépassera pas le stade de ces premiers contacts. Le second personnage que Babaci rencontre est Mohamed Lebjaoui, ancien dirigeant du FLN en France, allié de Ben Bella avant de s'exiler pour rejoindre le mouvement d'opposition contre Boumédiène. Là encore, les discussions resteront sans suite. Et bien sûr, parmi les opposants au pouvoir les plus virulents que l'envoyé de Merbah doit contacter figure Krim Belkacem. Par l'intermédiaire d'un parent par alliance qui croupit dans la prison de Lambèse-Tazoult, dans les Aurès, Babaci se rend dans l'hôtel-restaurant que Krim possède au 13, rue Pergolèse, dans le 16e arrondissement de Paris. Il voyage avec un faux passeport et sous la fausse identité de Belkacem Abdelghani, *alias* Karim. Prudent et méfiant comme à son habitude, Krim se renseigne et enquête sur cet émissaire d'Alger avant de lui fixer un rendez-vous. N'importe quel messager peut être un tueur à gages ou un nervi du pouvoir prêt à lui loger une balle dans la tête. Trois jours après l'arrivée à Paris de notre agent, Krim accepte de le rencontrer dans un hôtel du 8e arrondissement. Il le sonde, s'assure qu'il est bien l'émissaire de Boumédiène avant de lui donner rendez-vous dans quarante-huit heures à l'hôtel

Intercontinental de Genève. « Paris est une ville dangereuse », glisse Krim.

Nous sommes à la mi-novembre 1969. Les deux hommes se rencontrent enfin dans la plus grande discrétion dans cet hôtel que Krim a choisi pour y avoir ses habitudes. Belkacem Babaci explique à son interlocuteur les motifs de la rencontre, le souhait de Boumédiène de le voir cesser son opposition en exil, l'assurance d'un retour sain et sauf dans son pays et sa disponibilité à entendre ses doléances et ses exigences. Bien que soupçonneux et circonspect, cet homme madré dont le cuir s'est endurci au fil des épreuves de la vie dit qu'il est prêt à étudier la proposition, à ouvrir une voie au dialogue et à maintenir le fil des discussions. Il pose en revanche quatre conditions sans lesquelles son retour serait inenvisageable. Krim jugera de la bonne volonté ou non de Boumédiène en fonction des réponses que celui-ci donnerait à ses requêtes.

D'abord, il exige la restitution de sa villa sise au 17, chemin Laperlier, à El Biar, qu'il a précipitamment quittée lui et sa famille en août 1967 pour fuir au Maroc. Cette résidence qui abrite encore tous les biens de la famille de Krim a été cédée de force par Ahmed Draïa, directeur de la police nationale, à son ami Mohamed Chérif Messaadia. Avant de la prendre de force, Draïa a fait évacuer *manu militari* la famille du beau-frère de Krim qui occupait les lieux en attendant le retour des propriétaires. Ensuite, il réclame la restitution de sa bijouterie L'Or blanc qu'il possédait sur un grand boulevard d'Alger en association avec Lazare Uzan, Tunisien de confession juive. Cette bijouterie ainsi que l'or et les bijoux qui s'y trouvaient ont été saisis après son départ en exil en 1967. Au moment où ces biens lui ont été confisqués, la presse d'Alger avait accusé Krim Belkacem de tremper dans un trafic international d'or sans que la justice ait ordonné le moindre début d'enquête. Que cette presse aux ordres du pouvoir en soit arrivée à le traiter de trafiquant international, lui qui avait tant donné pour son pays, avait été un affront et une souillure que Krim n'avait pas acceptés.

Il demande par ailleurs l'amnistie pour les militants et les cadres du MDRA qui ont été condamnés en avril 1969 par la cour révolutionnaire d'Oran à de lourdes peines de prison. Tous torturés des mois avant leur jugement, ils ont vu tous leurs biens confisqués après leur condamnation. Krim insiste sur le fait que ces hommes dont certains ont combattu pendant la guerre d'indépendance ont été injustement condamnés sur la base de preuves fabriquées et sur la foi de simples témoignages. Enfin, il demande l'amnistie pour sa personne, lui qui a été condamné à mort par cette même cour à l'issue de ce même procès. Si ces conditions sont satisfaites, il mettra fin à son exil.

De retour à Alger, Babaci fait un compte rendu de sa rencontre à Kasdi Merbah, chef de la sécurité militaire. Évidemment, Boumédiène en est informé dans le détail. L'émissaire explique que Krim est sincère dans sa démarche, qu'il note chez lui une réelle volonté de maintenir le dialogue et qu'il y a là une vraie opportunité d'aboutir à une réconciliation. Qu'en est-il des conditions qu'il pose pour son retour ? Sa villa d'El Biar ? Il pourra la récupérer le temps de préparer les formalités de sa restitution qui prendront un certain temps. Sa bijouterie dans ce beau quartier d'Alger ? Il pourra également la récupérer. L'amnistie pour lui et les militants du MDRA condamnés ? Boumédiène, qui a institué en personne cette cour révolutionnaire d'Oran, pourra promulguer une grâce présidentielle dans ce sens. *Quid* de l'or et des bijoux qui se trouvaient dans cette bijouterie ? Après la mise sous scellés du local, tout a été déposé dans une banque située rue Larbi Ben M'hidi, à deux pas de la statue de l'émir Abdelkader, premier chef de la résistance contre l'occupation française en Algérie. Les biens du chef historique du FLN et signataire des accords d'Évian saisis et déposés dans un établissement bancaire sis dans la rue qui porte le nom de son ami, lui aussi chef historique du FLN, non loin de la statue d'une autre figure de la résistance contre le colonialisme, voilà qui relève de l'ironie. Pour restituer cet or et ces bijoux à leur propriétaire, il faut s'assurer qu'ils sont toujours sous bonne garde dans cette banque. Le patron de la sécurité militaire charge alors Babaci de se rendre sur les lieux pour s'enquérir de la présence effective de ces biens et d'en dresser un inventaire détaillé. Stupéfaction de Babaci lorsqu'il s'informe auprès des responsables de la banque. Il n'y a aucune trace de cet or ni de ces bijoux, lui dit-on. Tout s'est volatilisé, tout a disparu. Comment est-ce possible ? Volé ? Confisqué ? Transféré dans un autre établissement ? Un casse qui n'a pas été signalé à la police et la justice ? Une escroquerie de la part d'un employé indélicat ? Kasdi Merbah informe le Président de la découverte faite par son agent et ordonne l'ouverture d'une enquête. Les conclusions des limiers de la sécurité militaire sont un coup de tonnerre. L'or et les bijoux appartenant à Krim Belkacem et à son associé ont été subtilisés sur ordre du patron de la police nationale Ahmed Draïa, témoigne Belkacem Babaci. Le même Draïa qui a dépossédé de force Krim Belkacem de sa villa pour l'offrir à son ami Messaadia. Le même Draïa qui, comme procureur général de la cour révolutionnaire d'Oran, a requis la peine de mort contre Krim Belkacem. Voilà qu'il l'a aussi dépossédé de l'or de sa bijouterie. Un coup de tonnerre, une déflagration, un séisme. Du coup, le dossier de Krim devient une affaire très embarrassante dans le cercle présidentiel. C'est que Ahmed Draïa n'est pas un perdreau de l'année. Il dirige la police nationale depuis 1965, il est membre du Conseil de la révolution, il siège à la cour révolutionnaire comme procureur général, et il fait partie des proches de Boumédiène sans pour autant être un intime. C'est un pilier du régime qui connaît les moindres secrets du sérail. Bien sûr, Draïa n'ignore rien de ces discussions secrètes que Boumédiène a engagées avec Krim Belkacem. Et puis Ahmed Draïa n'est pas un tendre, pas un mollasson, pas un enfant de chœur. Cet homme aux airs de dandy anglais, fine moustache, mèches rebelles et costumes bien coupés, ce mirliflore est une brute, un revanchard qui a pour amis des personnages au passé de loubards, de voyous et de petites frappes qui ont fait les 400 coups en France durant la guerre d'Algérie.

Lorsque Kasdi Merbah informe Boumédiène des conclusions de son enquête impliquant son fidèle serviteur, celui-ci répond en substance : « Évaluez cet or, on le lui indemnise ! » Pour le reste des conditions posées par Krim, le pouvoir n'y voit pas d'inconvénient. Toutefois, il faudra faire preuve de patience car les discussions prennent du temps et les décisions encore plus. Kasdi Merbah demande à Belkacem Babaci de transmettre les décisions prises en haut lieu à propos des requêtes formulées. Il y aura entre cet émissaire d'Alger et Krim Belkacem plusieurs rencontres, toujours à Genève. Les discussions avancent tellement bien qu'on envisage de lui dérouler le tapis rouge pour son retour à Alger, témoigne encore Babaci à l'un de ses proches. Il n'est pas question qu'il rentre chez lui en catimini, par une porte dérobée de l'aéroport d'Alger ou comme un touriste qui revient au bled après deux semaines de vacances. Krim est le chef historique du FLN, le vice-président du GPRA, son ministre de la Défense, son ministre des Affaires étrangères, l'homme qui a conduit les négociations avec le général de Gaulle avant de signer les accords qui ont débouché sur l'indépendance de l'Algérie. Il a été député de l'Assemblée constituante de 1962 avant de démissionner un an plus tard et d'être forcé à l'exil. Il mène un combat pacifique, il aime son pays et il veut demain jouer un rôle sur la scène politique dont il resterait à définir les contours et le moment. Oui, donc, il est question qu'il retourne en Algérie avec les honneurs dus à son rang.

Le courant entre Krim et Babaci passe tellement bien que Krim fait cadeau d'un parfum de valeur à son interlocuteur qui avoue avoir vécu des moments privilégiés devant un monument de la guerre d'indépendance. Évidemment, Krim Belkacem n'ignore rien des agissements d'Ahmed Draïa, de ses fréquentations, de son parcours. « Je n'ai peur de rien, dit Krim à Babaci. Mais méfie-toi de Draïa et de ses sbires. » Il n'ignore pas non plus que le chef de la police algérienne l'espionne, le surveille, le file. Il connaît même le nom et le visage des hommes que le premier flic d'Algérie a chargés de le pister au Maroc, en France, en Suisse ou en Allemagne. Au cours d'une de leurs dernières rencontres dans le courant de l'année 1970, Krim et Babaci se retrouvent à la terrasse d'un palace de Genève. En tirant sur une énième cigarette, l'œil vigilant de Krim a remarqué la présence de deux personnages attablés à la même terrasse. Ces deux-là, Krim ne les connaît que trop bien. Il les désigne du menton à son interlocuteur tout en lui demandant de ne pas se retourner brusquement : « Tu vois ces deux là-bas ? Ils me suivent partout. Le premier est Salah Vespa et le second est Philippe le Dingue. » Belkacem Babaci n'ignore rien de l'un comme de l'autre. Salah Vespa, Mohamed Salah Hidjeb de son vrai nom, est commissaire de police à Alger. Loubard en France durant la guerre d'indépendance, il traîne une réputation de dur, de tortionnaire, d'homme des sales besognes et des coups tordus. À Alger, les opposants au régime frémissent quand on prononce son nom. Philippe le Dingue, Philippe Aït Issad de son vrai nom, est issu du même milieu que son comparse et complice. Lui aussi a la réputation d'un mafioso. Homme prospère, il est le patron d'El Djnina, l'un des restaurants les plus courus d'Alger. Il se promène partout avec un flingue. C'est dans cette taverne à l'entrée décorée avec une céramique bleu ciel que Vespa et Philippe retrouvent souvent Ahmed Draïa, Messaadia et d'autres membres de la nomenklatura algéroise. « Méfiez-vous de Draïa et de ses sbires », disait Krim à Belkacem Babaci. Il est difficile de dater avec précision la dernière rencontre entre l'émissaire de Boumédiène et Krim Belkacem, mais elle remonterait à la fin de l'été 1970. D'autres entrevues sont prévues pour finaliser les discussions. Elles n'auront jamais lieu.

Cet été-là, Krim le passe entre Rabat, Genève et Lausanne où il rend visite comme de coutume à son ami Bernard Golay et son épouse Martine. Entre ce couple et l'ancien négociateur d'Évian, il y a plus que de l'amitié, on l'a dit. Il y a de la complicité, du respect et beaucoup de partage. Bernard connaît tout de Krim, de ses activités, de ses contacts, de ses secrets, de ses projets. Il est aussi proche de Krim que de son épouse et de leurs enfants. Bien sûr, Krim ne cache rien à son ami suisse. Comme ce 27 juillet 1970 à Lausanne quand Krim accompagne à l'aéroport Bernard Golay en partance pour l'Inde. Dans la voiture, il confie à son ami suisse que Boumédiène va être renversé par un coup d'État qui devrait intervenir dans le courant du mois d'août, dans quelques jours, dans quelques semaines tout au plus. Intox, rumeurs, informations avérées ? Krim n'en sait pas davantage. De retour à Lausanne début septembre après ce long voyage en Inde, Golay interroge Krim. Et ce putsch d'août contre Boumédiène, il n'a finalement pas eu lieu ? L'opération a dû être momentanément repoussée, faute d'une bonne préparation, répond Krim sans que les deux hommes s'attardent sur le sujet. Des rumeurs de putsch à Alger, il s'en répand souvent. Et puis Krim n'oublie pas ce que des amis lui ont susurré à l'oreille. Que des gens viendraient d'Alger pour lui parler d'un coup d'État en préparation contre Boumédiène, qu'il devrait s'en méfier, qu'il y a un coup tordu derrière ces sollicitations.

En ce mois de septembre 1970, Krim est de retour au Maroc. Papa gâteaux avec ses quatre enfants qu'il ne voit pas souvent en raison de ses fréquents voyages, il ne manque jamais de revenir les valises chargées de cadeaux. À sa fille aînée Karima qui vient d'être admise en 6e au lycée Descartes de Rabat, il dit : « Je suis fier de toi, ma fille. Quand tu auras ton bac, je t'offrirai une voiture Toyota. »

Il lui réserve aussi une grande surprise.

20

Revoir Alger bientôt

Krim Belkacem a une bonne nouvelle à annoncer à sa fille avant de fêter son douzième anniversaire le 18 novembre prochain. Un cadeau avant les cadeaux : toute la famille retournera bientôt vivre en Algérie. Au début de l'année 1971, confie-t-il à celle que tous appellent Rima, il repartira d'abord seul à Alger pour récupérer leur villa d'El Biar qu'ils ont précipitamment quittée le 4 août 1967 pour s'enfuir vers le Maroc. Cette villa qui leur a été confisquée peu de temps après leur départ cet été-là, Krim va la préparer pour y réinstaller les siens. Ce voyage à Alger lui permettra aussi d'organiser le retour de son épouse Fathia et de leurs quatre enfants, qui le rejoindront à la fin de l'année scolaire 1970-1971. Retourner enfin à Alger, revivre dans cette maison d'El Biar, revoir les grands-parents, les oncles, les tantes et les cousins et cousines, retrouver le chien Clodo, le fidèle jardinier Bouyali, gambader dans le jardin de la maison, retrouver les amis du quartier ou les camarades de classe... Tout le monde attend ce retour et ces retrouvailles depuis plus de trois ans. Trois années loin de son pays et de ses proches, c'est une éternité. Finis, donc, la séparation et l'exil au Maroc ? En montant dans la Volkswagen cette nuit du vendredi 4 août 1967, Krim avait dit aux siens qu'ils partaient en vacances. D'ailleurs, il n'y avait que des vêtements d'été dans leurs bagages. Meubles, vaisselle, jouets, livres, photos et documents, tout a été abandonné dans cette villa où la police est venue mettre des scellés peu de temps après leur départ. Ces vacances estivales durent depuis plus de trois ans. Si Krim ne s'étale pas sur les détails de son prochain voyage en Algérie, sur ce retour tant attendu et espéré ni sur les discussions qu'il a engagées depuis plusieurs mois avec un émissaire du président Boumédiène, il n'en partage pas moins l'enthousiasme de sa fille aînée. « Nous repartons vivre là-bas chez nous », lui dit-il.

En attendant de fouler le sol de son pays, il doit de nouveau voyager au mois d'octobre 1970 en Suisse. Tous ces voyages, tous ces rendez-vous, toutes ces absences, son épouse Fathia s'en inquiète. Cette femme, qui partage sa vie et ses combats politiques depuis qu'ils se sont rencontrés à Alger 1956, craint de plus en plus pour la vie du père de ses enfants. Elle ne fait pas confiance aux dirigeants de ce régime qu'elle connaît pour certains depuis l'époque où le GPRA était au Caire et à Tunis. Elle connaît les ambitions dévorantes de certains pour garder le pouvoir à tout prix, la puissante et la capacité de nuisance des services spéciaux algériens. Elle sait que son mari dérange trop, qu'il est surveillé, traqué et que sa tête est mise à prix. Comment oublier que Khider a été liquidé de cinq balles une nuit de janvier 1967 à Madrid et que ses assassins et ses commanditaires courent toujours ? Oui, comme Khider, son mari peut être abattu dans une ruelle de Paris, renversé par une voiture à Lausanne, assassiné dans une chambre d'hôtel à Genève, noyé dans un fleuve d'une ville de cette Europe que Krim n'a de cesse de sillonner. Alors lorsque celui-ci l'informe en ce début du mois d'octobre qu'il doit encore voyager en Suisse pour un rendez-vous important, elle lui recommande de ne pas y aller. Elle appréhende un malheur, elle pressent quelque chose, elle redoute un guet-apens. Ce nouveau voyage est de mauvais augure, pense Fathia. Une fois de plus, elle demande à Krim de quitter la politique, de se consacrer aux affaires, de se poser enfin avec sa famille qu'il voit entre deux voyages. Il a tant donné à la politique, tant donné à l'Algérie, il est temps maintenant de tout quitter avant qu'il ne soit trop tard. Mais Krim n'est pas homme à renoncer à ses ambitions, même si cela devait lui coûter cher. « Je suis obligé de prendre des risques et j'en ai pris dans ma vie, répond-il en substance à son épouse. J'ai vu la mort en face à plusieurs reprises et il y a longtemps que je devrais être mort. » Si Krim est conscient des risques et des dangers qu'il encourt et qu'il fait peser sur les siens, il fait obstinément confiance à sa bonne étoile et à sa prudence de montagnard. Depuis ce jour de mars 1974 où il est entré dans la clandestinité dans un maquis de Kabylie, il aurait pu mourir une dizaine de fois. Une dizaine de fois, il a échappé aux gendarmes, aux policiers, aux parachutistes, aux tueurs de l'OAS. Et s'il devait classer tous les mandats d'arrêt qui ont été lancés contre lui par les autorités françaises, il y aurait de quoi remplir un gros carton. Promis, son prochain voyage ne durera pas plus d'une semaine. Il reviendra vite à Rabat pour fêter l'anniversaire de leur fille aînée.

Il ne reviendra jamais.

21

Kill Krim, acte I

Jeudi 8 octobre 1970. Krim Belkacem est à l'aéroport de Casablanca pour prendre le vol matinal AT568 de la RAM en direction de Genève. Comme à son habitude depuis qu'il s'est installé au Maroc à l'été 1967, son garde du corps mis à sa disposition par les autorités marocaines ne le quitte pas d'une semelle jusqu'à la salle d'embarquement. Mais ce jeudi-là à l'aéroport de Casa, il n'y a pas que ce garde de corps de Krim à ne pas le quitter des yeux. Parfaitement fondus dans la masse, des hommes du général Oufkir, puissant ministre de l'Intérieur de Sa Majesté, suivent l'opposant algérien à la trace. Oufkir, qui sait tout de l'hôte du roi Hassan II, a une précieuse information à transmettre à ses amis d'Alger ce jeudi 8 octobre : Krim Belkacem se rend aujourd'hui à Genève. Il voyage seul.

Qu'est ce qui peut bien l'amener en Suisse ? Un rendez-vous avec amis et sympathisants pour relancer les activités moribondes de son parti ? Une nouvelle rencontre avec cet agent de Boumédiène avec lequel il fait les dernières retouches à leur accord tacite pour son retour définitif en Algérie ? Des rendez-vous d'affaires ? Krim Belkacem ne confie ses secrets à personne, prévient ses invités à la dernière minute, peut changer d'itinéraire à tout moment. Il est si méfiant qu'il ne se sépare jamais de son pistolet qu'il dissimule sous sa veste, rappelons-le. Il lui arrive même parfois de porter une deuxième arme cachée dans une chaussette. Ce jeudi 8 octobre, dans cet avion qui le mène à Genève, son arme est bien là. On n'est jamais trop prudent, surtout dans ce nid d'espions et d'agents des services spéciaux algériens qu'est cette Suisse. Lorsque son avion atterrit, le signataire des accords d'Évian ne sait pas qu'il vient de déclencher le plan visant à l'éliminer.

À Alger, au moment même où ce vol AT568 de la RAM décolle de Casablanca, Hamid Aït Mesbah, *alias* Azzedine, officier des services spéciaux algériens, est informé que Krim sera en Suisse pour quelques jours. Une fenêtre de tir va s'ouvrir, il ne faut pas la rater. Depuis quelques semaines, Aït Mesbah suit Krim pas à pas. Et son plan pour l'amener dans une souricière et le liquider est fin prêt. Les faux passeports marocains, fournis avec la complicité des services du général Oufkir, sont arrivés à Alger. Le complice informé, le tueur recruté, le mode opératoire finalisé, le lieu et la date même de son exécution sont arrêtés. Ce jeudi 8 octobre 1970, Hamid Aït Mesbah reçoit l'ordre de mettre à exécution l'opération contre Krim Belkacem. Pourquoi Aït Mesbah ? Il a le savoir-faire, il sait tenir sa langue, il a le sang-froid d'un serpent, il a un passeport diplomatique, et c'est une vieille connaissance de Krim.

Né en 1939 dans un village en Kabylie, Hamid Aït Mesbah a grandi dans le quartier Saint-Eugène (Bologhine) à Alger. Famille plutôt aisée, bonne scolarité, bon en natation qu'il pratique au Mouloudia d'Alger, il monte au maquis après l'appel du FLN en 1956 en direction des lycéens et des étudiants. Au Maroc, il intègre les services de renseignements du MALG du colonel Boussouf et prend le nom de guerre de « Azzedine ». Sur des photos de l'époque, on le voit avec un pistolet en compagnie de plusieurs camarades de promotion qui seront plus tard de hauts cadres des services algériens dont Kasdi Merbah. Il fait partie de la « promotion Larbi Ben M'hidi », tout comme un certain Houari Boumédiène. Il officie entre le Maroc et la Tunisie. C'est justement au cours d'un accrochage avec l'armée française près des frontières tunisiennes pendant l'année 1959 que Aït Mesbah est fait prisonnier, soumis à la torture et incarcéré. On ignore combien de temps a duré son incarcération, mais à sa libération, il rejoint la Tunisie où il reprend ses activités comme agent de renseignements chargé d'espionner les ministres du GPRA, dont Krim Belkacem, bien sûr. Ces fiches atterrissent au quotidien à la base « Didouche » à Tripoli, le bunker des services secrets de l'époque, avant d'être transmises à Boussouf et à Boumédiène. Peu de temps après le cessez-le-feu de mars 1962, ce dernier demande à Aït Mesbah d'intégrer l'état-major général alors en rébellion ouverte contre le GPRA. Aït Mesbah passe ainsi sous la férule de Boumédiène et rejoint le camp de Ben Bella qui prépare cet été 1962 la prise de pouvoir par la force. Aït Mesbah fera même partie du bureau politique du FLN formé par Ben Bella en vue justement de prendre la présidence de la République. Dans le camp des vainqueurs, il se destine à une belle carrière au sommet de l'État. Justement, on cherche des hommes pour diriger ce futur État. Nommé en septembre 1962 ministre de la Défense, Boumédiène est en quête de noms pour diriger la sécurité militaire, la police politique. Entre Hamid Aït Mesbah, Yazid Zerhouni et Kasdi Merbah, il choisit ce dernier. Souffrant des séquelles des tortures qu'il a subies, Aït Mesbah est envoyé en Allemagne après avoir reçu une formation en URSS, tout comme des bataillons d'officiers algériens. En Allemagne de l'Ouest, qui enverra en Algérie d'anciens cadres SS afin de former la police algérienne, Aït Mesbah nouera des contacts, apprendra l'allemand et épousera même une Allemande qui lui donnera un garçon. De retour en Algérie en juillet 1965, il intégrera le service opérationnel des services spéciaux mais entretiendra des relations tendues avec Kasdi Merbah. L'homme qui a pris la place qui lui revenait à lui. N'ayant jamais fait mystère de son appartenance à la sécurité militaire, il rencontre à plusieurs reprises Krim Belkacem à Paris. Et ce dernier le présentera à ses adjoints comme agent des services. Teint clair, cheveux blonds légèrement bouclés et coupés par une raie à gauche, bonne culture générale, parlant un excellent français avec une voix fluette, bon en anglais et en allemand, toujours habillé avec soin, Aït Mesbah est plutôt de bonne compagnie. Presque un charmeur qui a appris à se fondre dans plusieurs identités, à mentir, à dissimuler, à se dissimuler, à manipuler. Il aurait pu faire une grande carrière dans les services ou dans l'armée. Difficile de dire avec certitude pour le compte de qui Hamid Aït Mesbah travaille exactement, tant ces services sont une nébuleuse, mais il a la mission de conduire un commando pour attirer Krim Belkacem dans un piège. Mortel.

Vendredi 9 octobre, Hamid Aït Mesbah s'envole d'Alger vers Francfort-sur-le-Main. Ses deux complices le rejoindront plus tard avec ces faux passeports marocains obtenus avec la complicité du général Oufkir. La priorité de Aït Mesbah ? Convaincre Krim de le rencontrer en Allemagne pour lui vendre un scénario qu'il a tenté de vendre sans succès quelques mois auparavant à l'autre chef historique du FLN, Hocine Aït Ahmed. De quoi s'agit-il au juste ? Persuader Krim qu'une conjuration de hauts gradés se prépare à renverser Boumédiène et lui proposer à lui, la grande figure de la révolution, de prendre les rênes du pouvoir. En décembre 1967, la tentative de coup d'État du colonel Zbiri a échoué faute de préparation. En avril 1968, Boumédiène a échappé *in extremis* à une tentative d'assassinat à Alger. Cette fois-ci serait-elle la bonne ? Aït Mesbah doit d'autant plus convaincre Krim de venir à Francfort que celui qui l'a missionné d'Alger pour qu'il lui tende ce piège n'ignore rien de ces discussions engagées entre Boumédiène et Krim pour persuader ce dernier de mettre fin à son opposition et de rentrer en Algérie. Pour le convaincre de marcher dans ce projet de coup d'État contre Boumédiène, Aït Mesbah sait qu'il faut mettre Krim en confiance. Mission difficile. Ces années de clandestinité dans les djebels, les rivalités, les conflits et les luttes intestines avec ses pairs du FLN, cette condamnation à mort, l'exil, les menaces de mort, tout cela a rendu Krim très méfiant. Aït Mesbah sait tout de Krim, ses voyages, ses fréquentations, ses soutiens, son tempérament, sa mentalité. Krim ne fait confiance qu'à une poignée d'amis. Pour l'amener en Allemagne et lui faire gober ce scénario, il a besoin d'amadouer d'abord un des hommes proches de notre opposant. Un certain Mahfoud Abadou. Les hommes en lesquels Krim a confiance se comptent sur les cinq doigts de la main. Et Abadou en est l'index.

Né en 1935 à Alger, Abadou est un copain d'enfance de Hamid Aït Mesbah, avec lequel il pratiquait la natation dans un club de la capitale. Engagé très tôt lui aussi dans la révolution après une scolarité brillante, il se retrouve à la fin des années 1950 dans cette base « Didouche » du MALG à Tripoli. Au cours d'un de ses déplacements à Tunis où il fait la connaissance de Krim, il rencontre une certaine Fatiha Beladjila que le même Krim a recrutée dans le maquis de la wilaya 2 avant de l'envoyer au Caire pour une formation d'infirmière. À l'indépendance, le couple Mahfoud-Fatiha se marie et s'installe à Beyrouth où il se lance dans le commerce international. De l'import-export d'essences de parfums et de la friperie, il glisse vers le juteux trafic d'armes dans la Corne de l'Afrique et au Moyen-Orient. Parlant couramment anglais et russe, lui voyage un peu partout dans le monde, possède des bureaux et des sociétés aux USA, à Monaco, en Grande-Bretagne, au Liban, au Panama. À l'orée de sa trentaine, il est déjà multimillionnaire en dollars et envisage de se lancer avec un groupe américain dans le business des casinos en Iran grâce aux entrées que Krim y possède avec le shah d'Iran. C'est qu'entre Abadou et Krim, les liens ne se sont jamais rompus. Bien au contraire, le millionnaire et son épouse le reçoivent souvent à Beyrouth, et Mahfoud se montre d'une grande prodigalité à l'égard de celui qu'il considère comme son mentor. S'il fait l'essentiel de ses affaires à l'étranger, Abadou n'en a pas moins investi à Alger où il a ouvert une salle de sport dénommée « Silhouette », en association avec une ancienne figure de la révolution. Les services savent qu'elle lui servait de société-écran pour son commerce international d'armes. On ne sait pour quelles obscures raisons, mais Abadou a eu des déboires avec la police algérienne qui a fini par fermer sa salle de sport à la fin des années 1960. A-t-il été recruté par les services spéciaux à cette occasion ? Possible.

C'est donc ce millionnaire en dollars, cet ami de Krim, son mécène, ce businessman que Aït Mesbah va solliciter pour approcher sa proie. Pour réussir un coup d'État contre Boumédiène, il faut de l'argent, beaucoup d'argent. Il faut aussi des armes. Abadou mettrait-il ses dollars et ses armes au service de ce putsch ? Il faudrait des trésors de diplomatie pour le ferrer comme un brochet. Francfort, vendredi 9 octobre. Il est 23 h 48 quand Aït Mesbah appelle Abadou au Liban à partir d'une cabine de la gare centrale. Les deux hommes se parlent pendant neuf minutes. Ce premier contact est plutôt de bon augure. Maintenant que la première cible est hameçonnée, le moment est venu d'entrer en contact avec Krim en Suisse. Comment faire ? Une piste peut et va l'y conduire. Le samedi 10 octobre, il appelle Bernard Golay, le confident de Krim à Lausanne. Il ne décline pas sa vraie identité pour ne pas éveiller les soupçons de cet ami suisse qui connaît Aït Mesbah et surtout son appartenance aux services secrets. Se présentant comme le neveu de Abadou, Aït Mesbah demande à entrer en contact avec Krim pour lui transmettre un message de toute urgence. Ce samedi-là, ce dernier a pris ses quartiers à l'Hôtel d'Angleterre de Genève où il a ses habitudes. Cet établissement de luxe au bord du lac Léman, Krim le connaît bien. Il renferme entre ses murs un pan de l'histoire de l'Algérie encore sous occupation française. C'est ici que Saad Dahlab, alors ministre des Affaires étrangères du GPRA, a rencontré secrètement le 3 février 1961 Claude Chayet, que le Premier ministre Michel Debré a chargé de prendre langue avec les dirigeants algériens pour ouvrir des discussions sur l'autodétermination.

Les premiers contacts téléphoniques entre Krim Belkacem et Hamid Aït Mesbah se nouent donc ce samedi 10 octobre en fin de journée. Au téléphone, l'officier des services explique à son interlocuteur la teneur de ce message urgent. De hauts gradés de l'armée et des officiers des services secrets, opposés au régime de Boumédiène, envisagent de le renverser. Aussi, ils comptent sur Krim pour les rejoindre et veulent lui remettre les clés du pouvoir une fois le Président arrêté et mis en détention. Cette opération nécessiterait donc le concours de Krim dont ils souhaitent qu'il apporte les fonds qui serviraient notamment à augmenter la solde des militaires. Pour mettre au point ce plan, Aït Mesbah insiste pour le rencontrer en Allemagne où ils seront rejoints par Abadou et son épouse Fatiha. Il assure également que d'autres personnes seront sur place pour avancer sur ce projet.

Un putsch contre Boumédiène ? Ce n'est pas la première fois que Krim entend parler de ce scénario. Il l'avait évoqué quelques semaines plus tôt, le 27 juillet précisément, avec son ami Golay à Lausanne, on l'a dit. Peu après, Krim confiait que le coup avait dû être reporté de quelques semaines pour manque de préparatifs. Et si ce projet que Aït Mesbah propose aujourd'hui aboutissait cette fois ? Sceptique, Krim consent à y réfléchir. Et de rencontrer son interlocuteur. Après tout, ce ne seraient que des discussions. Et puis, son ami Abadou et son épouse seront dans le coup. Mais pourquoi se réunir en Allemagne plutôt qu'en France, en Suisse ou dans un autre pays d'Europe ? Paris est une ville à éviter pour mille et une raisons. Elle pullule d'agents, d'espions, d'informateurs qui émargent pour la police politique algérienne. À Paris, Krim est constamment épié et filé par tous ces barbouzes envoyés d'Alger dont certains sont même chargés de le liquider à la première occasion. De plus, il s'est formellement engagé auprès du ministère français de l'Intérieur de respecter une attitude « de neutralité en matière politique ». Depuis avril 1969, pour rappel, il est soumis à des restrictions d'entrée, de sortie et de séjour dans l'Hexagone. Il est d'ailleurs en attente d'un nouveau titre de séjour qu'il ne pourra obtenir qu'à partir du 26 octobre. Paris n'est donc pas le lieu idéal pour rencontrer un agent des services spéciaux afin de parler d'un éventuel coup d'État contre Boumédiène. *Quid* de Genève ? Cette ville est un repaire d'espions, d'agents et d'indics algériens. Un vrai nid de serpents. Et ce n'est pas tout. Ministres, hauts gradés de l'armée, anciens maquisards fortunés, membres de la nomenklatura algérienne s'y rendent ou y habitent, comme si Genève était un autre département d'Algérie. Là encore, cette ville n'est vraiment pas appropriée.

Tout comme la France, le gouvernement suisse a bien signifié à maintes reprises aux opposants algériens qu'il ne tolérerait plus leur activisme sur son sol quand bien même il accepterait leur présence. Si les Suisses tiennent à leur traditionnelle hospitalité, ils ne souhaitent pas froisser le pouvoir algérien. Jean Basdevant, ambassadeur suisse à Alger, a dû écouter plus d'une fois remontrances et vives critiques de Boumédiène en personne et de son ministre des Affaires étrangères qui ne décolèrent pas que la Suisse accorde l'asile à ces traîtres, à ces renégats, à ces mercenaires à la solde de la CIA ou du Mossad. « Genève est un petit village où tout le monde se connaît », confie Krim à Golay lorsque celui-ci lui demande pourquoi cette réunion à laquelle Hamid Aït Mesbah l'invite avec Abadou ne se déroulera pas en Suisse. Si Krim Belkacem ne veut pas de la Suisse ou de la France pour des motifs évidents de sécurité et de confidentialité, Aït Mesbah et celui qui l'a missionné pour ce projet ont choisi l'Allemagne pour des raisons bien particulières.

Aït Mesbah, on l'a dit, parle couramment l'allemand et connaît bien ce pays pour y avoir séjourné quelques années plus tôt. En Allemagne, il est plus facile de liquider un opposant algérien qu'à Paris ou Genève. Une fois la mission terminée, lui et ses complices pourront aisément s'exfiltrer par voie terrestre vers la Suisse, la Belgique, la Pologne ou les Pays-Bas avant de regagner Alger. L'autre avantage avec l'Allemagne est que les autorités algériennes pourraient compter sur la discrétion, la complicité, voire l'aide de Paul Dickopf, président de la police fédérale allemande (Bundeskriminalamt, BKA) depuis janvier 1965 et secrétaire général d'Interpol depuis octobre 1968. Ancien officier SS de la Schutzstaffel et recruté par la CIA sous le nom de code « Caravel », Dickopf est un ami personnel d'Ahmed Draïa, chef de la police algérienne. Une amitié qui pourrait toujours compter en cas de problème majeur.

Francfort sera le tombeau de Krim.

22

Kill Krim, acte II

Le guet-apens va maintenant entrer dans sa seconde phase. Entre samedi 10 octobre et mercredi 14 octobre, Krim à Genève, Abadou à Beyrouth et Aït Mesbah à Francfort multiplient les échanges téléphoniques. Au fil des discussions, l'agent des services met la pression sur Krim pour qu'il le rejoigne dans cette ville allemande. De son côté, celui-ci insiste auprès de Abadou et de son épouse pour qu'ils fassent le voyage. Avec l'assurance que ce couple d'amis prendra l'avion dimanche 18 octobre pour atterrir dans la matinée à Francfort, Krim donne enfin son accord à Aït Mesbah. Il viendra. Mais pourquoi se donner rendez-vous le 18 octobre ? Cette date coïncide avec le troisième anniversaire de la fondation de son parti, le MDRA. Ce choix n'est pas fortuit pour Aït Mesbah et pour celui qui l'a missionné. Il faut tuer Krim le jour même où il a créé son mouvement d'opposition.

Mercredi 14 octobre. Depuis deux jours qu'il s'est installé à Lausanne chez Golay, Krim n'arrête pas de recevoir ou de donner des appels téléphoniques entre le Liban et l'Allemagne pour arranger cette fameuse rencontre. Ce mercredi matin, Golay l'accompagne en voiture jusqu'à la gare de Lausanne. Pendant le court trajet, l'ami suisse sent Krim tendu. Angoissé de nature, en permanence sur le qui-vive, aujourd'hui il est d'autant plus nerveux qu'il est obligé de se séparer de son arme. C'est que, depuis le détournement en février 1970 du Swissair 330 assurant la liaison entre Zurich et Hong Kong et dont l'explosion en vol a fait quarante-sept victimes, les autorités suisses ont mis en place des contrôles stricts pour tous les passagers. Ne pas avoir cette arme sur lui ne le rassure pas du tout.

Samedi 17 octobre. Krim et Aït Mesbah se retrouvent à Düsseldorf où ils passent quelques instants au téléphone avec Abadou. Sa présence à Francfort est impérative, insiste encore l'officier des services. Pourquoi ? Les trois hommes s'entendent sur le principe de lancer un appel au peuple algérien si tôt que Boumédiène sera destitué. Une liste des personnalités qui feront partie du futur gouvernement de Krim est dressée. Mourad Tarbouche, son ancien directeur de cabinet et fidèle collaborateur au MDRA, sera chef de cet exécutif, Hamid Aït Mesbah prendra le ministre de l'Intérieur, Abadou celui de l'Économie, et Ahmed Boumendjel, autre figure de la révolution qui faisait partie de la délégation qui a négocié les accords d'Évian, héritera du portefeuille du ministère des Affaires étrangères. Les contours de ce projet que Aït Mesbah est venu proposer à Krim et Abadou prennent forme. C'est ainsi que les trois hommes conviennent de se retrouver dimanche pour poursuivre les discussions et affiner ce plan. Aït Mesbah leur confie qu'ils seront rejoints par un autre comparse. Il s'agit de Mohamed Ouslimani, lui aussi vieille connaissance de Krim. Chef de cabinet de Saïd Mohammedi à l'époque où celui-ci était vice-président du GPRA, Ouslimani l'a suivi à l'indépendance comme chargé de mission et membre de son cabinet quand Mohammedi a été nommé vice-président du Conseil par le président Ben Bella jusqu'en 1964. Depuis, Ouslimani et Krim n'ont jamais rompu le contact. Il a déjà rendu visite à Krim à maintes reprises à Rabat et à Paris et il a même émis le vœu de rejoindre le MDRA. Évidemment, Krim n'ignore pas que Ouslimani est un personnage interlope et qu'il fraie avec la police politique. Il en a été prévenu par des connaissances qui lui ont recommandé de se méfier de cet individu pas très recommandable. Mais dans cette Algérie où ces services sont omniprésents, omnipotents, contrôlent tout et agissent comme la Stasi, qui n'a pas de liens directs ou indirects avec eux !

Ce samedi 17 octobre, le téléphone entre l'Allemagne et le Liban chauffe donc. Il reste des détails à régler, si bien que Krim et Aït Mesbah, qui opère bien sûr sous une fausse identité, appellent Abadou à deux reprises. Le premier appel, passé à 13 h 30, dure sept minutes. Le second, à 19 h 45, dure cinq minutes. Sa présence ici est indispensable. Abadou confirme enfin et indique qu'il arrivera à Francfort dimanche 18 octobre à 13 h 55. Ensuite, il prévoit de faire un crochet à Paris, un autre à Londres avant de regagner Beyrouth. Voyage-t-il seul ou avec son épouse Fatiha ? Krim est rassuré que cette dernière fasse le déplacement. Depuis qu'il l'a récupérée des maquis de la wilaya 2 pour l'emmener avec lui à Tunis en 1957, il s'est pris d'affection pour cette brune, fluette, qu'il traite comme sa fille. De son côté, Fatiha considère Krim comme un mentor, un père spirituel, un monument à qui elle voue respect, déférence et admiration.

Tout se présente donc sous de meilleurs auspices et cette journée du dimanche 18 octobre promet d'être aussi passionnante que cruciale. Krim Belkacem veut d'ailleurs tranquilliser Bernard Golay qui attend des nouvelles depuis Lausanne. Au téléphone ce samedi 17 octobre, il converse brièvement avec Martine Golay et demande s'il n'y a pas un message pour lui. « Je rappellerai demain, si je peux », lui dit-il avant de raccrocher. Martine est surprise par la brièveté de la conversation. Elle ne connaît pas bien cet homme à qui ils ont ouvert la porte de leur domicile de Lausanne en 1961. C'est sur la table de leur cuisine que Krim préparait les documents des futures négociations avec les émissaires du général de Gaulle. C'est là encore qu'il recevait ministres et experts du GPRA pour affiner la stratégie pour ces pourparlers. Pressent-elle que quelque chose de mauvais se trame là-bas en Allemagne ? Pas Krim Belkacem, qui ne se doute de rien. Comment le pourrait-il ? Son ami et mécène Abadou arrive demain pour mettre au point ce plan qu'il concocte avec Aït Mesbah. Un homme de confiance, Mahfoud, d'une grande générosité, serviable et d'agréable compagnie. Décidément, cette rencontre du dimanche à Francfort est prometteuse. Et pour ne rien gâcher, la météo annonce un beau soleil malgré un temps frisquet. Méticuleux jusqu'au détail, Krim fait réserver quatre chambres à l'hôtel Intercontinental de Francfort du 18 au 21 octobre. Une chambre pour lui, deux autres pour Aït Mesbah et Ouslimani et la quatrième avec un grand lit pour le couple Mahfoud et Fatiha Abadou. La soirée de ce samedi est plutôt sereine. Krim dîne légèrement dans sa chambre au Parkhotel où il est rejoint par Aït Mesbah et Ouslimani pour converser jusqu'à après minuit. Oui, dimanche sera une belle journée pour prendre des décisions importantes. Au moment d'aller au lit, Krim Belkacem ne sait pas que cette nuit qu'il passera dans la chambre 418 du Parkhotel de Düsseldorf sera sa dernière. C'est que, en prenant congé de lui, ces deux-là se gardent de lui dire qu'un autre homme, lui aussi venu spécialement d'Alger, dort quelque part à Francfort. Il les précédera demain dans cet hôtel qu'ils ont choisi comme lieu de rendez-vous. Cet homme-là dépêché d'Alger est l'ange de la mort.

Dimanche 18 octobre, 7 h 05. Krim Belkacem, Hamid Aït Mesbah et Mohamed Ouslimani quittent le Parkhotel pour prendre le train vers Francfort. À la gare centrale, Krim s'arrête chez un fleuriste pour acheter un bouquet de dix œillets, dans une confiserie pour une boîte de chocolats Suchard et dans une autre boutique pour un foulard léger. Toujours prévenant, il n'imagine pas accueillir son amie Fatiha Abadou les mains vides. Mariée à un millionnaire en dollars, elle ne manque de rien. Mais des fleurs, du chocolat et un petit présent la raviront. Au moment où il règle ses achats, Krim ne peut pas savoir que Fatiha n'est pas du voyage. Elle est restée à Beyrouth. Elle n'a pas pris la précaution de le prévenir. Pas plus que son mari. Plus tard, elle justifiera sa défection de dernière minute par le fait que l'allaitement de son nourrisson l'a empêchée de faire ce déplacement.

Hôtel Intercontinental de Francfort, dimanche 18 octobre. Il est 12 h 05 quand un individu de type maghrébin se présente à la réception pour prendre possession de la chambre double 1414 que Krim a fait réserver la veille pour le couple Abadou. Ce client se fait enregistrer avec le faux nom de Mohamed Salah, un faux passeport marocain délivré à Rabat, une fausse adresse à Alger et la profession de commerçant. Fausse, bien sûr. 1,83 mètre, teint très basané, nez proéminent, yeux globuleux, il a les mains d'un étrangleur. L'horloge de la réception affiche 13 h 30 quand Krim Belkacem, Hamid Aït Mesbah et Mohamed Ouslimani arrivent ensemble. Le premier s'enregistre sous son vrai nom, donne sa vraie adresse, nationalité : marocaine, profession : représentant de société. Il prend la chambre 2020. Le deuxième se présente sous la fausse identité de Karim Yacin, originaire d'Oujda, faux passeport marocain, fausse profession d'ingénieur. C'est Hamid Aït Mesbah, il s'installe dans la 2018. Enfin, le troisième donne pour nom Mohamed Debaï, originaire de Fès, là encore faux passeport marocain, fausse profession de commerçant. C'est Mohamed Ouslimani, on lui attribue la chambre 2019. Une fois installés dans leurs chambres, Krim, Aït Mesbah et

Ouslimani se rendent visite mutuellement pour continuer à converser. Ils attendent l'arrivée de Abadou et de son épouse, qui ne viendra jamais.

Au même moment, au quatorzième étage, dans sa chambre 1414, Mohamed Salah est si tendu qu'il fume cigarette sur cigarette, des Gitanes sans filtre, qu'il écrase dans le cendrier blanc posé sur la petite table. Il est un peu plus de 14 heures, quand il est rejoint par Aït Mesbah et Ouslimani. Le trio discute et plaisante comme de vieux potes sous le regard de la femme de ménage. Mais Aït Mesbah est préoccupé par un détail : l'état de service de l'ascenseur. Et si celui-ci tombait brusquement en panne et que les trois comparses se retrouvaient bloqués pour on ne sait combien de temps ? Il s'enquiert à deux reprises au sujet de cet ascenseur auprès de cette femme. L'Intercontinental est un hôtel haut de gamme, tout y fonctionne parfaitement, l'ascenseur y compris. Rassuré, Aït Mesbah lève le pouce en direction de la dame qui s'éloigne. Il remonte dans sa chambre. Mohamed Salah regagne la sienne où il est rejoint par Ouslimani. Krim est dans sa chambre au vingtième étage lorsqu'on lui annonce du téléphone de la chambre double 1414 que le couple Fatiha et Mahfoud est arrivé et s'y est installé. Enfin, il va pouvoir revoir ses amis qu'il connaît depuis une dizaine d'années et s'assurer qu'il peut toujours compter sur Mahfoud. Krim enfile son manteau noir, ajuste sa montre Longines au cuir noir, prend la boîte de chocolats, le bouquet de fleurs, le foulard, et se dirige vers l'ascenseur pour descendre au quatorzième accueillir ses amis. À l'étage, il est rejoint par Hamid Aït Mesbah. Ils vont enfin rencontrer ce millionnaire qui a promis des dollars et des armes et avec lequel ils n'ont eu de cesse d'échanger au téléphone depuis neuf jours. En fait, Aït Mesbah le conduit au gibet.

Krim Belkacem frappe à la porte, Ouslimani lui ouvre. La chambre sent le tabac froid. Mohamed Salah est caché dans la salle de bains avec une ampoule d'anesthésie générale « chloréthyle du Dr Bengué » et une bande de gaze. Krim entre, dépose les fleurs, la boîte de chocolats et le foulard sur le bureau qui fait face au grand lit. Il s'étonne que ses amis Mahfoud et Fatiha Abadou ne soient pas là. Tout va aller vite. Dans la salle de bains, Salah brise l'embout de l'anesthésiant, en imbibe la bande de gaze, jette l'ampoule sur le sol et sort discrètement dans le couloir pour surgir dans le dos de Krim. Il lui plaque la bande anesthésiante sur la bouche et le nez. Krim bouge les bras pour s'arracher des mains de son agresseur, mais, avec son 1,70 mètre il ne fait pas le poids face à ce colosse. Krim gesticule encore, se débat, perd une chaussure qui se retrouve sous le bureau, deux boutons de sa chemise volent, mais ses forces le lâchent inexorablement. Le chloréthyle du Dr Bengué a déjà fait son effet. Il tombe mollement sur le lit. Alors, Mohamed Salah arrache la ceinture du pantalon de Krim, le redresse, enroule la ceinture autour de son cou et serre. Il serre tellement fort que la boucle de cette ceinture se disloque. Krim est inconscient, mais respire encore. Il faut finir le travail. L'achever. L'étrangleur se saisit alors d'une autre ceinture, l'enroule autour du cou de Krim et serre. Il serre encore quelques secondes jusqu'à ce que la victime ne respire plus. Il est presque 14 h 45 quand Krim Belkacem rend l'âme sur le lit de la chambre 1414.

Le tueur et ses deux complices l'allongent sur le lit, face contre matelas, et le couvre sommairement d'un drap blanc. Le crime accompli, ils abandonnent fleurs, boîte de chocolats, bande de gaze et ampoule cassée dans la salle de bains, mégots de cigarette dans les cendriers. Ils ne nettoient rien, n'emportent rien sauf le passeport de Krim. Il faut se donner une bonne longueur d'avance avant que le corps ne soit découvert et que cette dépouille qui gît sur ce lit ne soit identifiée. Ouslimani et Aït Mesbah remontent rapidement dans leurs chambres pour prendre leurs valises. Vers 15 heures, le commando des trois tueurs quitte discrètement l'Intercontinental, s'arrête dans la gare centrale pour abandonner ses bagages dans la consigne, puis ils disparaissent. Le temps que les employés de l'hôtel découvrent le mort et alertent la police, ils auront déjà quitté l'Allemagne. Il est 14 h 45 quand Mahfoud Abadou arrive seul à l'hôtel, s'enregistre et prend la chambre 1824, au dix-huitième étage. Il demande des nouvelles de Krim et de Aït Mesbah. Ni l'un ni l'autre ne répondent. Les téléphones de leurs chambres sonnent dans le vide et les réceptionnistes lui indiquent qu'ils ne sont plus réapparus depuis qu'ils sont montés à leurs étages respectifs. Personne ne se doute qu'un crime vient d'être commis dans cet hôtel dont la façade donne sur la rivière le Main.

Dans l'après-midi de ce dimanche 18 octobre, la femme de chambre du quatorzième se présente devant la porte de la 1414 pour effectuer son service. Elle tapote, pas de réponse, aucun bruit à l'intérieur. Elle entre et aperçoit les pieds d'un homme allongé sur le lit. Le client doit dormir. Ne pas perturber son sommeil. Discrètement, elle retourne sur ses pas, referme la porte et suspend à la poignée la pancarte « Ne pas déranger ». Pendant ce temps-là, Abadou demande encore des nouvelles de Krim et de Aït Mesbah. En vain. Aucun employé n'est en mesure de le renseigner. Leur silence commence à intriguer les réceptionnistes. Surtout ce client découvert allongé dans sa chambre. Tard dans cette soirée du dimanche, un groom est dépêché pour vérifier si tout va bien. Il ouvre la porte de la 1414, entrevoit l'homme toujours allongé sur le lit. Il dort encore, peut-être est-il terrassé par la fatigue ou est-il assommé par l'alcool. Des clients comme lui, l'hôtel en héberge un paquet. Il n'y a pas de quoi s'alarmer.

Lundi 19 octobre. Toujours pas de signe de vie de Krim Belkacem et de ces trois individus qui sont arrivés la veille. De nouveau, la femme de chambre se présente à deux reprises devant la porte de la 1414 pour accomplir son service habituel. La pancarte « Ne pas déranger » est toujours accrochée à la poignée. Par précaution, elle vérifie si le client y est toujours. Il est là sur le lit. Dort-il encore, depuis vingt-quatre heures ? Cuve-t-il encore son alcool ? Elle referme la porte et continue son service à l'étage. Cet étrange client de la 1414 finira bien par se réveiller et se signaler.

Intercontinental de Francfort, mardi 20 octobre. Il est 7 heures quand Mahfoud Abadou fait son check-out à la réception et quitte Francfort en direction de Paris. Depuis son arrivée dimanche après-midi, il n'a reçu aucune nouvelle de Krim et de Aït Mesbah. Il n'alerte pas la police, ne prend pas contact avec Bernard Golay ou l'épouse de Krim pour signaler la mystérieuse disparition de ce dernier. Étrange, de la part de cet homme qui connaît trop bien Krim Belkacem, sa méfiance légendaire et les dangers qui pèsent sur lui. Il est 8 heures quand la même femme de chambre du quatorzième étage se présente devant la porte de la 1414. La pancarte qu'elle a accrochée il y a quarante heures est toujours suspendue à la poignée. Cette fois-ci, elle veut en avoir le cœur net. Dès qu'elle ouvre la porte, elle est saisie par une odeur de corps qui se décompose. Une odeur fétide, putride, malgré une fenêtre entrouverte. Elle s'approche, l'homme est toujours allongé sur le lit, le pied gauche déchaussé, une chaussette gît sur la moquette blanche, le bouquet de fleurs et la boîte de chocolats sur le bureau. Il y a une odeur de mort dans cette chambre. Elle referme la porte et se précipite pour en informer la gouvernante de l'hôtel qui alerte aussitôt la police. Une demi-heure après, l'unité criminelle de la police de Francfort est déjà sur les lieux pour effectuer les premières constatations. Dans la chambre 1414, les policiers découvrent un corps qui montre déjà des signes de décomposition. Tête enflée, bleu-noir, le visage et le cou portant des traces de saignements, il ne porte aucun document pouvant permettre de l'identifier. L'enquête criminelle démarre. Dans la nuit du mardi 20 au mercredi 21 octobre, le ministre allemand de l'Intérieur confirme la mort de Krim Belkacem. Assassiné un 18 octobre, le jour même du troisième anniversaire de la proclamation de la création de son parti MDRA. Étranglé avec une ceinture comme fut étranglé au Maroc en décembre 1957 Abane Ramdane, l'autre figure de la révolution. Cela ne relève pas du hasard, mais d'une signature politique. L'assassinat de Krim Belkacem fait l'effet d'une déflagration dans le monde. Un des chefs historiques du FLN, vice-président du GPRA dont il fut ministre de la Défense, des Affaires étrangères et de l'Intérieur, signataire des accords d'Évian, député après l'indépendance, opposant au régime du président Ben Bella puis à celui de Boumédiène, l'homme ne peut être que victime d'un crime d'État. À Alger, la nouvelle de sa mort ne fera pas la une de la presse, aux ordres du gouvernement. L'information est vite évacuée. Toutefois, l'assassinat de Krim sera un grand choc parmi ses anciens compagnons d'armes, parmi les anciens combattants et surtout dans les arcanes du régime. Mais la consigne sera stricte et respectée : l'omerta.

Personne ne doit parler.

23

Assassiné à Francfort, enterré à Francfort

Fathia, l'épouse de Krim Belkacem, est dévastée, en colère, inconsolable, mais digne. Elle savait que son mari était condamné, qu'il était surveillé, traqué, que des tueurs étaient à ses trousses. Et elle a pressenti un mauvais coup lorsqu'il lui a annoncé, la veille de ce 8 octobre, qu'il repartait à Genève pour y rencontrer des gens. Intuition de femme, instinct d'une ancienne maquisarde, elle sentait un guet-apens et le lui avait dit. Mais Krim était engagé, obstiné, têtu, convaincu par son idéal, porté par ses idéaux, croyant à sa destinée. La mort qu'on lui prédisait ? Il l'avait croisée sept fois et s'est joué d'elle huit. Et s'il devait être tué, ça serait le *mektoub*, répondait-il à Fathia qui lui déconseillait d'aller à ce rendez-vous. Maintenant qu'il a été assassiné, elle veut rapatrier sa dépouille au Maroc afin qu'il soit enterré à Rabat auprès d'elle et de ses enfants. Elle ne veut pas que Krim Belkacem soit enterré en Algérie par ceux-là mêmes qui ont juré sa perte. Mais les choses ne se passent pas comme elle le souhaite, comme elle le demande, comme elle l'exige. L'enterrement de ce chef historique du FLN va tourner à la crise diplomatique entre Alger et Rabat. Et devenir un bras de fer entre son épouse accablée mais courageuse et le président Boumédiène.

C'est que, à peine le décès de son mari confirmé, Fathia sollicite les autorités marocaines afin d'obtenir les autorisations nécessaires pour rapatrier la dépouille en vue de ses obsèques prévues le samedi 31 octobre. Le palais royal donne son accord et charge sa représentation diplomatique en Allemagne d'entamer les démarches auprès des autorités allemandes. De son côté, Boumédiène envoie des émissaires auprès de Fathia Krim à Rabat ainsi qu'auprès des parents de celle-ci à Alger pour faire part de son souhait, ou plutôt de ses instructions. Son message est le suivant : le chef d'État algérien veut que Krim Belkacem soit enterré au carré des Martyrs du cimetière d'El Alia, à Alger, des funérailles nationales lui seront organisées et un deuil national de trois jours sera décrété à la mémoire du défunt. Boumédiène s'engage par ailleurs à prendre en charge toutes les dispositions en vue de son rapatriement sur sa terre natale. Il insiste : il n'est pas question d'un enterrement en terre marocaine. L'épouse de Krim n'en démord pas. Son époux qui a tant donné pour l'Algérie ne sera pas mis sous terre par ceux-là mêmes qui l'ont poussé à l'exil, qui l'ont traqué à l'étranger, qui lui ont confisqué ses biens et ceux des siens, qui l'ont condamné à mort et qui l'ont fait exécuter.

À Francfort, Ahmed Krim, le fils aîné du défunt né d'une précédente union, est déjà sur place en vue de l'évacuation de la dépouille vers le Maroc pour qu'elle soit inhumée selon des vœux de l'épouse de Krim. En Suisse, Bernard Golay, l'ami des bons et des mauvais jours, suit l'affaire minute par minute et rassure la famille de son soutien moral et financier. Il prendra en charge tous les frais liés à ces démarches et ces obsèques. Le palais royal ayant donné son accord, il ne reste qu'à obtenir les documents des autorités allemandes. À Alger, le pouvoir menace Rabat : l'enterrement de Krim au Maroc déboucherait sur une grave crise diplomatique entre les deux pays voisins. Celle-ci serait d'autant plus fâcheuse que l'Algérie et le Maroc entament un nouveau cycle de bonnes relations qui a débuté avec le voyage de Boumédiène au Maroc en janvier 1969. La menace est donc claire et sans ambages. Jeudi 29 octobre, l'ambassade du Maroc en Allemagne informe la maison funéraire chargée des obsèques que les papiers pour le transfert de la dépouille au Maroc peuvent être récupérés au niveau de cette représentation. Le dénouement après plusieurs jours de tractations, de sollicitations, de tensions et d'angoisses ? Alger continue de mettre la pression sur les autorités marocaines. Ce serait la crise, si le cercueil de Krim arrivait à Rabat. Realpolitik oblige, les Marocains finiront par céder. Vendredi 30 octobre, la même ambassade informe cette même maison funéraire que le permis de transfert ne sera finalement pas délivré. Le bras de fer est terminé, la crise évitée. Krim Belkacem ne sera pas enterré auprès des siens à Rabat. Ni au carré des Martyrs d'El Alia. Mercredi 4 novembre 1970, il est inhumé au carré musulman du cimetière forestier d'Oberrad, à Francfort, en présence de quatre personnes. Son fils Ahmed, son ami Bernard Golay, et deux autres proches.

Sur sa pierre tombale de marbre blanc est écrit sobrement : « Krim Belkacem : 1922-1970 ».

24

Un mort, quatre suspects

Qui a ordonné l'assassinat de Krim Belkacem ? Boumédiène. Tous les soupçons se portent sur lui, toutes les accusations le désignent comme le commanditaire, le donneur d'ordre, ou à tout le moins l'inspirateur de ce crime d'État. Maître incontesté et incontestable du pays depuis qu'il a renversé Ben Bella 1965, il cumulait tous les pouvoirs. Président, chef du gouvernement, ministre de la Défense, chef suprême des armées, patron du FLN, il avait également la haute main sur la sécurité militaire de Kasdi Merbah, la gendarmerie nationale d'Ahmed Bencherif, la police nationale d'Ahmed Draïa et les services parallèles que dirigeait son confident et homme d'affaires Messaoud Zeghar, dit Rachid Casa. Pour les avoir nommés en personne à ces postes, tous lui manifestaient reconnaissance, loyauté, obéissance et dévouement. Si Boumédiène consultait et prenait des conseils auprès de ses collaborateurs, aucune grande décision, aucune initiative importante, aucune opération sensible ne pouvait être prise sans son aval. Il est donc difficile d'imaginer que Boumédiène n'ait pas commandité la liquidation de Krim ou qu'il n'ait pas été consulté sur ce projet. C'est que, entre lui et Krim, il y avait déjà un passif de rivalités, d'antagonismes, de conflits et d'affrontements qui remontaient au temps de la guerre de libération. Comme chef d'état-major de l'ALN, le colonel Boumédiène s'était frontalement opposé au GPRA dont Krim Belkacem était le vice-président et l'une des figures de proue, notamment sur les négociations autour des accords d'Évian. La rébellion de Boumédiène a été jugée si grave qu'en juin 1962 le GPRA l'a dégradé et a ordonné son arrestation, l'obligeant à prendre la fuite dans une ambulance de la Tunisie vers l'Algérie avant de gagner le Maroc. Ambitieux, calculateur, nourrissant une appétence obsessionnelle pour le pouvoir, Boumédiène a longtemps considéré Krim comme un rival. Devenu président, il ne supportait pas la moindre contestation, la moindre opposition à sa personne et à son régime. Dès lors que Krim était entré dans l'opposition à partir d'octobre 1967, il devenait un ennemi, un traître, un mercenaire, un agent à la solde des services étrangers. Aussi bien Boumédiène en personne que son ministre des Affaires étrangères et ses différents relais diplomatiques n'ont eu de cesse de faire pression sur les autorités françaises et suisses afin de le neutraliser, de l'expulser ou l'obliger au silence. Entre 1968 et 1970, le gouvernement français a été alerté à maintes reprises par ses services de renseignements de la présence en France d'agents de services spéciaux algériens chargés de liquider les opposants à Boumédiène, Krim Belkacem le premier. Paris a d'ailleurs systématiquement proposé de mettre à sa disposition une protection rapprochée qu'il a toujours poliment déclinée. C'est Boumédiène qui a instauré en 1968 la cour révolutionnaire pour juger les affaires d'atteinte à la sûreté de l'État, lui qui a nommé son procureur général, Ahmed Draïa, ainsi que son président, le colonel Ahmed Abdelghani. La condamnation à mort de Krim en avril 1969 ne pouvait être requise et prononcée sans que Boumédiène en soit informé. Peut-être l'a-t-il lui-même ordonnée. La saisie et la confiscation des biens de Krim après son exil en 1967 ne pouvaient non plus être ordonnées sans son aval. C'est dans un journal contrôlé directement par le gouvernement qu'a été lancée la fatwa demandant à tout Algérien d'exécuter à tout moment et en tout lieu la sentence de mort prononcée contre Krim. Boumédiène pouvait se montrer impitoyable, sans état d'âme, vindicatif avec ceux qu'il considérait comme des ennemis, des rivaux, un danger pour son pouvoir et sa personne. Il est donc vraisemblable qu'il ait ordonné la mort de Krim Belkacem. Et s'il n'en est pas le donneur d'ordres, il a couvert le crime, couvert celui qui l'a commandité et ceux qui l'ont exécuté. Il n'y a jamais eu d'enquête, jamais eu d'arrestations, jamais une once de vérité n'est sortie de sa bouche ou de celle d'un officiel autour de ce crime. Le chef du commando des tueurs, le colonel Hamid Aït Mesbah, est retourné en Algérie après le crime de Francfort, a poursuivi sa carrière dans les services, a continué à voyager avec un passeport diplomatique sans jamais être inquiété. Pour tout cela, Boumédiène ne peut être dédouané de sa responsabilité dans la mort de Krim Belkacem. Mais s'il était impitoyable avec ses adversaires, cet homme pouvait parfois se montrer magnanime. À ceux qui lui ont demandé pourquoi il n'avait pas fait exécuter l'homme qui avait failli lui faire éclater la cervelle lors la tentative d'assassinat d'avril 1968, comme Kennedy à Dallas en 1963, il avait répondu qu'il ne voulait pas en faire un martyr. S'il y a donc assez de raisons pour le désigner comme le commanditaire, il y a des faits et de rares témoignages qui laisseraient penser que Boumédiène n'y est pas directement lié.

La scène se passe une nuit d'octobre 1978 dans une clinique de Moscou où Boumédiène est hospitalisé pour soigner un mal incurable. Cette nuit-là, il reçoit son ami et conseiller Ahmed Taleb Ibrahimi. Jusqu'à l'aube, le patient se confie comme rarement sur ses collaborateurs. Taleb lui demande alors s'il a été derrière l'assassinat de

Krim Belkacem. Réponse de Boumédiène : « C'est un règlement de comptes pour des histoires d'argent. » De quel règlement de comptes s'agit-il ? Entre qui et qui ? Quelles sont ces histoires d'argent ? Il n'en dira pas plus. N'en dira plus jamais rien.

Il est étrange que Boumédiène soit le commanditaire de la mort de Krim alors qu'il a engagé des négociations avec celui-ci pour qu'il revienne en Algérie ! Comme relaté dans un chapitre précédent, le chef historique du FLN a posé quatre conditions pour mettre un terme à son opposition et rentrer au bercail. La restitution de sa villa, la restitution de sa bijouterie avec l'or et les bijoux saisis, l'amnistie générale pour les militants du MDRA condamnés en 1969 et enfin l'amnistie pour sa personne. Boumédiène avait accepté ces requêtes, était prêt à indemniser l'or volé et à organiser un retour de l'opposant en grande pompe. Lui dérouler même le tapis rouge. Krim était à ce point confiant quant à l'issue de ces pourparlers secrets qu'il avait annoncé à sa fille aînée en septembre 1970, moins d'un mois avant son assassinat, qu'il rentrerait à Alger au début de l'année 1971 pour préparer cette villa ainsi que le retour de toute la famille dans le courant de cette année-là. Quel aurait donc été l'intérêt de Boumédiène de négocier d'un côté pendant des mois avec Krim pour un retour sain et sauf et de l'autre ordonner sa liquidation ? À moins que ce ne soit là le comble du cynisme, de la duplicité et de la lâcheté, il est difficile de croire que Boumédiène ait joué un double jeu mortel. Et comment comprendre qu'il serait l'ordonnateur de ce crime alors qu'il avait insisté auprès de l'épouse de Krim et des proches de celle-ci pour que sa dépouille soit rapatriée, enterrée au carré des Martyrs d'El Alia, à Alger, avec des funérailles nationales et un deuil national de trois jours ? Là encore, comble de cynisme, de cruauté et de trahison de la part du Président ? Difficile de croire qu'il ait joué ce double jeu, d'autant plus qu'un témoin de ces négociations raconte cette scène qui se déroule à Alger. Quelques heures après l'annonce de l'assassinat de Krim, Kasdi Merbah, patron de la sécurité militaire, appelle Belkacem Babaci, l'agent qui négocie avec Krim, pour le demander en urgence au siège de la présidence de la République. Sur place, en présence de Ferhat Zerhouni, numéro trois de la sécurité militaire, Kasdi Merbah entre dans une colère épique. « Comment est-ce possible ? Qui a fait ce coup ? Qui a tué Krim ? », demande-t-il à ses deux interlocuteurs. De là où ils se trouvaient, les trois participants à ce conclave improvisé pouvaient entendre Boumédiène faire les cent pas dans son bureau et fulminer de rage. Boumédiène et Merbah ont-ils été trahis par quelqu'un qui a décidé de liquider Krim Belkacem sans qu'ils en soient informés ? Cette thèse n'est pas farfelue. Mort brutalement le 27 décembre 1978, Boumédiène a emporté ses secrets dans la tombe. Ceux de ses fidèles qui s'étaient chargés de le défendre de son vivant et après sa disparition l'en disculpent. Jean-Denis Grandjean, ambassadeur suisse en Algérie entre 1968 et 1973, demande un jour à Messaoud Zeghar si Boumédiène est responsable de la mort de Krim. Réponse de Zeghar : « Boumédiène m'a personnellement assuré qu'il n'avait rien à voir avec l'assassinat de Krim ».

Si Boumédiène n'est pas mêlé à ce crime, qui alors l'a commandité ? Kasdi Merbah. Tout le désigne lui aussi comme celui qui a envoyé ce commando à Francfort. Chef de la sécurité militaire (SM) depuis 1962, il dirigeait d'une poigne de fer cette redoutable police politique dont le fonctionnement et les méthodes s'inspiraient du KGB ou de la Stasi. D'ailleurs, de nombreux officiers de la SM et de l'armée ont été formés en ex-URSS. Réputé intelligent, bosseur, froid, cynique, Merbah a fait de la SM un pilier sur lequel reposait le pouvoir de Boumédiène. Ses agents étaient présents dans les administrations, les ministères, les organismes publics, la presse, les clubs de foot, les ambassades et les consulats. Bref, partout. La SM surveillait, fichait et contrôlait le pays et ses habitants. Comme dans les républiques du bloc soviétique ou dans les dictatures de l'Amérique latine sous Pinochet, Stroessner ou Trujillo. C'était aussi un instrument de répression et de terreur, au point que les gens tressaillaient en prononçant les lettres SM. Comme pour ajouter du sinistre à la terreur, les agents de la SM circulaient dans des voitures de couleur noire. Flicage, arrestations, torture, disparitions, assassinats, les services de Merbah n'hésitaient pas à recourir aux barbouzeries pour neutraliser les opposants. Comme ce fut le cas avec l'assassinat de Mohamed Khider en janvier 1967 à Madrid. Camarade de promotion de Merbah et de Boumédiène, Hamid Aït Mesbah, le chef du commando, faisait partie des effectifs de la SM, quand bien même il entretenait des relations exécrables avec Merbah. Il est donc tout à fait plausible que ce dernier ait ordonné ce crime. Mais comment comprendre qu'il en soit l'instigateur alors qu'il négociait encore avec la victime quelques semaines avant sa mort ? Comment Merbah pouvait-il le commanditer alors qu'il avait rencontré en personne Krim dans le restaurant de celui-ci au 13, rue Pergolèse, à Paris ? Duplicité, lâcheté, double jeu mortel ? Possible de la part d'un maître espion qui a passé dix-sept ans au sein de la SM. Assassiné par un groupe terroriste le 21 août 1993 sur une route d'Alger, Kasdi Merbah a lui aussi emporté ses secrets dans la tombe. Mais avant de mourir, il a parlé. En public et en privé. La première fois qu'il a évoqué cette affaire, ce fut dans l'hebdomadaire *Algérie Actualités* daté du 19 au 25 juillet 1990. Interrogé sur la responsabilité de la SM dans l'assassinat de Krim et de Khider, Kasdi Merbah s'en disculpe et pointe du doigt d'autres services. « Il y avait bien sûr des services qui ne dépendaient pas de moi, ça c'est connu, répond-il. D'abord les services officiels : la gendarmerie et la police nationales dirigées respectivement au début des années 1970 par Bencherif et Draïa. Ensuite, les services parallèles, l'un dirigé par Zeghar qui occupait une position spéciale auprès de Boumédiène et l'autre entretenu par le colonel Chabou. Mais je précise que je ne formule aucune accusation contre personne. » La deuxième fois que Merbah aborde ce sujet remonte à janvier 1991 lors d'un meeting populaire dans une ville du sud de l'Algérie. Interrogé là encore sur ce dossier, il dit : « Je donnerai les noms des exécuteurs de Krim Belkacem, de Khider et des autres, lors de mon passage à la télévision dans l'émission "Face à la presse". » Il ne fera jamais cette annonce.

En privé, il a tenu le même discours, gardé la même ligne, soutenu la même défense. L'auteur de ce livre a interrogé trois témoins qui ont rencontré Merbah. Le premier est Ali Oubouzar, ancien ministre sous la présidence de Chadli Bendjedid. Lors d'un dîner avec Merbah au domicile de celui-ci, Oubouzar le questionne sur l'assassinat de Krim : « Ce ne sont pas mes services qui sont derrière. » Trois semaines après la démission du président Chadli en janvier 1992, Merbah invite chez lui Slimane Amirat, cofondateur du MDRA et condamné à mort lors du procès d'avril 1969. Le dîner se déroule en présence d'un témoin. Inévitablement, la question de la mort brutale de Krim arrive dans la discussion. Réponse de Merbah : « Tout ce que je peux vous dire est que ce ne sont pas mes services. Il y a aussi les services de la gendarmerie, ceux de la police et des services parallèles. » Le troisième témoin est Tahar Tinouiline, ami de Krim et également membre fondateur du MDRA. Celui-ci interroge Merbah lors d'une rencontre qui se déroule en 1990 dans un hôtel à Béjaïa, en Kabylie. « Hamid Aït Mesbah ne travaillait pas sous ma responsabilité, tranche Merbah. Il était directement en contact avec Boumédiène. » Jusqu'au bout, l'ex-chef de la SM a dégagé sa responsabilité et celle de son service dans cette mort.

Qui d'autre aurait ordonné de liquider Krim ? Le colonel Ahmed Bencherif, directeur de la gendarmerie nationale de 1962 à 1977. Lui aussi est suspect. Bencherif est une brute, un sadique, un tueur. C'est lui qui a exécuté en mars 1959, de ses propres mains, les condamnés à mort dans le cadre du « complot des colonels » fomenté contre le GPRA. Bencherif a étranglé les pauvres prisonniers avec un fil de fer avant de leur uriner dessus. C'est lui encore qui a fait creuser la tombe du colonel Chaabani avant même qu'il ne soit jugé en septembre 1964 par la cour martiale d'Oran pour rébellion et atteinte à la sûreté de l'État. Ahmed Bencherif, qui a régné sur la gendarmerie comme un potentat, au point que ses immenses troupeaux de moutons étaient gardés et entretenus par des gendarmes, était donc capable du pire. Jusqu'à ordonner la liquidation de Krim ? Un document versé à l'enquête de la police allemande laisse clairement entendre qu'il avait nourri ce projet. Il l'avait même proposé. Nous sommes le 20 novembre 1969. Un individu venant d'Algérie arrive dans un hôtel de Rabat pour demander un certain Yahmi Rabah, représentant du MDRA au Maroc et ami personnel de Krim. L'individu en question se présente : Zenati Brahim, capitaine de la gendarmerie, envoyé spécial du colonel Bencherif. Il a un message personnel à transmettre de sa part. Bencherif propose à Yahmi « de liquider Krim sans laisser de traces [comme l'opposant marocain Mehdi Ben Barka] ». Il ajoute qu'il acceptera toutes les conditions qui pourraient être posées dans le cas où cette mission serait acceptée. Réponse de l'ami de Krim : la SM a assez d'hommes pour accomplir cette tâche. Ainsi, il y avait chez le chef de la gendarmerie nationale une velléité, un projet et une approche pour éliminer Krim. Serait-il allé jusqu'au bout pour commanditer cette forfaiture à Francfort ? Aussi brutal et fantasque qu'il était, il est difficile d'imaginer que Bencherif ait monté toute cette opération en Allemagne avec Hamid Aït Mesbah et ses deux complices.

Qui d'autre alors aurait commandité ce crime ? Ahmed Draïa, patron de la police nationale de 1965 à 1977. Il y a de sérieux soupçons et des faits troublants qui laisseraient croire à son implication directe dans ce coup. Draïa est un dur, sans état d'âme, vindicatif. Il fréquente des gens issus de la pègre, il a des amis puissants en Allemagne, et un vieux compte à régler avec Krim, on l'a expliqué. Et surtout, il n'a guère intérêt à ce que celui-ci retourne en Algérie comme il l'a annoncé à sa fille quelques jours avant son assassinat. Tout porte à croire que Draïa n'a jamais pardonné à Krim de l'avoir fait condamner à deux ans de prison en 1959. Et c'est le même Draïa qui a requis la peine de mort contre lui au procès de 1969. Et l'a obtenue. Et, redisons-le, c'est encore lui qui a confisqué la villa de Krim pour l'offrir à Mohamed Chérif Messaadia, qui a été lui aussi condamné à deux ans de prison dans le cadre du « complot des colonels ». Draïa connaît bien l'Allemagne et les dirigeants des services de sécurité et de renseignements allemands. Et il y a une vieille histoire entre ses services allemands et la police algérienne qui remonte au début de la présidence de Ben Bella. Sur les conseils de François Genoud, banquier suisse et ancien gérant des trésors cachés de plusieurs dignitaires du IIIe Reich, Ben Bella avait engagé d'anciens officiers SS pour former des policiers algériens, on l'a évoqué. C'est ainsi que Draïa a réussi à tisser de solides amitiés avec de hauts responsables des services allemands qui ont servi sous le régime nazi d'Adolf Hitler. C'est le cas de Paul Dickopf cité plus haut qui fut président de l'office fédéral de la police criminelle allemande de 1965 à 1971 et secrétaire général d'Interpol de 1968 à 1972. Ahmed Draïa a effectué deux visites officielles en Allemagne fédérale en janvier et mars 1967. Lors de ce second voyage, il était accompagné par Salah Vespa, commissaire de police à Alger. Le même Salah Vespa que Krim avait désigné, au cours de l'une de ses dernières rencontres avec l'émissaire de Kasdi Merbah à la fin de l'été 1970, comme l'homme chargé de l'espionner et de le surveiller. Draïa entretenait aussi une grande amitié avec un certain Hans Joachim Rechenberg. Un personnage au profil atypique celui-ci. Né en 1910, journaliste, membre du parti national-socialiste de Hitler, Rechenberg a d'abord été attaché de presse de Hermann Göring, créateur de la Gestapo, ministre de l'Armement, bras droit de Hitler. Après Göring, Rechenberg a servi, toujours comme attaché de presse, Joseph Goebbels, ministre de la Propagande et numéro trois du Reich. Après la Seconde Guerre mondiale, Rechenberg s'est notamment occupé des anciens généraux de la Wehrmacht qui ont été faits prisonniers après la chute du régime nazi. Recruté par les services de renseignements extérieurs allemands (Bundesnachrichtendienst-BND), il est envoyé en Algérie en 1963 comme agent de la BND sous couvert d'aider les entreprises allemandes à s'y installer. Au fil des années, Rechenberg devient un ami personnel de Ahmed Draïa qui lui rend des visites privées en Allemagne. Tout cela expliquerait peut-être la décision de liquider Krim Belkacem dans ce pays plutôt qu'en France ou en Suisse. Le patron de la police algérienne ne connaît que trop bien ce pays, y compte des amis, des alliés politiques, des partenaires qui pourraient se révéler utiles en cas de situation fâcheuse. Comme c'est le cas avec l'assassinat de Krim. Quel est donc le lien entre Rechenberg, Draïa et le meurtre de Krim Belkacem ? Quelques jours après le drame du dimanche 18 octobre

1970 dans la chambre 1414 de l'hôtel Intercontinental de Francfort, Draïa s'entretient avec son ami Rechenberg pour lui faire cette recommandation : il serait bon, lui dit-il, que la presse allemande n'en fasse pas des tonnes sur l'assassinat de Krim et il pourrait, lui Rechenberg, œuvrer pour que les relations entre l'Algérie et l'Allemagne fédérale ne soient pas ternies par cette affaire. Pourquoi Draïa s'est-il senti obligé d'intervenir dans le dossier de Krim ? Pourquoi fait-il cette recommandation qui ressemble à une menace à peine voilée ? Quel est son intérêt pour que ce crime ne fasse pas scandale en Allemagne ? La réponse est sans doute à chercher à Alger et dans le retour négocié entre Krim Belkacem et le duo Houari Boumédiène-Kasdi Merbah. On sait que ces derniers ont donné des assurances pour qu'il récupère sa villa d'Alger que Draïa avait confisquée et offerte à son ami Messaadia. On sait que Krim envisageait de retourner à Alger au début de l'année 1971 pour prendre possession de cette résidence. On sait également qu'il avait pris la résolution de faire rapatrier sa femme et ses quatre enfants définitivement en Algérie au cours de cette année 1971. On sait enfin que l'enquête diligentée par Kasdi Merbah a conclu que l'or et les bijoux déposés dans une banque après la saisie de la bijouterie de Krim avaient été subtilisés par Draïa. Et pour qui travaillaient Salah Vespa et Philippe le Dingue que Krim a désignés comme des espions et des indics chargés de le surveiller à Genève ? Pour Ahmed Draïa, qui faisait souvent bamboche avec ses deux amis au restaurant Al Djnina d'Alger. Qui a intérêt à ce que Krim Belkacem soit liquidé en Allemagne afin d'écarter définitivement toute chance qu'il remette un jour les pieds en Algérie ? Qui a intérêt à éliminer ainsi tout risque que Ahmed Draïa soit amené à rendre des comptes sur ces agissements à l'égard du chef historique du FLN ? La réponse tombe sous le sens. Ce qui expliquerait alors la réponse énigme de Boumédiène sur son lit à Moscou deux mois et demi avant sa mort. « C'est un règlement de comptes pour des histoires d'argent. » Ahmed Draïa est mort le 3 février 1988 à Lisbonne officiellement d'un cancer.

Comme Boumédiène, Merbah et Bencherif, Draïa est parti la bouche scellée par cette conspiration du silence autour du mort de la chambre 1414.

Épilogue

Partir sans connaître la vérité

Comment les enquêteurs allemands ont-ils réussi à identifier les membres du commando ? Au début des investigations, les policiers ne disposent que des numéros des faux passeports sur lesquels les trois membres se sont enregistrés à l'hôtel Intercontinental de Francfort. Grâce à la collaboration des polices marocaine et française, ils ont pu disposer de toutes les informations liées à des faux passeports avant de les recouper avec d'autres documents. En Allemagne, ils ont retracé heure par heure les itinéraires que Krim Belkacem et les trois autres individus ont empruntés, les lieux qu'ils ont fréquentés, les compagnies aériennes, les taxis et les trains avec lesquels ils ont voyagé. Tous ces détails et toutes ces informations ont permis de progressivement reconstituer le puzzle du crime. Les interrogatoires du personnel des établissements hôteliers de Düsseldorf et de Francfort ont fourni de précieux éléments sur les séjours de Krim et de Aït Mesbah dans ces deux villes. Pour ce dernier, ils ne disposaient que des noms d'emprunt qu'il avait utilisés durant la période ayant précédé le meurtre (Karim Yacin, Salim Karim, David Levy, Azzedine Aït Mesbah, Ayat Hamid ou encore Azzedine Delmay). Les investigations menées en Suisse dans le cadre des commissions rogatoires internationales ont permis de fournir là encore de précieuses informations sur les séjours précédents de Aït Mesbah dans ce pays qu'il avait coutume de visiter, notamment pour des soins. Le 19 janvier 1971, les policiers allemands mettent pour la première fois un nom et un visage sur la véritable identité de Hamid Aït Mesbah grâce à un document que celui-ci a laissé quelques mois plus tôt en Suisse. Ils ont ainsi découvert qu'il s'était enregistré le 18 novembre 1969 sous sa véritable identité à l'hôtel Époque de Genève avec son passeport diplomatique algérien n° 755/A/65. En comparant les fiches de renseignements remplies par Aït Mesbah dans cet hôtel et celles qu'il avait remplies lors de ses séjours à Düsseldorf et à Francfort les jours ayant précédé l'assassinat du dimanche 18 octobre 1970, les limiers de la police criminelle ont pu établir avec certitude l'identité du chef du commando avec une photo de lui. C'est ainsi que la justice allemande a lancé le 11 février 1971 un mandat d'arrêt international contre Hamid Aït Mesbah, né le 16 avril 1939, en Kabylie, et désigné comme le chef du commando qui a perpétré l'assassinat. Quant à ses deux complices, on n'a jamais retrouvé leur trace. Qu'est devenu Hamid Aït Mesbah ? Il a travaillé dans les services spéciaux jusqu'au début des années 1980 avant d'en être écarté avec l'arrivée au pouvoir du président Chadli Bendjedid, à la mort de Boumédiène. Il continue à fréquenter les ex-collègues des services, d'anciens maquisards, d'anciens ministres ou d'anciens hauts gradés de l'armée sans être nullement inquiété par les autorités de son pays. Pendant des années, il a vécu seul avec son vieux père dans leur villa d'El Biar, dans le quartier chic où la nomenklatura possède de belles résidences. Il continue d'y résider d'ailleurs. Âgé aujourd'hui de 86 ans, il nie être lié à l'assassinat de Krim en prétextant que celui-ci a été liquidé par des trafiquants d'armes du Moyen-Orient mécontents que le défunt n'ait pas honoré ses engagements financiers dans le cadre d'une transaction liée à une vente d'armes pour le compte du MDRA. Sollicité par l'auteur dans le cadre de la rédaction de ce livre, il a décliné une rencontre ou un entretien téléphonique. C'est comme si tous ceux qui étaient directement impliqués dans l'assassinat de Krim Belkacem étaient secrètement liés par un pacte d'omerta. Comme si chacun devait emporter dans sa tombe la vérité sur ce crime.

Après vingt-trois ans d'exil au Maroc, Fathia Krim est rentrée à Alger en 1990 pour s'y installer. Elle est décédée le mardi 9 juillet 2019 sans connaître la vérité sur la mort de son mari. Elle repose au cimetière des Martyrs d'El Alia. À 80 mètres de la tombe de Krim Belkacem.

Bibliographie sélective

Robert Buron, *Carnets politiques de la guerre Algérie (1954-1962)*, Plon, 1965.

Mohamed Lebjaoui, *Vérités sur la révolution algérienne*, Gallimard, 1970.

Yves Courrière, *La Guerre d'Algérie*, 4 tomes, Fayard, 1971-1972.

Ferhat Abbas, *Autopsie d'une guerre*, Garnier, 1980.

Benyoucef Ben Khedda, *L'Algérie à l'indépendance : la crise de 1962*, Servedit, 1997.

Mohamed Lemkami, *Les Hommes de l'ombre. Mémoire d'un officier du MALG*, Dahlab, 2012.

Benjamin Stora et Renaud de Rochebrune, *La Guerre d'Algérie vue par les Algériens*, tome II : De la bataille d'Alger à l'Indépendance, Denoël, 2016.

Tarik Khider, *L'Affaire Khider. Histoire d'un crime d'État impuni*, Koukou Éditions, 2017.

Belaïd Abane, *L'Assassinat d'Abane Ramdane*, El Dar El Othmania, 2017

Recueil des mémoires du général Nezzar, tome 1 : Ma carrière militaire, Chihab Éditions, 2018.

Table

Préface par Kamel Daoud 7

Prologue 15

1. Au maquis à 25 ans 21
2. Alger, sa bataille 35
3. Abane Ramdane, premier crime d'État 47
4. Quatre colonels exécutés avec un fil de fer........ 63
5. De Boukharouba à Boumédiène 71
6. De Gaulle à Évian 77
7. Évian devient Fort Knox 87
8. Boumédiène défie Krim et Bourguiba 91
9. Évian, la fin de la guerre 101
10. Une guerre est finie, une autre commence......... 111
11. « Il nous faudra deux heures pour le destituer »... 125
12. Cinq balles pour Khider 133
13. La fuite au Maroc 151
14. Un parti pour faire partir Boumédiène 161

15. Zbiri Brutus 171
16. « J'ai la peau dure » 185
17. Krim floué, Krim trahi, Krim condamné 191
18. *Persona non grata* en France 201
19. « Méfiez-vous de Draïa et de ses sbires » 209
20. Revoir Alger bientôt 219
21. *Kill Krim*, acte I 223
22. *Kill Krim*, acte II 233
23. Assassiné à Francfort, enterré à Francfort 243
24. Un mort, quatre suspects 247

Épilogue. Partir sans connaître la vérité 259
Bibliographie sélective 263

Pour en savoir plus
sur les Éditions Plon
(catalogue, auteurs, vidéos, actualités...),
vous pouvez consulter
www.plon.fr
www.lisez.com

et nous suivre sur les réseaux sociaux

Editions Plon

@EditionsPlon

@editionsplon

CET OUVRAGE
A ÉTÉ ACHEVÉ D'IMPRIMER
SUR ROTO-PAGE
PAR L'IMPRIMERIE FLOCH
À MAYENNE EN FÉVRIER 2025

N° d'impression : 106481
N° d'édition : P31998/01
Imprimé en France